진심으로 축하드립니다.

사랑하는 아이의 건강을 바라면서

_____ 님께 드립니다.

예성맘의 우리아이 10년밥상

# 예성맘의 우리아이 10년 밥상

김은주(예성맘) 저

21세기북스
www.book21.com

# 인사말

2004년 1월 1일 밤 9시.

새해 첫날 새해가 시작되는 설렘도 잠시, 저는 아이를 낳으러 병원에 가야 했습니다.

엄마 되는 것이 그렇게 힘들 줄은 정말 상상도 못했습니다. 워낙에 겁도 많고 참을성도 없는 엄살쟁이인 저로서는 정말 너무 힘들고 아프고 무서웠답니다. 그리고 이튿날인 1월 2일 오후 6시에 예성이를 만났습니다. 모든 엄마들이 그렇듯 죽을 만큼 힘들게 아이를 낳고 나니 아이를 위해서라면 뭐든지 할 수 있다는 생각이 들더군요.

그러나 처음에 모유를 먹이겠다고 다짐했던 건 참 말도 안 되는 이유였습니다. 아이의 건강을 위해서라기보다는 출산 후 모유를 먹이면 날씬해진다는 생각 때문이었죠. 그래서 임신 후 모유 수유에 관한 자료들과 책을 접하다보니 여러 장점들을 알게 되었고, 아이를 낳은 후에는 꼭 모유수유를 하겠다고 생각했지만, 막상 해보니 쉬운 일이 아니었습니다. 아이가 배가 고픈지 30분 간격으로 깨서 보채고, 몸은 젖몸살이 와 힘들었답니다. 하지만 결국에 성공해서 지금도 모유수유를 하고 있습니다. 어른들은 밥도 먹으니 그만 떼라고 하시지만, 전 두 돌까지는 꼭 먹일 생각입니다. 막상 모유수유를 무사히 마치고 나니 두 번째 먹거리인 이유식 문제에 부딪혔습니다. 첫 아이라 무엇을 어떻게 먹여야 될지 모르겠더라고요. 어른들은 밥만 잘 먹여도 잘 큰다고 하시지만 예성이가 아토피가 있어서 아무거나 막 먹일 수도 없는 처지여서, 이 책 저 책 여러 이유식 책들과 주위분들의 조언을 얻어 게 나름대로의 이유식 원칙을 세우고, 계획해서 먹이기 시작했습니다. 부족하지만 인터넷에 제가 만든 이유식을 올리기 시작했던 이유는 저도 이유식 시작하기 전에 많은 고민을 하고 어쩔 줄 몰랐던 경험이 있어 저처럼 초보 엄마들에게 작은 도움이 되었으면 하는 마음과 이 다음에 예성이에게 네가 이런 것을 먹으며 자랐다고 말해주고 싶어서 였습니다. 그러면서 다른 엄마들과 이유식 관련 이야기 나누는 재미도 쏠쏠했습니다.

여기에 실린 요리들은 예성이가 그동안 먹은 이유식과 지금도 먹고 있는 유아식들을 엮어본 것입니다. 지금 예성이는 20개월이 조금 넘었습니다. 돌까지는 정말 이유식을 잘 먹었는데 돌이 지나고나니 갑자기 먹는 양도 줄고 음식 투정을 부리기 시작했습니다. 입이 짧은 예성이 덕분에 정말 여러 가지 이것저것 시도해보고 안 먹으면 또 다른 걸 만들어 주곤 했답니다. 기껏 낑낑대며 열심히 만들었는데 고개를 돌리며 외면하거나 입을 꼭 다물고 먹지 않으면 정말 속상하기도 하고 밉기도 하면서 걱정도 되곤 했어요. 아마 대부분의 엄마들은 경험이 있으실 거예요. 예성이가 밥을 잘 먹은 날은 하루 종일 괜시리 기분이 좋고 마음이 뿌듯한데, 밥을 잘 먹지 않은 날에는 정말 속상하고 우울하고 주방에서 발을 동동 구르지요. 그럴 때마다 선배엄마들이 하는 말씀들은 두 돌 즈음해서는 또 밥을 잘 먹는다니 저도 기대하고 있답니다. 그리고 오늘도 저는 예성이에게 무엇을 해줘야 잘 먹을지 고민하면서 하루를 보냅니다. 어떨 때는 내가 매일 또 뭐해먹나 하는 고민이나 하는 밥순이처럼 느껴져 기분이 다운될 때도 있지만 그때마다 내가 우리 가족의 건강을 책임진다는 생각을 하고 좋은 음식을 잘 먹는 것이 건강을 지키는 일이라 여기며 밥을 하고 있습니다. 사실 잘 먹고 건강한 것보다 중요한 게 어디 있겠어요. 이렇게 생각을 하면 엄마들은 정말 큰일을 하는 사람들이지요.

  책을 낼 수 있도록 기회와 용기를 주시고 힘들다고 투정부리며, 원고도 제 날짜에 못 맞춰드려 맘고생하신 출판사와 'Bookcare' 가족분들에게 감사합니다. 책 작업한다며 힘들다고 밥도 제대로 못 챙겨줬는데도 단 한번 싫은 소리 안하고 늘 힘내라고 격려해주고 언제나 나에게 든든한 울타리가 되어주는 나의 반쪽, 예성아빠에게 너무 고맙고 사랑한다고 말하고 싶답니다.

  그리고 사랑하는 나의 아들 예성아~ 엄마와 아빠에게 태어나 참다운 사랑을 알게 해줘서 고맙고, 지금까지 건강하게 잘 자라 준 것도 너무 기특하고 대견하구나.

  사랑한다! 내 아들.

**김은주**

# 목차

## 프롤로그 018

이유식을 시작하며 | 엄마에게 도움을 주는 조리도구 살펴보기 | 아기에게 꼭 필요한 육아용품 살펴보기
이유식 재료 준비하기와 보관하기 | 단계별 이유식과 재료 무르기 파악하기 | 예성맘의 육아관련 즐겨찾기
엄마가 직접 만들어주는 식단표 만들기 | 잘 먹이기 위해 계량하기 | 아이의 입맛을 살려주는 소스 알아두기

## PART 1

### 단계별 이유식 & 유아식

### 생후 5~6개월 초기 이유식  066
엄마젖만 먹던 아기가 새로운 맛을 접하게 됩니다. 그래서 더더욱 조심해야 해요.

| | |
|---|---|
| 알레르기 반응이 적은 첫 이유식 **쌀** 미음 | 068 |
| 철분 강화에 좋은 **찹쌀** 미음 | 070 |
| 알칼리성 식품의 대명사 **고구마** 미음 | 072 |
| 감기에 대한 저항력을 길러 주는 **단호박** 미음 | 074 |
| 식이섬유가 풍부한 **감자** 미음 | 076 |
| 소화가 잘 되는 **애호박** 미음 | 078 |
| 치아와 골격 발육에 좋은 **청경채** 미음 | 080 |
| 위장 튼튼, 변비 예방 **양배추** 미음 | 082 |
| 감기 예방에 좋은 비타민 C가 듬뿍 **배추** 미음 | 084 |
| 배탈, 설사에 좋은 **밤** 미음 | 086 |
| 기관지가 튼튼해지는 **배** 미음 | 088 |
| 장을 튼튼하게 하는 **사과** 미음 | 090 |
| 빈혈 예방에 좋은 **비트** 미음 | 092 |
| 풍부한 섬유질과 비타민 C의 영양덩어리 **바나나** 미음 | 094 |
| 체력증강에 도움이 되는 비타민 E가 풍부한 **옥수수** 미음 | 096 |

## 생후 7~8개월 중기 이유식　098

이제 제법 삼키는 게 많아졌어요. 보다 다양한 맛을 느끼게 해주세요.
〈[ ]안은 아기가 처음 접하는 새로운 재료예요〉

| | |
|---|---|
| 야채 중의 철분 왕 **브로콜리 고구마죽** [브로콜리] | **100** |
| 두뇌활동 쑥, 성장활동 쑥 **닭고기 애호박죽** [닭고기] | **102** |
| 철분 up! 빈혈에 좋은 **흑미 달걀 노른자죽** [흑미, 달걀 노른자] | **104** |
| 밭에서 나는 단백질 **두부 야채죽** [두부] | **106** |
| 빈혈 예방에 좋은 **양송이버섯 단호박죽** [양송이버섯] | **108** |
| 철분이 풍부해서 몸에 좋은 **쇠고기 야채죽** [쇠고기] | **110** |
| 단백질과 비타민 C가 풍부한 **표고버섯 고구마죽** [표고버섯] | **112** |
| 피를 맑게 해 주고, 강장효과를 돋궈주는 **양파 닭고기죽** [양파] | **114** |
| 풍부한 단백질의 공급원 **흰 살 생선 청경채죽** [흰 살 생선] | **116** |
| 심장을 튼튼하게 하고 비만억제에 좋은 **만가닥버섯 사과죽** [만가닥버섯] | **118** |
| 칼슘 강화에 좋은 **마른 새우 야채죽** [마른 새우] | **120** |
| 잔병치레 예방에 좋은 **당근 쇠고기죽** [당근] | **122** |
| 비타민과 단백질이 만난 **시금치 가자미죽** [시금치] | **124** |
| 비타민과 무기질의 공급원 **오이 감자죽** [오이] | **126** |

**128 생후 9~11개월 후기 이유식**

서서히 밥의 형태가 되어가네요. 먹을 수 있는 재료도 많아지고 양도 제법 많아졌어요.

- **130** 소화와 해독 효과가 좋은 **무 밤 무른 밥** [무]
- **132** 발암물질을 제거하는 브로콜리 사촌 **콜리플라워 야채진밥** [콜리플라워]
- **134** 면역력을 높여주는 **팽이버섯 쇠고기 무른 밥** [팽이버섯]
- **136** 혈관 속의 노폐물을 제거하는 빨간 양배추 **적채 닭고기 진밥** [적채]
- **138** 필수 아미노산이 풍부한 **김가루 쇠고기 무른 밥** [김]
- **140** 뇌를 활성화시키고 뼈를 튼튼하게 해주는 **호두 야채 진밥** [호두]
- **142** 설사에 좋은 예쁜 초록 콩 **완두 대구살 진밥** [완두콩]
- **144** DHA가 풍부한 **참치살 진밥** [참치]
- **146** 종합 비타민을 한꺼번에 **야채볶음 진밥** [올리브유]
- **148** 매일매일 칼슘이 풍부한 **치즈 야채 진밥** [치즈]
- **150** 칼슘도 왕, DHA도 왕 **지리멸치 김 무른 밥** [지리멸치]
- **152** 탄수화물 대사를 순조롭게 하는 **강낭콩 고구마 진밥** [강낭콩]
- **154** 허약체질 개선에 좋은 고소한 **참깨 청경채 무른 밥** [참깨]
- **156** 신진대사를 증진시키는 **미역 두부 무른 밥** [미역]
- **158** 비타민의 보고 **비타민 닭살 진밥** [비타민]

**생후 12~15개월 완료기 이유식  160**

짝짝짝! 첫 생일을 축하합니다. 밥의 형태를 갖춰서 엄마가 좀 수월해졌어요.

- 두뇌 발달에 좋은 **달걀찜 비빔밥**  **162**
- 비타민 A, C, 철분을 한꺼번에 **모양 볶음밥**  **164**
- 면역력 증강을 위한 **버섯 잡채밥**  **166**

| | |
|---|---|
| 단백질이 많고 필수 아미노산이 듬뿍 **꽃게살 볶음밥** | **168** |
| 바다의 단백질 **오징어 야채 볶음밥** | **170** |
| 비타민 C가 풍부한 **콩나물 버섯 덮밥** | **172** |
| 빈혈에 좋은 뽀빠이 밥 **바지락 시금치 볶음밥** | **174** |
| 볶음밥 위에 소스로 맛낸 **브라운 그래비소스 볶음밥** | **176** |
| 퓨전 영양식 **된장 야채 리조또** | **178** |
| 새콤한 토마토소스가 밥 위에 가득 **토마토소스 밥 그라탕** | **180** |
| 성장 발육에 좋은 **불고기 덮밥** | **182** |
| 항암효과에 좋은 **해물카레 덮밥** | **184** |
| 감기 예방에 좋은 아름다운 물고기 **연어스테이크** | **186** |
| 아이의 식욕을 돋게 하는 향긋한 깻잎 **스크램블 덮밥** | **188** |

## 190 생후 16개월 이후 유아식

짜고 맵지 않으면 웬만한 어른 음식은 함께 먹을 수 있어요. 유아식 하고 남은 재료로 엄마, 아빠를 위한 요리도 만들어 먹자구요.

### 국&찌개

- **192** DHA와 칼슘, 비타민이 풍부한 **참치 미역국**
- **194** 부드러워 아이가 좋아하는 **감자국**
- **196** 감기 예방에 좋은 **쇠고기 무국**
- **198** 영양가 높은 **콩비지찌개**
- **200** 비타민이 풍부한 **콩나물국**
- **202** 뽀빠이 아저씨 국 **시금치 토장국**

| | |
|---|---|
| 김과 달걀의 영양을 한꺼번에 **김 달걀탕** | **204** |
| 발효식품의 대표적인 국민찌개 **된장찌개** | **206** |
| 양질의 단백질 섭취를 위한 **두부완자탕** | **208** |
| 항암 성분의 집합체 **모둠 버섯국** | **210** |

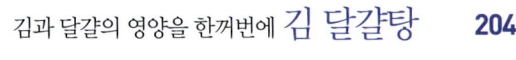

| | |
|---|---|
| 단백질 섭취하는 날 **쇠고기 완자 장조림** | **212** |
| 진짜 고기와 밭의 고기가 만났네 **쇠고기 두부조림** | **214** |
| 맛있는 카레와 닭의 만남 **닭 카레구이** | **216** |
| 과일과 함께 무쳐먹어요 **닭고기 파인애플 무침** | **217** |
| 고구마는 팔방미인 **닭 고구마조림** | **218** |
| 부드러운 간장 소스로 만든 **감자 제육볶음** | **219** |
| 돼지고기가 치즈에 둘둘 말려서 **돼지고기 치즈 말이** | **220** |
| 동글동글 먹기 좋은 **동그랑땡** | **222** |
| 아이보다 아빠가 더 좋아하는 **베이컨 메추리알 꼬치** | **223** |

| | |
|---|---|
| 새우살이 톡톡 **새우 스크램블** | **224** |
| 밥 한 그릇 뚝딱 **참치 야채전** | **225** |
| 샐러드용 반찬 **참치 마요네즈 무침** | **226** |
| 등푸른 생선의 영양소 **삼치 간장 스테이크** | **227** |
| 단백질 가득 가자미 생선으로 만드는 **토마토소스 생선찜** | **228** |
| 싱싱한 해산물 요리 **바지락 볶음** | **230** |

| | |
|---|---|
| 엄마의 단골 도시락 반찬이었던 **어묵 야채 볶음** | 232 |
| 장조림의 색다른 변신 **오징어 조림** | 233 |
| 칼슘 보충의 왕 **잔멸치 볶음** | 234 |
| 고등어를 맛있게 먹이기 **고등어 카레구이** | 235 |

### 반찬채소류

| | |
|---|---|
| 새까만 콩에 영양이 듬뿍 **콩장** | 236 |
| 두루두루 영양가 있는 호박 요리 **애호박나물** | 237 |
| 감자만 볶으면 심심해서 **감자 베이컨 볶음** | 238 |
| 맛있는 버섯반찬 **표고버섯 부추 볶음** | 239 |
| 밥을 비벼 먹으면 더 맛있는 **무나물** | 240 |
| 두뇌 발달의 최고봉 **견과류조림** | 241 |
| 설사와 감기에 좋은 **연근조림** | 242 |
| 두부를 더 맛있게 만든 **두부조림** | 243 |
| 아이와 엄마 피부를 위해서 가끔 **오이 볶음** | 244 |
| 치즈가 녹아있는 **야채 치즈 달걀말이** | 245 |

### 아이김치

| | |
|---|---|
| 엄마, 김치 주세요 **백김치** | 246 |
| 색이 너무 고와 더 좋아하는 **비트 물김치** | 248 |
| 이제 제법 양념된 김치도 먹어요 **유아 깍두기** | 249 |
| 새콤 달콤한 **오이피클** | 250 |
| 치킨과 단짝인 **절임무** | 251 |

**PART 2**

# 우리 아이의 건강한
# 식습관을 위한 음식

엄마! 매일 똑같은 밥만 먹나요? 별식도 해 주세요~한 끼 식사로도 손색없어요.

### 밥류

| | |
|---|---|
| 한입에 쏘옥~ **꼬마김밥** | **254** |
| 달걀로 말아주세요 **달걀말이밥** | **255** |
| 아삭아삭하고 몸에 좋은 **콩나물밥** | **256** |
| 과일과 밥이 만나서 **키위주먹밥** | **258** |
| 못생겼지만 맛있는 **김 주먹밥** | **259** |

### 면류

| | |
|---|---|
| 우동을 케첩에 볶아서 **우동 케첩 볶음** | **260** |
| 맵지 않게 야채를 듬뿍 얹어 **야채 비빔국수** | **261** |
| 면으로 만든 영양만점 **닭 칼국수** | **262** |
| 배달할거 있나요? **자장면** | **264** |
| 꼬불꼬불 라면이 좋아서 **치즈 볶음라면** | **266** |

### 육류

엄마가 더 좋아하는 **닭 꼬치**    **268**
먹기 편한 뼈 없는 **양념치킨**    **270**
잔칫날 빠지면 섭섭하죠 **탕수육**    **272**
레스토랑 안 부러워요 **햄버그스테이크**    **274**
소스가 더 맛있는 **대구 커틀릿**    **276**
치즈가 쭈욱~ **치즈 돈가스**    **278**

### 기타

골라먹는 재미가 있는 **삼색수제비**    **280**
설날에만 먹나요? **떡 만두국**    **282**
임금님이 드셨던 **궁중 떡볶이**    **284**
달콤하고 부드러운 **단호박수프**    **286**

PART 3

## 밥 잘안먹는 아이를 위한
# 맛있는밥요리

밥 잘 먹는 아기를 위한 밥의 변신~ 네가 정령 밥이더냐!

| | |
|---|---|
| 떡 꼬치의 변신 **밥 꼬치** | **290** |
| 식빵 속에 밥이 들었어요 **밥 식빵 롤** | **291** |
| 넌 핫도그, 난 미니 **밥 도그** | **292** |
| 햄버거만 버거냐~ 나도 버거다 **밥 버거** | **294** |
| 비 오는 날 생각나요 **밥 야채전** | **296** |
| 색색이 예뻐서 먹기 아까운 **삼색 꼬마 주먹밥 꼬치** | **297** |
| 밥 위에 콩가루를 뿌려서 **밥 인절미** | **298** |
| 한입 깨물면 달콤함과 쫀득함이 쏙~ **단호박 밥 고로케** | **299** |
| 고구마만 맛탕이냐~ 나도 맛탕이다 **밥 완자 맛탕** | **300** |
| 바삭바삭 **밥 춘권 스틱** | **302** |
| 밥 들었는지 몰랐지롱~ **밥 만두 튀김** | **303** |
| 밥으로 꽉 채운 어묵! **어묵 속 밥** | **304** |
| 케이크야 부침개야? **감자 밥 팬케이크** | **306** |
| 볶음밥을 말아서 만든 **볶음밥 크레이프** | **308** |
| 달콤하고 맛있는 **고구마 밥 피자** | **310** |

PART 4

## 우리 아이 총명해지는
# 특별간식

아이들은 밥 말고도 보통 하루에 1~2번 정도 간식을 먹어요.
아이가 여러 가지 영양소를 골고루 섭취하여 총명해지도록 특별 간식을 준비했어요.

### 빵&떡

| | |
|---|---|
| 모락모락 김이 나는 **단호박 찐빵** | **314** |
| 쫀득쫀득하고 달콤한 **고구마 찹쌀도넛** | **316** |
| 먹기 좋게 만든 **미니 토스트** | **318** |
| 파는 케이크 안 부러워요 **고구마 카스텔라 미니 케이크** | **319** |
| 무슨 잼을 넣어 만들어줄까? **잼 크림치즈 롤** | **320** |
| 시금치가 들어 있는 **시금치 호떡** | **322** |
| 피자도 간단히 만들어요 **식빵피자** | **324** |
| 고소하고 쫄깃한 맛 **호두 찰 전병** | **325** |
| 이제 생일날에는 떡 케이크로 **호두 대추설기** | **326** |
| 부꾸미? 쭈꾸미 사촌이에요? **고구마 소 부꾸미** | **327** |

### 과자&쿠키

| | |
|---|---|
| 두부로 과자를 만들어서 **두부과자** | **328** |
| 추억의 옛 간식 **누룽지과자** | **330** |
| 바삭바삭함이 살아있는 **고구마 칩** | **331** |
| 옛날과자인 **삼색 타래과** | **332** |
| 머리가 좋아지는 **견과류강정** | **334** |

### 천연아이스크림&셔벗

| | |
|---|---|
| 고소한 영양만점 **미숫가루 아이스크림** | **335** |
| 아이스크림하면 떠오르는 **딸기 아이스크림** | **336** |
| 바나나와 고소한 아몬드의 하모니 **바나나 아몬드 아이스크림** | **337** |
| 효자 음식인 고구마를 시원하게 **고구마 아이스크림** | **338** |
| 사각사각한 맛이 느껴지는 **망고셔벗** | **339** |

### 음료수

| | |
|---|---|
| 고구마와 요구르트가 만나면 **고구마 요구르트주스** | **340** |
| 달콤함이 두 배로 **단호박 바나나주스** | **341** |
| 상큼하고 달짝지근한 **파인애플 복숭아주스** | **342** |
| 새콤해서 입맛 당기는 **키위 사과주스** | **343** |
| 음식궁합이 잘 맞는 **토마토우유** | **344** |

### 추천간식

| | |
|---|---|
| 꼭 추천하고 싶은 간식 **고구마 샐러드** | **345** |
| 몸에 좋은 **카레 양파 링** | **346** |
| 한입에 쏙 들어가는 **밤 맛탕** | **347** |
| 부드러움 속에 숨은 단 맛 **단호박 양갱** | **348** |
| 과일이 찰랑찰랑 **요구르트 젤리** | **349** |

PART 5

아이 음식을 위한
## 소스 & 천연조미료 & 국물맛내기

좋은 음식에 신선한 재료가 필요하듯
예민한 아이들에게는 아이들만의 소스와 천연조미료가 필요합니다.

| | |
|---|---|
| 내 아기용 소스 | 352 |
| 토마토케첩 | 354 |
| 호두가루 | 355 |
| 멸치가루&새우가루 | 356 |
| 표고버섯가루&다시마가루 | 357 |
| 멸치다시마국물 | 358 |
| 닭고기육수&쇠고기육수 | 359 |

# 프롤로그 – 이유식을 시작하며

## 이유식이란 뭘까요?

아기가 세상에 태어나 처음 맛보는 것은 바로 엄마 젖인 모유입니다.

이유식은 이런 액체 상태인 젖에서 단단한 음식 형태인 고형식으로 넘어가기 위한 연습단계로 보면 됩니다. 아기가 음식물을 잘 씹어서 삼키는 단계에 이르려면 하루아침에 되는 것이 아니라 여러 단계를 거쳐 씹고 삼키는 연습이 필요합니다.

이유식은 그런 훈련과정인 동시에 영양보충과 식습관 형성에 많은 영향을 끼치게 됩니다.

이유식 단계는 음식의 무르기에 따라 크게 초기, 중기, 후기, 완료기로 나눕니다.

첫 돌까지는 이유식을 하며 혹 알레르기를 보이는 음식은 없는지 살피며, 1일 3회 식사와 1~2회 간식을 섭취하는 단계까지 이르기를 목표로 꼼꼼히 신경써야 합니다.

## 이유식 원칙을 세우자!

내 아이 먹을거리는 내 손으로 준비합니다.

예전 엄마들은 이유식을 어떻게 했을까요?

어른들에게 여쭈어 보면 쌀죽 정도는 끓여먹였지만 그냥 어른 밥 먹을 때 있는 반찬으로 함께 먹으면서 컸어도 아무 탈 없이 건강하게 자랐다고들 하십니다. 태열(아토피)이 있는 아기들은 흙에 발을 딛는 순간 말끔히 없어진다고 어르신들이 말씀하시곤 하지요.

그러나 지금은 어디 그렇습니까?

환경오염도 심각하고 현대병인 아토피를 가지고 있는 아이들이 너무도 많습니다. 심지어 어른이 되어서도 잘못된 식습관과 스트레스 때문에 성인성 아토피가 발병을 합니다.

우리 예성이도 태열이 있어 신생아 때 조금만 더워도 얼굴이 벌겋게 되고 좁쌀 같은 알갱이들이 올라오곤 했답니다. 백일 무렵에는 아토피가 심해져 양 볼과 턱에 피부가 짓무르고 고름이 나고 딱지가 생겼는데, 지금도 그때 사진만 보면 가슴이 아프답니다.

그때 저는 결심했습니다. 반드시 먹을거리만큼은 내 손으로 직접 해먹이겠다고 말입니다.

그 결과 지금은 예전에 아토피가 있었다고는 아무도 믿지 않을 정도로 깨끗해지고 증상이 완화되었습니다. 먹을거리 사고가 많이 일어나는 현실이 안타깝지만 걱정만 한다고 되는 문제도 아니니 더더욱 아이 먹을거리는 엄마 손으로 안전하게 먹여야 한다고 생각합니다.

### 이유식은 숟가락으로 먹는 음식입니다.

시대가 인간이 편리한 생활을 할 수 있도록 발전함에 따라 먹을거리도 빨리 준비해서 바로 먹을 수 있는 '패스트푸드'가 넘쳐나고 있습니다. 이유식 또한 준비라 할 것도 없을 정도로 그냥 젖병에 가루를 넣고 타서 먹이는 가루 이유식들이 버젓이 팔리고 있습니다. 하지만 앞서도 말씀드렸듯이 이유식은 고형식을 하기 위한 준비 단계로 씹는 연습을 하는 과정입니다.

그런데 가루 이유식은 여전히 모유를 먹을 때처럼 삼키기만 할 뿐, 씹는 연습은 할 수 없게 됩니다. 조급하게 생각하지 마세요. 좀 느리면 어떻습니까?

엄마가 정성스레 준비한 '슬로우푸드'로 아이의 건강을 챙겨주세요. 이유식용 작은 숟가락을 준비해서 직접 떠먹여주세요. 그러면 음식을 숟가락으로 먹는 것을 자연스레 받아들이게 되고 후에 밥 먹이기도 훨씬 수월해집니다. 또한 씹는 훈련이 잘 된 아이들은 두뇌발달, 언어발달을 도와 원활한 성장발달을 돕는답니다. 음식을 씹는 동안 입안의 근육이 발달하고 그 음식을 소화시키느라 위의 활발한 운동으로 소화능력도 덩달아 좋아지지요.

또한 숟가락으로 천천히 먹는 식습관도 자연스레 길러집니다. 많은 이들이 손의 움직임이 두뇌발달에 좋은 것은 알지만 숟가락으로 떠먹는 손의 움직임 역시 두뇌발달에 좋은 것은 잘 모르고 있습니다. 뭔가를 씹어 부수는 행위를 할 때 뇌에 좋은 정보가 들어가고, 씹을 때 생기는 침에는 면역물질이 많이 들어있다고 합니다. 이만하면 숟가락으로 음식을 떠먹으며 씹는 훈련을 해야 하는 이유가 충분하겠죠? 숟가락으로 천천히 먹으며 엄마의 사랑과 정성을 아이가 마음껏 느끼게 해주세요.

### 제철식품으로 만들며 돌 이전에는 간을 하지 않고 재료의 맛을 그대로 느끼게 해주세요.

요즘은 영농기술의 발달로 인해 계절에 상관없이 모든 식품을 구입할 수 있게 되었습니다.

하지만 역시 몸에 이로운 것은 그 계절에 맞는 제철식품입니다. 제철이 아닌데 그 농산물을 수확하려면 당연히 비닐하우스에서 농약과 화학비료를 더 많이 사용하고 재배하게 되겠지요. 그런 농산물보다는 제 계절에 땅의 기운을 받아 생산된 제철식품으로 이유식을 해서 먹이는 게 당연히 좋습니다. 이렇게 제철에 나는 유기농 식품을 구해 다른 어떤 첨가물도 넣지 말고, 간을 하지 않은 상태의 재료 그대로의 맛을 느낄 수 있게 해주세요.

아무 간도 하지 않은 이유식을 어른이 먹어보면 너무 맛이 없어서 아이 또한 맛이 없을 거라 생각하고 간을 하는 엄마들을 종종 보게 됩니다. 하지만 이렇게 하면 처음부터 짜고 단맛에 익숙해진 아기들은 점점 더 강한 맛을 찾게 되고 어른이 되어서도 그 식습관을 고치기가 쉽지 않을 것입니다.

### 한국인의 주식은 뭐니 뭐니해도 밥! 밥 중심의 이유식이 좋아요.

아기의 첫 이유식은 알레르기 걱정이 없는 쌀죽으로 시작합니다.

한국인의 주식은 누가 뭐라 해도 밥이지요. 평생 밥을 먹고 살아가야 하는데 아기 때 수프나 빵을 주식으로 먹일 수는 없잖아요. 이유식 시기에 밥과 친해져야 합니다.

밥 이외에 면, 빵, 스테이크 같은 요리는 완료기부터 조금씩 별식으로 주기 시작하는 것은 괜찮지만 그것이 주식이 되어서는 곤란합니다. 그래서 이 책에서 제가 메뉴 구성한 것을 보시면 거의 밥 중심입니다. 그동안 아이를 키우며 먹여왔던 이유식들이 밥 중심 메뉴거든요.

면과 빵의 주된 성분은 밀가루인데 주식이 밀가루가 된다면 아토피가 있는 아이들은 더더욱 심해지게 될 거에요. 또 밥도 잘 안 먹게 될지도 모르죠.

쌀에는 알레르기를 유발하기 쉬운 글루텐이 없기 때문에 안심하고 먹일 수 있습니다.

면을 먹이고자 할 때도 쌀국수 같은 것을 먹이고 빵도 우리 밀을 먹이는 게 좋습니다.

### 이유식은 정해진 시간에 같은 장소에서 먹입니다.

매일 같은 시간에 이유식을 주는 것은 아기에게 이유식 리듬을 만들어주고, 후에 어른처럼 규칙적인 식사리듬을 익히는데 중요한 역할을 합니다. 초기에는 하루 한 번, 중기에는 하루 두 번, 후기에는 하루 세 번으로 점차 횟수를 늘려나갑니다

시간은 아기의 컨디션이 좋은 시간으로 선택해주는 것이 실패할 확률이 적습니다.

시간이 정해졌으면 다음은 장소인데, 이유식은 정해진 장소에서 먹이는 것이 좋습니다.

처음부터 그렇게 습관을 들이지 않는다면 나중에 아이를 쫓아다니며 밥을 먹이게 되는 경우가 온답니다. 아이용 식탁의자를 준비해 가족식탁에 아기자리도 만들어주세요.

식탁에서 가족과 함께 식사를 하는 것도 아이에게는 즐거운 경험이 되고 이렇게 습관이 자리 잡힌 아이는 외식할 때에도 즐겁게 자기 자리에 앉아 식사를 하게 됩니다. 초기에는 혼자 오래 앉아있는 것이 힘드니 거실이든 안방이든 한 장소를 정해 무릎에 앉혀놓고 먹이다가 혼자 앉을 시기가 오면 식탁의자에 앉게 하고 식탁에 아기자리를 마련해주세요.

### 이유식 노트를 꼭 쓰자!

이유식노트라고 해서 거창할 건 없습니다.
다만 종이에 월별로 날짜를 적고 그날 먹은 재료들을 써두면 되지요.
먹은 재료들을 적고 새로운 식품은 형광펜이나 색연필로 표시를 해두세요.
그것도 귀찮다면 그 날 그 날 먹은 새로운 식품이라도 적어놓으세요.

그렇게 하면 갑자기 설사를 하거나 알레르기 반응이 나타날 때 그 종이를 들고 병원을 간다면 원인을 찾는데 분명 도움이 될 거에요. 아무데다 두면 잃어버리기 쉬우니 냉장고에 딱 붙여놓으면 바로바로 기록 할 수 있고 한눈에 볼 수 있어서 편하답니다.
　예를 들어 제 아이의 9월 첫째 주 이유식노트를 보면 지금은 새로 먹는 음식은 거의 없어서 그날 먹은 것을 기록해두는 정도예요. 식단을 미리 짜긴 하지만 갑자기 몸이 아파 밥을 못할 수도 있고 외식을 하거나 배달시켜 먹기도 해서 식단대로 먹지 않을 때가 생기기도 하니 식단은 짜지 않더라도 따로 노트를 적어두는 것이 더 좋아요.

## 아기를 **위한** 이유식 **노트** 샘플     9월 1주

|   | 아침 | 점심 | 저녁 | 간식·과일 | 증가 |
|---|---|---|---|---|---|
| 1 | 달걀찜에 비벼서 | 연근조림, 김, 무나물 | 연근조림, 무나물, 닭구이 | 토스트, 사과 | 오후 2시, 9시 |
| 2 | 감자국, 김치 | 감자국, 돼지장조림, 김치 | 돼지장조림, 애호박볶음 | 호밀빵, 사과 | 오후 2시, 7시 |
| 3 | 야채토스트 | 외식: 어린이 비빔밥 (고사리) | 간장떡볶이 | 고구마과자, 포도, 배 | 오후 1시, 6시, 9시 |
| 4 | 카레라이스, 김치 | 비빔국수 | 된장찌개에 비벼서 | 현미쿠키, 배 | 오후 3시 |
| 5 | 두부조림, 김 | 자장밥, 김치 | 자장면 | 깨과자, 참외, 복숭아 | 오후 2시, 8시 |
| 6 | 쇠고기덮밥, 김치 | 미역국, 버섯피망볶음 | 점심과 같음 | 감자샐러드, 복숭아 | 오후 1시, 9시 |
| 7 | 고구마닭구이, 김 | 아침과 같음 | 칼국수 | 찹쌀도넛, 포도 | 오후 2시, 8시 |

# 엄마에게 도움을 주는 조리도구 살펴보기

이유식 만들 때 주로 사용하는 조리도구들을 모아봤어요. 어떤 도구들을 다른 도구로 대체할 수도 있답니다. 하지만 내 아이를 위해서라는 핑계로 대부분 가지게 되었습니다.

## 으깰때

**분마기** 절구 역할을 하는 그릇과 봉이 한 세트로 그릇 안쪽에 잘 갈리도록 골이 패어있어요. 이유식보다는 깨를 소량으로 갈 때 사용하곤 했는데 이유식 만들 때는 쌀을 갈 때 사용하기도 해요. 또 돈가스 소스를 만들 때, 혹은 나물 무칠 때 필요한 깨를 갈아서 사용하기 좋아요. 큰 절구보다 보관하기도 쉽고 편해요.

**매셔** 매셔는 특히 감자나 고구마 같은 것을 삶아 으깰 때 진짜 좋아요. 크기도 커서 금방 으깰 수 있고, 힘도 전혀 들지 않아요. 가격은 저렴한 건 5,000원 정도 하는데 하나쯤 있으면 으깰 때 시간도 절약되고 편하답니다.

**나무주걱** 부드러운 재료들은 나무주걱이나 숟가락으로도 잘 으깨져요. 볶음 요리할 때도 좋고, 하나쯤 있으면 아주 유용합니다.

**미니절구** 작은 사이즈의 절구는 보관하기도 편하고 적은 양의 재료를 으깰 때 사용하면 편해요. 작고 예뻐서 주방 한 켠에 놓아도 보기 좋답니다.

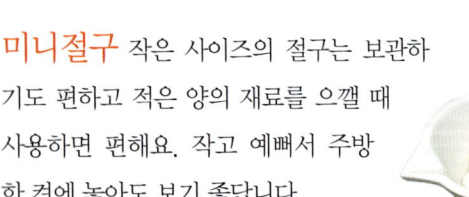

**큰 포크** 포크가 생각보다 잘 으깨줘요. 바나나, 고구마, 감자 등 으깰 때 으깰 도구가 없다면 너무 작은 포크 말고 약간 큰 포크로 눌러주면 금새 다 으깨진답니다.

**햄머** 고기를 으깨거나 부드럽게 할 때 좋아요. 양끝이 뾰족하게 되어있어 한번 내리칠 때마다 으깨지지요. 단 손을 다치지 않도록 조심해야 해요.

## 즙내거나 거를때

**각종 체** 이유식이나 가루를 거를 때 사용하고 과즙 낼 때도 사용하면 좋아요. 면이나 야채의 물기를 뺄 때도 사용하고 밀가루같이 가루를 곱게 내릴 때도 필요하지요. 체는 정말 쓸모가 많은 도구 중 하나입니다. 보통 집에 체 하나 이상은 있죠. 이유식용 작은 체를 따로 준비하지 않더라도 집에 있는 체를 사용하세요.

**면보 혹은 베보** 육수를 내서 국물을 깨끗하게 거르고 싶을 때 사용하면 좋아요. 만두나 떡 등을 찔 때 찜통에

물에 살짝 적신 후 깔아놓고 찌면 달라붙지 않지요. 또 두부 짤 때나 야채를 절여서 물기 짤 때 편하게 사용할 수 있습니다.

**즙 짜개** 오렌지나 귤, 레몬 등의 즙을 낼 때 사용하는 도구입니다. 과일을 반으로 잘라 올리고 돌리면 즙이 부드럽게 짜집니다.

**가루체** 그냥 집에 있는 일반체로도 충분하지만 이런 가루체 하나 있으면 빵이나 과자 만들 때나 밀가루 체 내릴 때 정말 편리해요. 수동과 자동이 있는데 자동이 있으면 좋겠지만 막상 사용해보니 수동도 그리 불편하지 않아요. 그냥 일반체로 내릴 때는 잘못하면 가루들이 옆으로 튀기도 했었는데 가루체는 그렇지도 않고 빠른 시간 안에 다 내려줍니다. 빵과 과자를 자주 만드는 분들은 하나 있으면 아주 유용하답니다.

## 갈기

**강판** 과일이나 야채를 가는 데 사용되는 도구인데요. 강판만 하나 있는 것 보다는 밑에 통이 함께 있는 것이 사용하기 편해요. 이유식용 강판은 사이즈가 작아서

과일을 갈아서 한번 먹이기 딱 좋아요. 믹서로 갈기에는 너무 작다 싶은 재료들을 갈아줄 때 편합니다.

**미니믹서** 큰 믹서도 좋지만 이유식 할 때는 미니믹서가 아주 유용하게 쓰입니다. 쌀 같은 경우도 불렸다가 물만 약간 넣고 갈아주면 아주 잘 갈리지요.

## 자르기

**칼과 도마** 이유식용 도마를 작은 사이즈로 따로 하나 준비해 주는 게 좋아요. 아무래도 엄마와 아빠 요리를 하는 큰 도마를 사용하게 되면 세척하기도

불편하고, 그동안 제대로 관리를 안했다면 세균번식이 많이 되어있을지 모르니까요. 작은 사이즈로 하나 장만해서 돌까지는 따로 조리하고, 자주 햇볕에도 말리고 위생에 더 신경써주세요. 칼은 무엇보다 잘 썰려야 엄마가 편하죠. 칼 역시 위생에 신경 써 주세요. 일반 식칼과 빵 자르는 칼, 과도 이렇게 3가지만 있으면 거의 모든 요리가 가능하지요.

**필러** 야채의 껍질을 벗길 때 사용하는 도구입니다. 특히 감자 깎을 때 아주 유용하지요. 양쪽 끝에 둥근 것은 감자 싹을 도려낼 때 사용하구요.

**채칼** 4면이 다 다른 용도로 되어있어요. 길게도 되고 납작하게도 되고 치즈 같은 것도 갈립니다.

## 기타도구

**거품기** 거품기는 초기 이유식 만들 때는 유용하게 사용됩니다. 잠시 한눈을 팔면 미음이 다 뭉쳐버리거든요. 그럴 때는 거품기로 저어주면 뭉쳤던 미음이 잘 풀립니다. 수프 만들 때도 편해요. 주걱 대신 아예 거품기로 처음부터 저어줘도 좋아요. 또 빵이나 과자 만들 때처럼 반죽할 때 아주 유용합니다.

**계량컵과 숟가락** 계량컵과 숟가락은 평상시보다 요리책에 있는 레시피들을 볼 때 사용하면 편리합니다. 계량 숟가락 중 기다란 숟가락은 긴 병이나 입구나 작은 병들에 들은 소스나 가루를 정확한 양을 꺼낼 때 아주 유용합니다. 없으면 집에 있는 숟가락이나 종이컵으로 대체해도 되고, 이것도 없으면 젖병을 사용하세요. 젖병은 아이가 쓰고 나서 사용용도가 없어지더라도 버리지 말고 두었다가 계량컵으로 사용하면 좋지요. 계량 숟가락은 한큰술이 15ml정도이고 일반 어른 밥숟가락은 10ml정도 됩니다. 한 작은술은 5ml이니 밥숟가락으로 반큰술로 계량하면 되고, 계량스푼으로 한큰술이라고 적힌 다른 요리책 레시피들은 일반 어른 숟가락으로 하면 한큰술 반정도를 넣어야 하는거지요.

**깔때기** 깔때기는 입구가 좁은 병이나 용기에 요리한 것을 옮길 때 사용하는데요. 보통 깔때기는 구멍이 작아 건더기 있는 국물 요리들은 옮겨 담기가 힘들잖아요. 그럴 때는 음료수를 다 먹고 페트병을 잘라서 사용하면 좋아요.

**알뜰주걱** 이름 그대로 알뜰주걱이에요. 이유식하고 그릇에 옮겨 담을 때 그냥 일반 주걱이나 숟가락을 사용해서 담으면 냄비에 조금 남게 되잖아요. 알뜰주걱으로 담아주면 하나도 남김없이 담을 수 있어요. 소스가 있는 요리하고 나서도 알뜰주걱으로 담으면 소스 1방울까지 알뜰하게 담아낼 수 있어요. 제과 제빵 반죽할 때도 사용되고, 여러모로 쓸모 있는 도구에요.

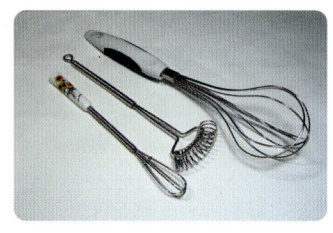

**얼음틀** 얼음틀은 육수를 많이 만들어 놓았을 때 틀에 얼려서 1회분씩 비닐 팩에 넣어 저장하면 요리할 때 원하는 개

수만큼 꺼내어 사용할 수 있어서 아주 요긴합니다. 예쁜 모양의 얼음틀들은 양갱이나 젤리 만들 때 사용하면 아이들이 더욱 좋아하지요. 셔벗 만들 때도 사용하면 예뻐요.

**전자저울** 전자저울은 가격도 비싸고 없어도 크게 상관은 없지만 그래도 정확한 양을 알고자 할 때는 있으면 편리합니다. 특히 제과 제빵을 제대로 하고 싶은 분들에게는 필수이지요. 2g을 계량할 때는 일반 눈금저울로도 정확히 계량할 수가 없잖아요. 1g까지 정확히 잴 수 있답니다.

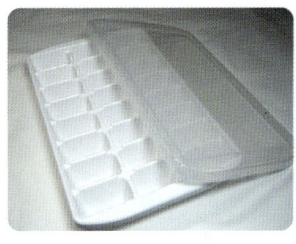

**비닐 팩** 지퍼가 달린 비닐 팩은 일반 비닐 팩보다 밀페도 잘 되고 특히 국물요리나 죽을 냉동할 때 아주 요긴합니다. 크기가 일정해서 공간 활용도 좋고, 재료를 분할해서 얼리기도 편하지요. 소량의 이

유식을 항상 매번 만들 수도 없고 3일치 정도를 한꺼번에 만들어서 1회분씩 포장해 얼릴 때도 좋아요.

**프라이팬** 프라이팬은 큰 사이즈 하나 작은 사이즈 하나 장만해서 두 개 정도 있으면 더욱 좋아요. 특히나 작은 사이즈는 너무나 유용하지요. 아이들은 적은 양을 조리하니 그때마다 큰 프라이팬으로 한다면 자리도 많이 차지하고 설거지할 때도 귀찮은데 작은 사이즈 있으면 달걀 프라이할 때도 좋고 이유식 할 때는 정말 딱 좋아요.

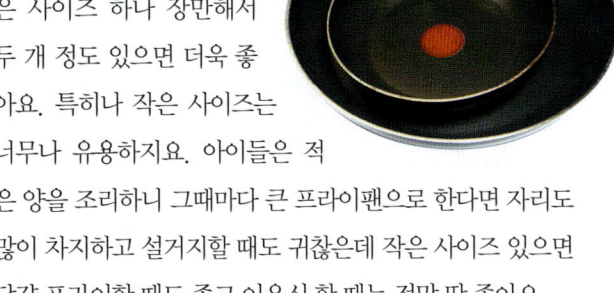

**주방가위** 주방용가위는 정말 필수이지요. 귀차니즘이 발동해 라면을 끓일 때 파 썰기가 싫으면 그냥 가위로 듬성듬성 잘라 넣기도 하고, 미역이나 다시마를 자를 때도 아주 좋아요. 때로는 칼보다 더 유용하게 쓰이기도 한다니까요.

**냉동용기** 냉동실 전용 용기인데요. 알루미늄으로 되어 있어 더 빨리 얼고 재료 보관도 깔끔하게 되지요. 특히 생선과 고기류를 보관할 때 아주

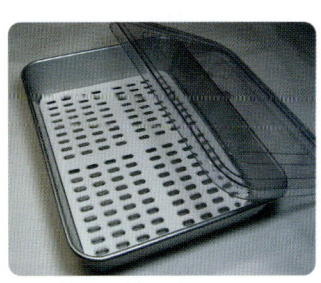

좋습니다. 아이스크림을 만들어서 이 용기에 넣어 얼리면 더 빨리 얼지요. 물 빠지는 받침도 있어서 편합니다.

**미니오븐** 가스오븐레인지가 있긴 한데 이사한 아파트에는 가스렌지가 빌트인되어 있어 따로 제가 갖고 있던 가스오븐렌지를  설치할 수가 없었어요. 오븐요리를 자주 했던지라 너무 불편해서 하나 장만하게 되었지요. 빵이나 쿠키 만들 때 정말 유용한 것은 이루 말할 수 없고 생선 구울 때도 사용하고 고구마 구울 때나 통닭구이 할 때도 좋아요. 아무래도 오븐이 있으면 요리의 폭도 넓어지지요. 미니오븐이라 가격대도 저렴하고, 실용성 있어 만족하고 사용한답니다.

**밀크팬** 적은 양의 이유식을 할 때 좋은데 평소에는 잘 사용하지 않아요. 저도 따로 구입한건 아니고 누가 줘서 사용해봤는데 자주 사용하지는 않았어요. 죽 한번 정도 끓이면 딱 맞을 사이즈에요. 이유식을 그때그때 소량을 바로 만들어서 먹일 때는 좋아요. 편리한 점은 뚜껑이 있어 따로 옮길 필요 없이 보관이 쉽고 전자레인지에도 쏙 들어가는 작은 사이즈라 그냥 넣어도 된다는 거지요.

**붓** 없어도 상관없는 도구이긴 하지만 고기에 소스를 바를 때나 빵 만들 때, 시럽 바를 때 사용하면 편리합니다. 꼬치 요리에 소스 바를 때도 아주 좋아요.

**웍** 볶음요리 할 때 주로 사용하는데 이유식 할 때는 사용하지 않아요. 사이즈가 크니 적은 양의 이유식 할 때는 필요가 없지요. 엄마와 아빠의 반찬요리를 할 때 함께 해서 먹을 경우와 튀김기가 없을 때는 웍에 기름을 넣고 튀김 요리도 하지요.

**집게** 주방에 집게 하나 있으면 튀김요리 건질 때 사용하기도 하고 뜨거운 음식 집을 때 사용해서 편해요.

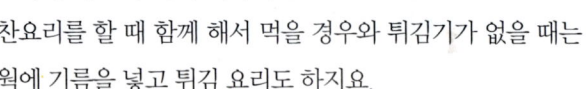

**찜기** 시중에 전자 찜기가 많지만 그래도 왠지 대나무 찜기에 찌면 더 맛있는 것 같아요. 2단으로 되어있어 많은 양도 한꺼번에 찔 수 있고, 특

히 떡은 대나무 찜기에 쪄야지만 제 맛이지요. 하지만 사용 후 깨끗이 씻어 햇볕에 잘 말려서 보관해야 해요. 그렇지 않으면 쉽게 곰팡이가 피거든요.

**편수냄비** 한손으로 편하게 잡을 수 있어 무척 편리하지요. 편수냄비 하나 있으면 죽 끓일 때는 딱 이에요. 야채 데칠 때도 편하답니다.

**핸드 블렌더** 사용하기도 세척하기도 간편하고 쓸모가 아주 많아요. 거품 낼 때 손으로 하는 것보다 더 쉽고 빠르게 되고 과일주스 만들 때도 너무 편해요. 양념 만들 때도 뚝딱이고 생크림, 마요네즈도 뚝딱 만들지요. 이거 없을 때는 어떻게 요리했나 싶다니까요. 요즘은 밖으로 튀지 않게 설계되어 전혀 튀지도 않고, 분쇄기도 함께 있어서 핸드 블레더 하나면 거의 모든 요리가 되지요. 쌀을 미리 못 갈았다면 죽 끓일 때 냄비에 넣고 휭 돌려줘도 좋아요.

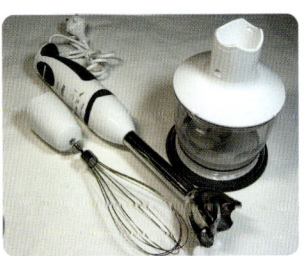

## 조리도구 체크표

| 용도 | 조리도구 | 체크란 |
|---|---|---|
| 으깰 때 | 분마기 | |
| | 매셔 | |
| | 나무주걱 | |
| | 미니절구 | |
| | 큰 포크 | |
| | 햄머 | |
| 즙내거나 거를때 | 각종 체 | |
| | 면보 | |
| | 즙 짜개 | |
| | 가루체 | |
| 갈기 | 강판 | |
| | 미니믹서 | |
| 자르기 | 칼과 도마 | |
| | 필러 | |
| 기타도구 | 거품기 | |
| | 계량컵과 숟가락 | |
| | 깔때기 | |
| | 알뜰주걱 | |
| | 얼음틀 | |
| | 전자저울 | |
| | 비닐 팩 | |
| | 프라이팬 | |
| | 주방가위 | |
| | 냉동용기 | |
| | 미니오븐 | |
| | 빌크팬 | |
| | 붓 | |
| | 웍 | |
| | 집게 | |
| | 찜기 | |
| | 편수냄비 | |
| | 핸드 블렌더 | |

# 아기에게 꼭 필요한 육아용품 살펴보기

이유식을 시작하면 엄마뿐만 아니라 아기에게도 필요한 용품들이 따로 있답니다. 제가 사용해본 용품들을 소개해봅니다. 꼭 필요한 것들은 미리 구입해 두는 편이 낫습니다. 자라나는 중간에 사면 아깝다는 생각이 드니까요.

## 식탁의자

다른 건 몰라도 식탁의자는 정말 꼭 권하고 싶어요. 식습관 들이는데 식탁의자만큼 좋은 게 없거든요. 엄마도 편한 건 두말할 것도 없지요. 까딱 식습관을 잘못 들인다면 아이를 졸졸 따라다니면서 밥을 먹이게 될지도 모르거든요. 엄마와 아빠 옆에 아기 자리를 만들어주세요. 온 가족이 식탁에 앉아 식사를 하면 아이도 식사시간을 기다리게 될 거예요. 고를 때는 식판이 넓은 것이 엄마에게 좋아요. 아이들은 흘리는 게 많기 때문에 식판이 좁으면 바닥에 다 떨어지거든요. 식사 후에 식판만 닦아주면 되는데, 닦기 편하기 위해서 식판이 분리되는 제품이 위생적이고 더 좋죠. 특히 안전벨트가 있는지 잘 살펴보세요.

저는 중고로 3만원 정도에 구입했는데, 아주 아기일 때는 흔들 그네로 활용해도 되고 흡족해하면서 여러모로 활용하고 있답니다.

## 턱받이

**일체형 받침 턱받이** 턱받이 아랫부분에 받침이 있어서 음식물을 흘리더라도 바닥에 떨어지지 않고 받침 안에 떨어지게 되어 있어요. 부드러운 고무로 되어 있어서 식사 후 물로 한번 세척해주면 끝이에요. 목 부분도 여러 단계로 조절되어 제일 사용하기 편리했던 턱받이입니다.

**분리형 받침 턱받이** 이것도 받침이 있는 턱받이인데요. 일체형 턱받이와 다른 점은 아래 빨간 부분이 따로 분리가 됩니다. 식사 후 아랫부분을 따로 떼어내서 물로 세척해주면 되는 건 똑같아 편리하긴 한데, 잠시 닦는 것을 잊거나 턱받이 세척을 소홀하게 되면 턱받이 아랫부분에 곰팡이가 피고 지저분해져요. 앞면은 비닐로 되어 있어 닦기 편한데 뒷면은 면으로 되어 있어, 국물요리를 많이 흘리게 되면 따로 세탁을 해줘야 합니다.

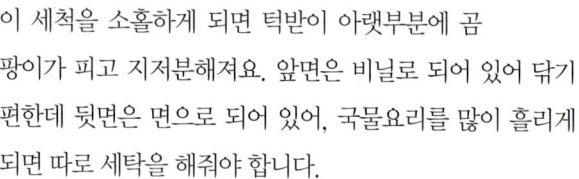

**면 턱받이** 면 턱받이는 아이가 침을 흘릴 때나 외출할 때 가지고 다니면 편리하지요. 이유식 할 때는 먹일 때마다 나오는 빨랫감 때문에 사용을 거의 안 하고, 외

출할 때만 주로 사용했어요. 저는 임신했을 때 타월원단을 사다 턱받이를 크게 만들어놨더니 여러모로 참 좋더군요.

## 이유식기

**이유식기** 아이들용 그릇은 던져도 깨지지 않는 멜라닌소재가 좋아요. 식탁의자에서 실수도 떨어뜨리기도 하고 들고 가다 떨어뜨리기도 하거든요. 이왕이면 아이들이 좋아할만한 캐릭터가 있는 전용 식기들을 사주면 좋겠지요. 저는 마트에 갈 때마다 싸게 팔면 하나둘씩 사오다보니 꽤 많아졌어요. 나중에 예성이가 말을 잘하게 되면 어떤 그릇에 먹고 싶으냐고 물어봐도 재미있을 것 같아요.

**손가락형 이유식기** 손가락을 끼울 수 있는 이유식기에요. 엄마가 쥐고 먹이기에 편리합니다. 나중에 아이가 스스로 먹을 시기가 되면 손가락 끼우는 부분을 한손으로 들고 먹기도 하지요.

**알록달록 이유식기** 아이들한테는 컬러풀한 게 좋잖아요. 그래서 저도 다양한 색깔이 있는 식기를 구입했어요. 시각적 자극도 되고 좋습니다.

**식판형 이유식기** 유아식을 할 때는 식판형으로 생긴 식기가 좋아요. 밥, 국, 반찬을 따로 놓을 수 있어서 좋고, 반찬도 어른들 반찬에서 덜어주는 것보다 아이 그릇에 덜어놓고 먹이면 어떤 반찬을 얼마큼 먹었는지 쉽게 알 수 있어서 어떤 반찬을 싫어하는지 좋아하는지 바로 알게 됩니다. 유아식을 시작하면 골라 먹는 재미가 생기게 되는 거죠.

## 숟가락

**물 떠먹는 숟가락** 숟가락이 고무소재로 되어 있고 푹 파여 있어서 물을 떠먹일 때 주로 사용하는데, 정말 초기에만 사용하지 별 쓸모는 없어요. 따로 팔기보다는 대부분 이유식기 세트에 하나씩은 들어 있답니다.

**초기, 중기 숟가락** 아기 입에 쏙 들어가는 정말 작은 사이즈의 숟가락이에요. 이유식 초기에 유용하게 쓰인답니다.

**후기, 완료기 숟가락** 초기, 중기용 숟가락보다 사이즈가 조금 더 커지고 깊이도 더 깊어요. 한번 먹을 때 초기, 중기 때보다 더 많은 양을 먹게 되요.

### 유아 숟가락
이유식용 숟가락이나 유아 숟가락을 따로 구분지어 판매하는 건 아닌데 제가 한번 나눠봤어요. 돌이 지나 유아식을 할 때쯤이면 숟가락질을 제법 잘 하게 되는데, 길이가 긴 숟가락보다는 길이가 짧은 숟가락으로 더 잘 먹더라고요. 이유식용 숟가락들은 엄마가 먹이기 쉽게 만들어서인지 길이가 좀 긴 편이거든요.

### 외출용 숟가락세트
외출할 때 그냥 비닐 팩이나 랩, 호일 등에 아이 숟가락을 보관해가도 상관은 없지만 케이스 있는 숟가락을 준비해서 나가면 아이도 더 좋아하고 보관도 편해요.

### 포크
아이들 용 포크는 끝이 뭉툭하고 길이가 짧은 게 좋아요. 특히 포크를 들고 걸어 다니지 못하게 해 주세요. 그리고 위험할 수도 있으니 플라스틱으로 된 끝이 뭉툭한 포크만 주세요.

## 컵

### 빨대 컵
빨대 컵은 외출할 때 아주 좋아요. 주위를 보니 젖병 대신 생 우유를 먹을 때 빨대 컵에 주면 잘 먹더라고요. 이 빨대컵은 피프베이비 제품인데 다른 제품들보다 거꾸로 들었을 때 물이 잘 흘러나오지 않아 좋아요. 빨대 부분이 열십자 모양으로 되어 있어서 빨아야지만 물이 나오고 그냥 거꾸로 들었을 때는 잘 나오지 않거든요. 예성이는 모유를 먹어서인지 빨대 컵을 줘도 빨지를 않아서 적응하는 데까지 오래 걸렸어요. 외출할 때 가지고 나가면 차안에서 아주 유용합니다.

### 양손잡이 컵
처음에는 양손잡이 컵을 주세요. 한손으로 잡고 먹는 컵을 처음부터 주는 것보다는 일단 양손잡이 컵을 주면 더 쉽게 컵에 적응할 수 있어요. 양손으로 잡고 먹으면 힘도 덜 들고 더욱 안정감이 있지요. 뚜껑에 빨기 기능이 있는 제품이 있는 것도 있어요.

### 한손 컵
돌이 지나면 한손으로 된 컵을 주고 익히도록 해 주세요. 너무 큰 컵은 불편하니 작은 컵을 주세요. 떨어뜨려도 깨지지 않는 컵으로 말이에요.

## 손수건

면 턱받이가 없다면 외출할 때 손수건은 꼭 필요합니다. 침을 흘릴 때 목에 손수건을 둘러주면 요긴하고 겨울에 티셔츠 입히고 손수건을 목에 둘러주면 보온효과도 있지요.

## 작은밀폐용기

이유식을 3일치 정도 한꺼번에 만들어서 작은 밀폐용기에 넣어 냉동해두면 엄마가 너무 편해요. 외출할 때도 밀폐가 잘 되는 용기에 1끼 분량씩 넣어서 외출하면 편하지요.

## 물티슈

정말 물티슈는 처음에 누가 만들었는지 엄마들에게 큰 일거리를 덜어주었지요. 응가 닦을 때 뿐 아니라 이동중인 차안에서도 요긴하고 입 닦아 줄 때도 너무 좋아요.

## 보온병

외출할 때 이유식을 보온병에 넣어 가면 언제든 따뜻한 이유식을 먹일 수 있어서 좋아요. 밖에 나가면 마땅히 데워 먹일 수 없는 경우가 많은데 보온병에 넣어 가면 걱정을 덜 수 있지요.

## 유아용품 체크표

| 유아도구 | 체크란 | 유아도구 | 체크란 |
| --- | --- | --- | --- |
| 식탁의자 |  | 일체형 받침 턱받이 |  |
| 분리형 받침 턱받이 |  | 면 턱받이 |  |
| 이유식기 |  | 손가락형 이유식기 |  |
| 알록달록 이유식기 |  | 식판형 이유식기 |  |
| 물 떠먹는 숟가락 |  | 초기, 중기 숟가락 |  |
| 후기, 완료기 숟가락 |  | 유아숟가락 |  |
| 외출용 숟가락세트 |  | 포크 |  |
| 빨대 컵 |  | 양손잡이 컵 |  |
| 한손 컵 |  | 손수건 |  |
| 물티슈 |  | 보온병 |  |
| 작은밀폐용기 |  |  |  |

# 이유식 재료 준비하기와 보관하기

## 이유식 재료 준비하기

앞 장에서 이유식에 대해서 살펴보고, 앞으로 이유식을 만들 때 엄마가 마음속으로 정한 원칙도 정해졌으면 이제 재료 준비하는 방법을 알아보기로 해요. 어떤 재료들을 사용하고, 안전한 식품은 어디서 구입하는지, 보다 안전하게 먹을 수 있는 방법 등을 살펴볼까요?

### 신선한 제철 식품을 구입하세요

아기에게 제일 좋은 것을 먹이고 싶은 것은 엄마라면 모두 다 같은 마음일 거에요. 우리 몸에 가장 좋은 것은 뭐니 뭐니해도 신선한 제철 식품이지요. 제철에 맞게 자란 것이 영양도 풍부하고 계절에 맞는 에너지를 얻을 수 있답니다. 시중에 판매되는 식재료들은 아무래도 제철이 아닌데 자라게 해야 하기 때문에 농약이 더 많이 살포되고 성장촉진제 같은 좋지 않은 성분들이 많을 수 있거든요. 세상에 태어나 모유 외에 처음 접하는 식품을 그런 것으로 만들어 줄 수는 없잖아요. 안전한 먹을거리 매장에서 구입한 신선한 제철 식품으로 이유식을 만들어줍시다. 육류도 냉동된 고기보다는 생 고기를 그날 직접 사와 사용하는 것이 좋고 생선도 꼼꼼히 살펴보고 당일 구입해서 사용하는 것이 좋지요.

### 제철 식품 살펴보기

제철 식품을 알아두어 이유식 할 때나 엄마와 아빠가 요리할 때나 장 보러 갈 때 참고하세요.

#### 파릇파릇 만물이 소생하는 봄(3~5월)

채소 : 봄동, 돌미나리, 달래, 냉이, 씀바귀, 고들빼기, 쑥, 고사리, 양상추, 껍질 콩, 죽순, 취, 상추, 두릅, 양배추, 고구마순, 완두, 미나리, 도라지, 파, 양파, 마늘, 더덕, 마늘쫑

과일 : 딸기, 앵두

해산물 : 물미역, 굴, 바지락, 대합, 모시조개, 피조개, 도미, 꼬막, 조기, 뱅어포, 병어, 키조개, 김, 갈치, 고등어, 멍게, 참치, 홍어, 넙치, 오징어, 잔새우, 멸치, 준치

#### 보양식이 필요한 여름(6~8월)

채소 : 샐러리, 껍질 콩, 오이, 청둥호박, 양파, 근대, 부추, 감자, 부추, 양상추, 가지, 피망, 애호박, 노각, 열무, 풋고추, 양배추, 깻잎, 고구마순, 옥수수

과일 : 토마토, 참외, 매실, 수박, 멜론, 복숭아, 포도

해산물 : 흑돔, 전복, 민어, 병어, 삼치, 전갱이, 오징어, 바닷가재, 장어, 홍어, 농어, 갑오징어, 성게, 잉어

### 천고마비의 계절 가을(9~11월)

채소 : 고구마, 풋콩, 토란, 느타리버섯, 당근, 붉은 고추, 감자, 표고버섯, 송이버섯, 고추, 무, 송이버섯, 고들빼기, 브로콜리, 배추, 연근, 우엉, 파, 늙은 호박

과일 : 배, 사과, 포도, 석류, 무화과, 감, 밤, 대추, 귤, 키위

해산물 : 해파리, 꽁치, 고등어, 청어, 옥돔, 방어, 연어, 참치, 참돔, 대구, 성게, 오징어

### 꽁꽁 추운 겨울(12~2월)

채소 : 콜리플라워, 우엉, 연근, 당근, 쑥갓, 시금치, 고비, 봄동, 참취, 순무, 양파, 달래

과일 : 귤, 바나나, 레몬

해산물 : 굴, 홍게, 영덕게, 꽃게, 방어, 넙치, 복어, 문어, 맛살조개, 가자미, 낙지, 미역, 주꾸미, 가오리, 꼬막, 김, 굴, 패주, 해삼, 대구, 명태, 빨간 도미, 옥돔, 아귀, 청어, 다시마, 파래, 전복, 홍어, 홍합

#### 이유식 식재료 농약 줄여보기

농작물 표면에 뿌려진 농약은 증발하거나 분해되면서 어느 정도의 농약이 남게 되는데 그 잔류농약을 줄이는 방법입니다. 유기농 식품을 구입하면 좋겠지만 일반 식품을 구입했다면 신선한 식품을 구입해 조금이라도 농약을 줄여서 먹이세요.

**오이** 먼저 물로 깨끗이 씻은 후 굵은 소금으로 여러 번 문질러 다시 한번 씻어주세요. 특히 오이를 고를 땐 미끈하게 잘 생긴 것으로 고르세요. 머리만 크고 끝이 가늘거나 휜 것은 생육부진으로 인해 농약을 더 많이 먹고 자랐을 가능성이 크거든요.

**시금치** 흐르는 물에 씻은 후 물을 틀어둔 채 5~6분간 담가 놓으면 농약성분이 녹아 나옵니다. 물 부족시대에 어울리지 않는 방법이긴 하지만 최대한 안전식품을 골라 먹고 웬만하면 한 겨울 동안 농약 없이 자란 제철 시금치를 먹는 것이 좋습니다. 시금치처럼 녹색 채소는 끓는 물에 한번 데쳐내어 사용하는 것이 좋습니다.

**배추** 겉잎을 반드시 한 두 겹 떼어내는 것이 좋습니다. 이파리는 한 잎씩 흐르는 물로 씻어주세요. 발효식품인 김치의 재료로 사용할 땐 비교적 안전합니다. 대전의 보건환경연구원 실험결과에 의하면 소금 절임 후 갖은 양념을 해 발효시키면 약 5일 후 배추의 디아지논 성분이 100% 제거된다고 합니다. 디아지논은 농산물 중 검출 빈도가 높은 농약성분입니다.

**당근** 잎이 나오는 단면이 작을수록 농약오염이 덜 된 것입니다. 잔뿌리가 움푹 패인 것도 피해주시구요. 씻을 때는 역시 흐르는 물에 여러 번 문지르고 나서 껍질을 필러로 벗겨주세요.

**사과** 흐르는 물에 스펀지로 싹싹 문질러 닦고 반드시 껍질을 벗겨 먹어야 합니다. 그래야 껍질 안쪽의 큐티큘라층에 남아 있는 살충제 성분이 제거되거든요. 소금물에 담가두면 갈변도 막고 농약성분도 더 제거할 수 있답니다.

**포도** 큰 덩어리째 담아야 보기는 좋은데 농약을 효과적으로 제거하려면 한 송이를 잘게 잘라 씻는 게 좋습니다. 식초 물을 새콤하게 만들어서 한번 더 씻어낸 후 맑은 물로 헹구면 더욱 좋아요. 통째로 씻으려면 밀가루나 베이킹소다를 뿌리는 것도 방법입니다. 밀가루나 베이킹소다와 같은 가루성분은 흡착력이 강해 과일에 묻었다가 떨어지면서 농약 등 오염물질까지 함께 묻혀 떨어져 나가거든요.

**딸기** 표면적이 넓어 농약흡수량이 많습니다. 흐르는 물에 여러 번 씻고 소쿠리에 담은 채 또 한번 씻어냅니다. 특히 꼭지 부분은 더 꼼꼼하게 씻어주세요.

**토마토** 토마토 껍질은 소화도 잘 되지 않고 농약이 남아 있을 수 있으므로 벗겨냅니다. 토마토처럼 껍질이 있는 과일은 식초를 물과 1대 10의 비율로 혼합한 뒤 과일을 20~30분 담가 두었다가 흐르는 물에 씻어주세요. 식초나 레몬즙에 들어 있는 산(酸)은 산파 방지, 얼룩 제거에 효과가 있고, 용해도도 좋아 물에 잘 씻겨 나가므로 잔여 성분이 남지 않아 안전합니다.

**파** 파에는 직접적으로 농약이 묻기 때문에 뿌리와 잎의 끝 부분을 잘라내고 껍질을 한 겹 벗겨내고 사용합니다.

**양배추** 겉잎은 떼어낸 후 조리하고 채 썬 것은 찬물에 3분 정도 담가두면 잔류 농약이 녹아 나옵니다.

**깻잎 & 상추** 2장씩 겹쳐 흐르는 물에 5~6회 정도 비벼가며 씻어주세요.

**오렌지** 손으로 만져 보아 반짝거리는 것이 묻어나는지 확인한 다음 구입하고 왁스가 발라졌을 경우 소주를 묻혀 왁스를 닦아낸 후 먹기 전에 흐르는 물에서 껍질을 깨끗이 씻어주세요.

**바나나** 바나나는 유통 과정에서 살균제나 보존제를 사용하게 됩니다. 특히 바나나는 수확 후 줄기 부분을 방부제에 담그는 경우가 많기 때문에 줄기 쪽부터 1~2cm 지점까지 깨끗이 잘라버리고 먹는 게 좋습니다.

**나물류** 나물이나 채소들은 흐르는 물에 씻어낸 다음 연한 소금물에 잠시 담가두세요. 그러면 물로 씻어도 남아 있을지 모르는 유해 물질이 녹아 나오게 됩니다. 처음부터 소금물에 씻으면 농약이 야채 속으로 침투할 경우가 있으므로 먼저 흐르는 물에 씻은 후 소금물에 씻는 것이 좋습니다.

**껍질이 있는 대부분의 과일과 야채** 과일과 전용 세정제로 닦아주세요. 전용 세제는 소금, 식초 등 먹을 수 있는 원료로 만들었기 때문에 일반 주방세제로 씻을 경우 거품이 많이 나고 세정 성분이 남는 것 같이 꺼려지는 단점이 없습니다.

**가공식품의 식품 첨가물 및 인공색소 유해성 줄여보기**

가공식품을 만들 때, 보존과 유통기한을 늘리고 색깔이나 맛, 모양을 좋게 하기 위해 여러 가지 화학물질을 첨가하는데 이것을 흔히 식품 첨가물이라 부릅니다.

대표적인 식품 첨가물로는 우리가 잘 알고 있는 화학조미료, 방부제, 감미료, 착색제, 발색제를 비롯해 산화방지제, 탈색제, 팽창제, 살균제 등이 있습니다.

식품 첨가물은 체내에 들어가면 50~80%는 호흡기나 배설 기관을 통해 배출되지만 나머지는 몸속에 축적됩니다. 문제는 이러한 첨가물은 한 가지 식품에 한 가지만 들어 있는 게 아니라서 먹는 대로 조금씩 체내에 쌓이기 때문에 그 유해성은 기하급수로 늘어나는 것입니다.

또한 상당수 어린이 식품에 암을 일으킬 수 있는 인공색소가 첨가되어 있다는 연구결과가 나온 적이 있습니다. 특히 여름철에 즐겨먹는 빙과류나 청량음료에 인공색소들이 많이 들어있어요. 식품 첨가물은 음식을 끓이거나 씻어도 완전히 사라지지는 않지만 조리 방법에 따라 유해성을 줄일 수는 있습니다. 체내에 쌓인 첨가물들은 섬유질이 많은 채소를 섭취하면 유해성분이 함께 변으로 배출되므로 야채를 많이 먹는 식습관을 들이는 것이 좋습니다. 그리고 가공식품을 구입할 때 뒷면에 표기된 원재료 표시를 꼼꼼히 살펴보는 게 좋습니다. 앞으로는 인공색소나 식품 첨가물이 얼마나 들어 있는지 살펴보고 구입하세요.

## 식품 첨가물 & 인공색소 **줄여보기**

❶ 두부는 먹기 전에 10분 정도 물에 담가 놓습니다.

❷ 덩어리 고기는 20~30분간 삶아 냅니다.

❸ 닭고기는 껍질을 벗겨 사용합니다.

❹ 쇠고기는 지방살을 떼어냅니다.

❺ 어묵과 맛살은 끓는 물에 데친 후 사용합니다.

❻ 빵에는 곰팡이를 막기 위한 방부제, 딱딱해짐을 막는 연화제가 들어 있는데 굽거나 쪄 먹으면 그 피해를 줄일 수 있습니다.

❼ 라면은 면을 한번 끓여서 그 물을 다 따라 버린 다음 다시 끓여주세요.

❽ 햄, 소시지는 칼집을 내어 끓는 물에 데친 다음 조리하세요.

❾ 캔에 들어 있는 햄을 꺼내다보면 노란 기름이 윗 부분에 굳어 있는데 이 부분은 잘라내고 조리하는 것이 좋습니다.

❿ 통조림 제품은 함께 들어 있던 기름이나 국물을 버리고 조리하세요.

⓫ 색깔이 너무 선명하고 요란한 식품은 피하고 아이들의 간식은 가능하면 집에서 엄마가 직접 만들어주세요.

⓬ 통조림 제품보다 병조림 제품을 사용하세요.

⓭ 화학 조미료는 사용하지 않고 천연 조미료를 만들어 사용합니다.

⓮ 수입 밀보다 우리 밀을 사용하는 것이 좋습니다.

⓯ 설탕 대신 조청이나 올리고당을 사용해주세요.

### 안전한 먹을거리 구입처

우리나라에서는 2001년부터 친환경 농산물 인증제를 실시하고 있습니다. 이에 따라 친환경 농산물을 유기농, 전환기유기농, 무농약, 저농약으로 나뉘는데 이는 상품에 표기되어 있습니다. 유기농산물은 3년 이상 농약과 화학비료를 전혀 사용하지 않은 농산물을 말하고, 전환기유기농산물은 1년 이상 농약과 화학비료를 전혀 사용하지 않은 농산물, 무농약 농산물은 농약을 쓰지 않는 대신 화학비료를 권장 사용량의 1/3 이하로 사용한 농산물, 저농약 농산물은 농약은 사용하되 권장 사용량 이내로 재배한 상품입니다. 이들 먹을거리들은 잎이나 농산물에서 채취한 잔류 농약 검출량이 잔류 농약 허용 기준치의 50%를 넘으면 표시 대상에서 제외됩니다. 친환경 먹을거리는 가까운 안전한 먹을거리 매장에서도 구입할 수 있고 인터넷으로도 구입할 수 있습니다.

| 인터넷 사이트 | | |
|---|---|---|
| 한살림생협 | http://www.hansalim.or.kr | 02-3486-9696 |
| 한국생협연합회 | http://www.icoop.or.kr | 0505-577-1244 |
| 경실련정농생협 | http://www.jungnong.com | 1588-6201 |
| 유기농닷컴 | http:www.62nong.com | 02-6300-2609 |
| 환경연합 ECO 생협 | http://www.ecocoop.or.kr | 02-733-7117 |
| 무공이네농장 | http://www.mugonghae.com | 02-441-8266 |
| 풀무원 | http://www.pulmuoneshop.co.kr | 02-2681-8600 |
| 이팜 | http://www.efarm.co.kr | 02-3446-6060 |
| 올가 | http://www.orga.co.kr | 02-2104-0114 |
| 한겨레 초록마을 | http://www.hanifood.co.kr | 080-023-0023 |

### 음식 궁합 살펴보기

음식들도 제짝이 있지요. 함께 먹어 이로운 것과 해로운 것이 있으니 이왕이면 음식도 궁합이 맞는 것끼리 맞춰 먹는 게 좋지요.

**궁합이 맞는 식품** 간과 우유, 딸기와 우유, 고기와 파인애플, 돼지고기와 새우젓, 당근과 식용유, 닭고기와 인삼, 냉면과 식초, 굴과 레몬, 쇠고기와 깻잎, 시금치와 참깨, 된장과 부추, 옥수수와 우유, 쌀과 쑥, 감자와 치즈, 미역과 두부

**궁합이 맞지 않는 식품** 토마토와 설탕, 치즈와 콩류, 오이와 무, 돼지고기와 흑설탕, 생선과 대추, 우유와 소금·설탕, 미역과 파, 김과 기름, 커피와 프림

## 이유식 재료 보관법

소량을 그때그때 만들어 먹이기는 너무 손이 많이 가고 번거롭죠. 야채를 다지고, 으깨고, 미음을 끓이고 하지만 한꺼번에 만들어서 보관만 잘 해 두어도 일손을 크게 줄일 수 있답니다.

### 1회 분량씩 나누어 냉동합니다

1회 분량씩 따로따로 포장해서 냉동해도 되고 큰 비닐 팩에 넣고 칼등으로 칼집을 내어 냉동해두면 하나씩 꺼내어 사용할 수 있어서 좋아요. 계속 해동과 냉동을 반복할 수 없으므로 1회 분량씩 냉동하는

것이 중요합니다. 밥이나 고기 갈아 놓은 것, 야채 데쳐 다진 것 등을 이렇게 보관하면 편리하게 사용할 수 있어요.

### 냉동한 날짜와 품명은 꼭 적어두세요

냉동식품이 많으면 찾기도 어렵고 찾는다 해도 혹 다른 식품과 헷갈리게 될지도 모르거든요. 또 언제 냉동해 두었는지도 기억이 안 날 수도 있으
니 날짜와 품명을 적어놓으면 먼저 냉동한 것부터 꺼내 쓸 수 있어서 좋습니다.
보관기간은 야채류는 10일, 육류는 2주, 등푸른 생선은 1개월, 흰살 생선은 2개월, 죽은 1주일, 빵은 10일, 육수는 2주 정도입니다.

### 액체류는 얼음 틀에 넣어 얼리세요

육수는 그때그때 조금씩 우려낼 수 없으니 한꺼번에 만들어서 얼음 틀에 얼려서 필요한 만큼 꺼내 쓰면 아주 편리합니다. 뚜껑이 있는 제품을 사
용하거나 뚜껑이 없을 때는 랩을 씌워 냉장고에 냄새가 배지 않도록 해주세요.

### 큰 덩어리는 으깬 후 밀대로 밀어 부피를 줄여주세요

감자나 고구마, 단호박 등은 삶아서 덩어리째 넣지 말고 으깬 후 비닐 팩에 넣고 밀대로 밀어 납작하게 부피를 줄여 냉동해두면 자리도 덜 차지
하고 수납하기도 쉽고 좋아요. 이것도 원하는 분량만큼 칼 등으로 칼집을 내어 냉동하면 꺼내 쓰기가 좋고, 부피가 작을수록 더 빨리 냉동되기도 하구요.

### 죽은 3일치 정도를 한꺼번에 만들어 1회분씩 작은 용기에 덜어 냉동합니다

몇 숟가락 먹이자고 매번 불 앞에서 미음을 끓이는 일은 너무 비효율적이 잖아요. 3일치 정도를 한꺼번에 만들어 한번 먹을 만큼 나눠 냉동해두면 편하고 좋아요.

### 야채들은 미리 하루나 이틀 쓸 분량을 한꺼번에 다져 칸칸이 보관하면 빠르게 죽이나 볶음밥을 만들 수 있어요

이유식 할 때마다 야채를 다지면 시간도 많이 걸리고 힘들어요. 그럴 때는 하루나 이틀 정도 분량을 한꺼번에 다져서 보관하면 금방 이유식을 완성할 수 있지요. 친구에게 거버병을 얻어서 사용했는데, 병이 투명해서 내용물이 잘 보이고 크기도 작아 딱 하루 이틀 정도씩 보관이 되었어요

### 냉동이 불가능한 식품들

냉동을 해두면 비교적 오래 보관할 수 있지만 모두 냉동이 되는 건 아니에요. 우유, 요구르트, 오이, 두부, 무, 생 달걀, 양배추, 양상추 등은 냉동이 안 된답니다.

# 단계별 이유식과 재료 무르기 파악하기

## 생후 5~6개월 초기 이유식

그동안 엄마 모유만 먹던 녀석이 새로운 맛을 접할 생각을 하니 엄마는 걱정도 되고 설레기도 하여 공부를 하게 되었어요. 탈 없이 잘 먹을 수 있을까? 숟가락을 거부하지는 않을까? 언제 어떻게 먹여야 할까? 하는 여러 가지 생각들로 복잡했지요. 일단 시작하기 전에 엄마는 조급한 마음을 버리고 느긋하게 시작해야 해요. 그리고 더욱 조심해야 하구요. 그럼 초기 이유식에 대해 알아볼까요?

### 언제 시작할까요?

이유식 관련 정보들을 보면 보통 생후 4~6개월에 이유식을 시작하라고 되어 있어요. 그래서 정확히 언제 시작해야 할 지 고민이 되었었죠. 딱 4개월에 시작하라는 건지 지나서 5개월에 시작을 하라는 건지 말이죠. 예전에 어떤 한의사 선생님께서 강연하는 것을 들은 적이 있었는데 아기가 태어나 모유만 먹다가 이유식을 시작해도 좋다는 신호는 아기의 치아가 나올 때라고 하시더군요. 빨기만 하던 입에서 치아가 생김으로써 씹기 기능이 생겨 '빨기'에서 '먹기'로 발전하는 단계라는 거죠.

예성이는 4개월이 되니 벌써 아랫니가 나기 시작하는 거예요. 치아는 늦게 나올수록 좋다는데 굉장히 일찍 나오더라고요. 치아는 일찍 나왔는데 아토피가 있어서 고민이었어요. 소아과 전문의 선생님들은 알레르기가 있는 아기들은 6개월쯤에 시작하라고들 하잖아요. 치아가 났을 시기로 보면 4개월에 시작해야 할 것 같고, 알레르기가 있으니 6개월에 시작해야 할 것 같아서 어느 장단에 맞춰야 할 지 고민이 되더군요. 고민 끝에 예방접종을 다니던 소아과 선생님께 상담을 했어요. 의사 선생님 말씀이 아토피가 있긴 하지만 발육상태가 좋아 별 무리 없을 것 같고, 6개월을 넘기게 되면 오히려 아기가 잘 받아들이지 않아 이유식 시작하기가 더 힘들어 질 수 있다고 하시더라고요. 이 때가 5개월 하고도 2주째였어요. 저처럼 확신이 서지 않을 때는 소아과 선생님과 상의하세요.

### 초기에는 어떤 음식재료를 선택해야 할까요?

모유 외에 처음 접하는 식품은 알레르기를 일으키지 않는 재료이어야 해요. 일단 쌀미음부터 시작하는 것이 좋습니다. 쌀미음에 적응을 잘 한다면 곡류→야채→과일 순으로 초기에는 쌀미음을 기본으로 한번에 한 가지 재료만 넣어 미음을 끓여줍니다.

간혹 과즙부터 먹이는 엄마들을 종종 접하는데 과즙부터 먹이게 되면 과즙에 알레르기를 일으킬 수 있는 성분이 들어 있는 경우도 있고, 단 맛에 익숙해지면 쌀죽처럼 밍밍한 이유식을 안 먹을 수 있거든요. 야채 중에서는 시금치와 당근은 빈혈을 일으킬 수 있어서 초기 이유식 재료로 좋지 않아요. 과일도 너무 신 맛이 강한 오렌지, 딸기, 토마토 등은 돌 이후에 주는 게 좋아요.

### 초기 **이유식에 적당한 음식재료**

야채류 : 감자, 고구마, 단호박, 밤, 애호박, 배추, 양배추, 청경채

과일류 : 사과, 배, 바나나, 멜론

## 초기에는 어떻게 먹여야 할까요?

**① 주르르 흘러 3번만 먹여도 충분합니다.**

하루 중 아기의 컨디션이 제일 좋은 시간을 선택해서 한번만 먹입니다. 너무 배고플 때는 피하고, 배고파 할 때는 모유를 조금 먹인 후 중간에 이유식을 먹이고 다시 모유를 먹이는 게 좋습니다. 처음에는 티스푼처럼 작은 숟가락의 1/4 정도만 줘보세요. 3일 정도 주어 아무 탈 없이 잘 먹는다면 다음 3일 동안은 1/2작은술, 또 3일 동안은 1작은술, 그 후 3일 동안은 1큰술 이런 식으로 조금씩 양을 늘려가세요.

처음부터 많이 주면 위에 부담이 되어 탈이 날 수 있어요. 엄마 마음은 한 숟가락이라도 더 먹이고 싶지만 아기이 위는 수직에 가까운 모양이라 너무 많이 먹으면 쉽게 토해버리고 아기가 힘들 수 있거든요.

**② 쌀죽을 기본으로 하고 한번에 새로운 재료는 한 가지만 섞어줍니다.**

쌀미음을 잘 먹고 탈이 없다면 고구마, 감자와 같은 재료로 시작하면 좋아요. 돌 전까지는 우리 아이가 어떤 식품에 알레르기 반응을 보이는지 살핀다는 생각으로 너무 이것 저것 먹이겠다는 욕심을 버리고 한번에 새로운 식품은 한 가지만 첨가해 반응을 살핍니다.

첫 한달은 '빨기'에서 '먹기'로 적응하는 단계로 보고, 1주일에 새로운 재료 한 가지씩 넣어줍니다. 그 이후에는 3~5일 간격으로 터울을 두고 새로운 음식재료를 넣어 먹입니다. 꼭 2가지 이상의 음식재료를 넣어 먹이고 싶다면 한 가지는 그 동안 먹여봐서 아무 이상이 없었던 식품으로 하고

### 초기 **음식물의 형태**

**초기 음식물의 형태**

쌀 : 쌀을 갈아 부드럽게 퍼지도록 끓여 10배 죽을 만듭니다.

야채 : 고구마, 단호박, 감자류 등은 찐 후 으깨서 사용하고, 껍질이 있는 야채들은 껍질을 벗긴 후 삶아 으깨거나 곱게 갈아 부드럽게 한 후 사용합니다.

과일 : 껍질을 벗기고 강판에 갈아서 사용합니다.

쌀 　　　 야채 　　　 과일

다른 한 가지는 새로운 식품을 첨가하는 식으로 해주세요. 새로운 두 가지 식품을 섞어서 먹이면 알레르기가 발생해도 어느 음식에서 탈이 난 건지 모르니까요. 그리고 초기 이유식에는 어떤 간도 하지 않아 싱겁게 먹는 습관을 들입니다. 간이 들어간 것을 먹게 되면 위에 부담일 뿐 아니라 한번 짜거나 달게 주게 되면 점점 더 짜고 단 것을 원하게 됩니다.

### ③ 다 먹었는지 어떻게 알까요?
아기가 배가 고프거나 더 먹고 싶을 때는 얼굴을 앞으로 쭉 빼거나 몸을 엄마 쪽으로 숙이게 되고 배가 부르면 얼굴을 휙 돌리거나 입을 꽉 다물어 버리곤 하지요. 아기의 신호를 잘 살펴 그때마다 잘 대처해야 합니다.
아이들의 컨디션과 상황에 따라 차이가 있을 수 있어요. 안 먹는다고 억지로 먹이려고 하면 더 안 먹고, 엄마 마음만 상하니 안 먹는다고 속상해 하지 마세요. 평소보다 더 잘 먹는 재료를 적어 두거나 기억해 두었다가 안 먹는 재료에 섞어주는 것도 방법이에요.

## 어? 아기의 응가가 달라졌어요

이유식을 시작하면 아기의 변이 달라져요. 모유만 먹다가 새로운 식품이 들어가니 당연하겠지요. 지금 생각해 보면 당연한건데 처음 새로운 응가를 봤을 때는 너무 놀라서 예성이 응가를 싸들고 병원에 갔었어요.
모유만 먹었을 때는 약간 질척하고 황금 응가를 누었었는데 이유식을 먹으니 그보다는 좀 된 응가를 본거에요. 혹 변비가 아닌가 싶어 기저귀를 병원에 가져가 의사 선생님께 보여 드렸더니 너무 예쁘게 잘 쌌는데 왜 병원에 왔냐고 하시더라고요. 얼마나 민망하고 창피했는지 몰라요. 그래도 놀란 엄마 맘에 가만히 있을 순 없었어요.
임신했을 때는 사실 제가 비위가 워낙 약한지라 아이 낳아서 어떻게 응가를 닦아줄지 고민이었어요. 지금은 우습지만 그 당시는 정말 큰 걱정거리 중 하나였지요. 그런데 그런 제가 응가를 싸들고 병원을 가질 않나, 응가 닦을 때마다 응가의 상태를 세심히 살피는 엄마가 되었어요. 이래서 엄마는 강하다고들 하나 봐요.
아기의 응가를 보면 그 전날 무엇을 먹었는지 바로 확인이 됩니다. 당근 같은 경우 푹 익혀주지 않으면 그대로 응가로 나오고, 김이나 옥수수 같은 경우도 마찬가지 응가로 확인할 수 있지요. 이런 응가를 처음 보게 된다면 또 한번 당황하게 됩니다.
중기, 후기, 완료기로 점점 단계를 넘어가면서 아기도 소화 기능이 더 발달하고 이런 응가가 줄어들기도 합니다.
가급적 조리할 때는 재료들을 잘게 썰고 푹 익혀 부드럽게 조리해 주세요. 하지만 설사를 하거나 조금 이상하다 싶으면 바로 기저귀를 병원에 가져가 보여주는 것이 여러모로 안심이 되지요.

## 다시 정리해보는 **초기**이유식**포인트**

① 이유식 시작 시기는 아기의 신호와 발육상태를 살펴 정합니다. 너무 일찍(생후 4개월 이전)도 말고 너무 늦게(생후 6개월 이후) 시작해서도 안 돼요. 엄마가 확신이 서지 않는다면 소아과 선생님과 상의하세요.

② 10배 죽으로 시작해 중기에 들어설 때는 7배 죽을 먹을 수 있도록 점차 물을 줄여가며 조리해주세요. 이때 절대로 간은 하지 않습니다.

③ 처음에는 쌀죽으로 시작하고 곡류 → 야채 → 과일 순으로 재료를 정합니다. 과즙을 먼저 주면 안돼요.

④ 쌀죽을 기본으로 해 한번에 새로운 재료는 한 가지만 섞고 하루에 아기 컨디션이 가장 좋은 시간을 정해 한번만 먹여도 충분합니다.

⑤ 처음부터 한꺼번에 많이 주지 말고 3일 간격으로 조금씩 양을 늘려나가세요. 새로운 식품 첨가도 3~5일 간격을 두세요.

⑥ 다른 아이와 먹는 양을 비교하지 말고 더 먹고 싶은지 배가 부른지 아기의 신호를 살펴주세요. 엄마는 늘 마음을 느긋하게 가져야 합니다.

⑦ 이유식을 시작하면 아기의 응가가 달라집니다. 너무 놀라지 말고 설사를 하거나 응가가 이상하다 싶으면 기저귀를 소아과 선생님께 보여주세요.

# 생후7~8개월중기이유식

초기에는 먹는 게 반 흘리는 게 반이었지요. 중기에는 흘리는 것보다 제법 삼키는 게 많아집니다. 조리할 때도 체에 거르지 않아도 되니 조금 편해지긴 했지만 대신 하루에 2번 먹으니 더 많은 양을 만들어야 하지요. 고기와 흰살 생선도 먹고 야채나 과일도 가짓수가 더 많아지니 더욱 다양한 맛을 맛볼 수 있게 되었어요. 중기 때도 새로운 식품은 터울을 두고 한 가지씩만 추가하는 거 잊지 마세요.

## 언제부터 중기로 넘어가나요?

초기 이유식이 끝날 무렵에는 한번에 어른 숟가락으로 5큰술(50cc) 정도를 먹을 수 있게 됩니다. 물론 아이마다 차이는 있어요. 이를 무리 없이 먹을 수 있고 별 탈 없이 초기가 진행되었다면 그때부터 중기로 넘어가면 됩니다. '딱 오늘부터 시작이야' 라고 정하지 말고 일단 첫 일주일은 초기처럼 적응기간을 두는 게 좋습니다.

첫 이유식은 초기에 먹던 시간에 주고 두 번째 이유식은 이것보다 시간을 정해 첫 날은 적은 양을 먹여 보고 매일 조금씩 양을 늘려가서 일주일간 적응을 잘한다면 그 이후로 중기로 넘어가 하루에 2번 식사를 하게 되는 거죠.

### 중기에는 어떤 음식재료를 선택해야 할까요?

가장 큰 변화인 고기와 흰 살 생선을 먹을 수 있게 되었어요. 닭고기가 쇠고기보다 소화가 잘 되기 때문에 닭고기를 먼저 주세요. 특히 7개월부터는 엄마로부터 받아온 철분이 거의 다 소모되므로 음식을 통해 섭취를 해줘야 합니다. 철분섭취에 가장 좋은 것은 살코기예요. 살코기에서 철분과 단백질을 얻을 수 있기 때문에 살코기를 섭취해 주어야 합니다. 야채로만 죽을 끓일 때는 육수를 사용하면 더욱 좋지요. 살코기를 직접 먹이는 것이 가장 좋긴 하지만요. 생각보다 아기 빈혈이 많다고 하더라고요. 아기빈혈은 IQ도 떨어뜨린다니 신경써주세요. 또 칼슘이 부족하면 뼈와 이가 약해질 수 있으니 치즈같이 칼슘이 풍부한 음식을 먹이는 것이 좋습니다. 야채도 선택의 폭이 초기보다 넓어집니다. 간식으로 죽에 섞지 않고도 생 과일을 갈아서 줄 수 도 있어요.

#### 중기 이유식에 적당한 음식재료

〈초기 음식재료 외 새로운 식품만 표기〉

야채류 : 브로콜리, 콜리플라워, 오이, 당근, 시금치, 양파, 무 등

육류 : 닭고기, 쇠고기(기름기 없는 살코기들)

콩류 : 두부, 완두콩, 강낭콩

과일류 : 귤, 오렌지 같은 감귤류 제외, 포도 제외, 딸기, 토마토 제외하고 갈아서 먹일 수 있는 과일들

어류 : 흰 살 생선(대구, 명태, 조기, 가자미, 갈치 등)

기타 : 달걀 노른자, 유아용치즈, 버섯류

### 중기에는 어떻게 먹여야 할까요?

① **7배 죽으로 시작해 중기 막바지에는 5배 죽을 먹을 수 있도록 해주세요.**

초기에는 체에 내려 묽은 죽만 먹었지만 중기부터는 혀와 입천장을 이용해 으깨 먹을 수 있으므로 부드럽게 퍼진 7배 정도의 죽을 쑤어 줍니다. 이렇게 먹다가 중기가 끝날 무렵에는 약간의 알갱이가 씹히는 5배 죽을 먹을 수 있도록 해줍니다. 점차 물의 양을 줄여나가시면 되요.

초기에는 모유를 먼저 먹이고 중간에 이유식을 먹이고 다시 모유를 먹였지만 중기에는 일단 이유식을 먼저 주고 이유식 후에 모유를 바로 주세요. 그래야 먹는 양도 늘어나고 엄마도 편하답니다.

#### 중기 음식물의 형태

쌀 : 부드러운 7배 죽을 끓여줍니다.

야채 : 고구마, 단호박, 감자류 등은 찐 후 으깨서 사용하고 껍질이 있는 야채들은 껍질을 벗겨 0.2~0.3cm 정도로 잘게 다진 후 사용합니다.

과일 : 껍질을 벗기고 0.5cm 정도로 잘라 부드럽게 해서 먹입니다.

육류 : 삶아 익힌 후 아주 잘게 다져서 사용합니다.

생선 : 삶아 비늘과 뼈를 발라내고 살만 곱게 으깨 사용합니다.

야채　　과일　　육류　　생선

### ② 두가지 이상의 재료를 섞을 수 있어요.

두 가지 이상의 재료를 섞더라도 반드시 새로운 재료는 한 가지만 넣어주세요. 나머지 재료들은 그전에 먹어보아 알레르기를 일으키지 않았던 식품들을 넣어주고요. 같은 재료라도 조리방법을 다르게 해서 다른 질감을 느끼게 해주는 것도 좋아요. 야채의 가짓수도 더 많아지고 초기보다 다양한 재료를 사용할 수 있어서 여러 가지 맛을 맛볼 수 있어요. 이때도 재료의 맛을 살리고 간은 전혀 하지 않습니다.

### ③ 하루에 두번 먹이고 중기가 끝날 무렵에는 중간에 간식을 주어 하루 3번 먹는 연습을 합니다.

첫 이유식은 초기 이유식 먹었던 시간으로 하고 두 번째 이유식은 저녁 때로 시간을 정해줍니다. 처음부터 첫 이유식과 같은 양을 주지 말고 일주일간 적응기간을 주세요. 일주일동안 매일매일 조금씩 양을 늘려가며 잘 받아먹는지 살피고 잘 먹는다면 본격적으로 하루에 2번 이유식을 먹입니다. 후기부터는 하루에 3번 이유식을 먹으니 중기가 끝나기 1~2주 전부터는 간식을 주어 미리 연습하는 것도 좋아요. 간식은 스스로 먹을 수 있도록 작게 자른 무른 과일이나 삶은 고구마나 감자로 합니다. 이 시기에 아이들은 자꾸만 손으로 음식을 잡아 스스로 먹고 싶어 하거든요. 스스로 먹으면 손을 움직이기 때문에 소근육과 두뇌 발달에도 좋고 자율성도 길러줍니다.

### ④ 숟가락도 쥐어 줘 보고 컵 사용을 배웁니다.

처음부터 숟가락을 쥐어 주면 다 흘려버려서 먹을 게 없어지지요. 일단 엄마가 먹이고 나서 어느 정도 먹었다 싶고 배가 불러하는 것 같다면 남은 이유식과 숟가락을 쥐어줘 보세요. 아마 숟가락질을 전혀 못 할 거예요. 다 어지럽히고 가지고만 놀겠지만 미리미리 숟가락을 자주 쥐어 봐야 나중에 스스로 하는 시간이 당겨지거든요. 모유나 분유도 컵에 소량을 담아 먹이기 시작합니다. 엄마 젖이나 젖병만 빨다가 컵으로 주게 되면 다른 곳에서도 먹을 수 있는 것을 알고, 젖병에 집착하는 일이 줄어들게 됩니다. 처음에는 잡기 편하도록 양손잡이로 되어 있는 컵이 좋아요. 그러다 적응하면 어느 순간 한 손으로 된 컵을 사용하는 모습을 볼 수 있을 거예요. 일단 컵을 가지고 놀게 해주세요. 그러면서 엄마가 입에 대고 마시는 모습도 자주 보여주세요.

### 다시 정리해 보는 중기 이유식 포인트

① 생후 7개월 이후는 엄마에게서 받아온 철분이 거의 소모되므로 닭고기나 쇠고기의 살코기에서 철분을 섭취하는 것이 중요합니다. 고기나 흰살 생선을 섭취할 수 있고 야채 선택의 폭도 넓어집니다.

② 7배 죽에서 시작해 중기가 끝날 무렵에는 5배 죽을 먹을 수 있게 조절해 주세요. 이제 하루에 2번 먹을 수 있고 중간에 간식도 주어 후기에는 하루 3번 식사를 할 수 있도록 연습을 합니다.

③ 두 가지 이상이 재료를 섞어 먹일 수 있지만 새로운 재료는 반드시 한 가지만 섞는 것을 잊지 마세요. 그리고 초기와 마찬가지로 간은 하지 않습니다.

④ 숟가락을 쥐어 보기도 하고 컵을 사용해 물이나 엄마 젖, 분유를 먹을 수 있게 해주세요. 손으로 뭐든 잡고 싶어하니 간식도 손으로 집어먹을 수 있는 작고 부드러운 음식들을 주면 자율성도 키우고 소근육 발달이나 뇌 발달에 도움도 됩니다.

# 생후 9~11개월 후기 이유식

이제 혼자 스스로 앉아 집중해서 놀만큼 컸어요. 여기 저기 기어다니며 사고를 치기도 하구요. 붙잡고 서면 정말이지 금방이라도 걸을 것 같기도 하지요. 활동 양이 예전보다 훨씬 많아져 이제 보다 많은 에너지가 필요합니다. 서서히 밥의 형태가 되어 가고 어른처럼 하루 3끼를 먹을 수 있어요. 엄마와 함께 식사를 하고 저녁은 온 가족이 모여 함께 식사를 하며, 올바른 식습관을 들이도록 노력하는 시기입니다. 숟가락도 익숙해져 제대로는 못하지만 자꾸만 숟가락을 쥐고 스스로 먹고 싶어 할 거예요.

후기라고 방심하지 말고 초기나 중기처럼 아직은 조심하고 신경을 써야 합니다.

## 언제부터 후기로 넘어가나요?

중기가 끝날 무렵에는 아이마다 차이가 있지만 1끼에 10큰술(100cc)정도를 먹을 수 있어요. 1끼에 그 정도의 양을 무난히 먹고 간식도 먹었다면 별 탈 없이 진행되었으니 후기로 넘어가 봅니다. 이제 본격적으로 3끼를 먹고 중간에 간식도 먹습니다.

중기부터 2끼 식사 중간에 간식을 먹어서 3끼를 먹는 연습을 했기 때문에 3번 먹는 건 그리 어렵지 않지만 3끼 모두 100cc를 먹는 건 처음부터 무리죠. 일단 2끼 먹었던 양을 세 번에 나눠서 줘보세요. 그렇게 해서 규칙적으로 3번을 먹는 연습을 하고 중간에 간식도 먹이구요.

후기에는 서서히 모유나 분유를 줄여가며 영양섭취를 밥에서 더 많이 얻는 시기입니다. 하루 3끼를 부모님과 함께 식탁에서 먹으며 올바른 식습관을 확실히 들이고 되도록 매일 같은 시간에 주는 것이 규칙적인 생활에 도움이 됩니다. 모유 역시 중기처럼 이유식 후 바로 모유를 먹입니다. 그렇게 해야 식사 양도 늘고 엄마도 편하게 됩니다. 그렇다고 해서 급격히 수유 양을 줄이면 안 되고 자연스럽게 줄이도록 합니다.

밥을 잘 먹는 아이라면 엄마가 줄이려고 하지 않아도 자연스럽게 줄게 됩니다.

## 후기에는 어떤 음식재료를 선택해야 할까요?

자극적이지 않은 자연식품들은 대체적으로 먹을 수 있게 되어 재료 선택에 있어서 선택의 폭이 보다 넓어집니다. 하지만 이때도 간을 하는 것은 좋지 않아요. 이유식이 잘 진행되었고 건강한 아이라면 어른이 먹는 식품들은 거의 먹을 수 있게 됩니다. 그래도 크거나 딱딱한 것은 잘 먹지 못해요. 영양분을 골고루 섭취하도록 해주는 게 중요합니다.

### 후기 **이유식에** 적당한 **음식재료**

초기, 중기 음식재료 외 새로운 식품만 표기

견과류 : 호두(껍질 벗겨서), 잣, 참깨

해조류 : 김, 미역

과일류 : 귤, 오렌지

어류·조개류 : 붉은살 생선(참치, 연어 등), 잔멸치, 새우, 굴

기타 : 플레인 요구르트(집에서 발효기로 만든 요구르트나 무가당 요구르트), 올리브유(식물성기름), 달걀 흰자, 메추리알

### 후기 **음식물의 형태**

쌀 : 부드러운 5배 죽을 끓여줍니다.

야채 : 껍질이 있는 야채들은 껍질을 벗겨 0.5cm 정도로 다진 후 사용합니다.

과일 : 껍질을 벗기고 0.8cm 정도로 잘라 부드럽게 해서 먹입니다.

육류 : 삶아 익힌 후 0.5cm 정도로 다진 후 사용합니다.

생선 : 삶아 비늘과 뼈를 발라내고 살만 대충 으깨서 사용합니다.

야채  과일  육류  생선

## 후기에는 어떻게 먹여야 할까요?

**① 5배 죽으로 시작해 후기 막바지에는 1.5배 진밥을 먹을 수 있도록 해주세요.**

잇몸과 혀로 음식을 으깨 먹을 수 있는 후기에는 5배 죽으로 시작합니다. 완료기에 접어들면 진밥을 먹을 수 있도록 조금씩 물의 양을 조절해가며 만들어 줍니다.
예를 들어 9개월에 쌀1:물5의 비율로 죽을 끓였다면 10개월에는 1:3, 11개월에는 1:2로 점차 물을 줄여나가 최종적으로는 1.5배 정도의 진밥에 익숙해지도록 해주시면 되요.
후기에는 아기 밥공기로 2/3공기를 1끼에 먹을 수 있어요. 물론 아기마다 양의 차이는 있다는 것 알아두세요.

**② 하루에 세 번의 식사와 간식을 먹고 고른 영양섭취가 중요합니다.**

후기부터는 본격적으로 하루 세 번의 식사가 가능해집니다. 1끼에 2가지 이상의 영양군을 섞어 조리해 하루에 5대 영양분을 골고루 먹을 수 있도록 해주세요.
음식재료들도 너무 곱게 갈거나 다지지 않고 0.5cm 정도로 잘라서 부드럽게 조리하면 충분히 으깨 먹을 수 있어요. 너무 딱딱하거나 길지만 않다면 혀와 잇몸으로 으깨 먹을 수 있지요.
후기 정도 되면 아기가 제법 먹는 양도 많아지고 잘 먹게 되니 무심코 엄마가 먹던 반찬을 먹이는 경우가 있거든요. 어른 반찬에는 아무래도 간이 되어 있으니 조심하셔야 해요.

한번 간이 된 음식을 먹으면 계속 간이 된 음식을 찾고 지금처럼 먹는 밍밍한 음식을 먹지 않으려 할 수도 있거든요. 너무 밍밍하다 싶으면 육수를 사용하거나 과일이나 단호박, 고구마 등 맛이 좋은 식품들을 추가해서 맛을 느끼게 해주세요.

어른과 같은 음식재료를 사용할 수 있는 폭이 넓어졌다는 뜻이지 어른이 먹는 반찬을 먹을 수 있다는 것이 아니니 아직까지는 신경써서 조리해주세요. 간식도 과자와 빵같은 것을 먹는데, 이왕이면 아기 전용 과자를 먹이세요. 입안에서 더 잘 녹거든요.

### ③ 본격적으로 숟가락과 컵을 사용할 수 있어요

중기 때 많이 쥐어 주셨나요? 후기쯤 되면 스스로 앉아서 놀기도 하고 먹기도 하고 손가락도 자유자재로 움직일 수 있어요. 이때는 간식을 손으로 집어먹을 수 있도록 해주는 것도 좋지만 숟가락이나 뾰족하지 않은 포크를 사용해 먹도록 도와주세요.

엄마가 계속 먹여줄 것이 아니라면 숟가락을 쥐어주고 숟가락질에 익숙해질 수 있도록 도와줘야 해요. 컵 사용도 마찬가지고요. 식사 중간이나 마친 후 컵을 사용해서 물을 주세요. 스스로 충분히 잡고 먹을 수 있어요. 물론 흘리긴 하지만요.

---

### 다시 정리해보는 후기 이유식 포인트

① 어른들이 먹는 음식재료들은 거의 사용할 수 있지만 후기 역시 간은 하지 않아요. 너무 딱딱하고 질기지만 않다면 0.5cm 정도의 크기들은 혀와 잇몸으로 으깨 먹을 수 있어요.

② 5배 죽으로 시작해 완료기부터는 1.5배 죽을 먹을 수 있도록 물의 양을 조절해가며 이유식을 만들어주세요. 양도 아기 밥공기로 2/3공기에서 3/4공기까지 먹을 수 있고 완료기부터는 1공기 정도는 먹을 수 있어요.

③ 활동성이 더 많아지는 후기에는 하루 세 번의 규칙적인 식사와 간식을 먹을 수 있고 고른 영양섭취가 무엇보다 중요합니다.

④ 숟가락과 컵 사용은 계속 연습해 사용하게 합니다.

## 생후12~15개월완료기 이유식

12개월이 되면 돌잔치를 치르느라 엄마들 고생이 이만저만이 아니죠.
저도 돌잔치 준비때문에 너무 힘들었던 기억이 나네요. 그래도 건강하게 자라주어 첫 생일도 맞이하고 정말 1년 새 많이 컸다는 생각이 들어 기특하고 대견하지요.
이 시기가 제일 예쁜 것 같아요. 걸음마를 하게 되서 엄마 품에 와서 안기면 그때의 기분이란 정말 말로 표현할 수 없을 정도로 기쁘지요.
돌이 되었다고 해서 갑자기 간을 많이 하거나 마음을 놓아서는 안 됩니다. 유아식으로 가기까지의 준비기로 보고 더 신경 써주세요.

### 언제부터 완료기로 넘어가나요?

1.5배 진밥을 1끼에 아기 밥공기로 1공기 정도 먹을 수 있을 시기가 되면 완료기로 넘어갑니다. 젖을 줄이고 생 우유를 먹기 시작하는 시기이기도 하고요. 분유를 먹는 아기들은 젖병을 떼는 시기입니다.
저는 처음부터 예성이한테 젖을 2돌까지 먹일 결심을 한지라 생 우유 대신 20개월인 시금도 모유를 먹이고 있어요. 밥을 먹고 꼭 모유를 먹지요. 중간중간 생각날 때마다 모유를 먹기도 하고 특히 잠들 때는 꼭 먹어야 합니다.
그러나 보통 돌 즈음해서 서서히 모유를 줄여 하루 세 번 먹는 밥에서 대부분의 영양분을 얻고 1~2회 정도의 간식을 먹지요.
생 우유는 하루에 2~3컵 정도의 양을 먹게 됩니다. 500ml~700ml 정도를 마시는데 저는 그 대신 모유를 먹이고 있는 셈이죠. 2돌이 지나서부터 생 우유를 먹이려고 해요.
돌이 지나면 젖에서 얻는 영양분 보다 음식에서 얻는 영양분이 더 많은 것은 사실이지만 면역력이나 아기의 정서 발달상 모유수유가 필요하다고 생각했던 거죠.
모유 때문에 밥을 아예 안 먹는다면야 문제가 있겠지만 밥도 잘 먹고 발육상태도 좋기 때문에 억지로 모유를 끊고 생 우유를 먹일 필요성을 못 느꼈답니다.

### 완료기에는 어떤 음식재료를 선택해야 할까요?

이제 아주 조금씩 간을 할 수도 있고, 어른 음식 중 짜거나 맵지 않다면 거의 다 먹을 수 있어요. 돌 전에 먹이기 걱정스러웠던 음식들도 조금씩 먹을 수 있고요.

### 완료기 이유식에 적당한 음식재료

- 초기, 중기, 후기 음식재료 외 새로운 식품만 표기
- 야채류 : 피망, 파프리카, 깻잎, 콩나물
- 견과류·두류 : 땅콩, 아몬드, 팥
- 해조류 : 김, 미역
- 과일류 : 토마토, 딸기, 키위
- 어류·조개류 : 조개, 홍합, 게, 오징어
- 기타 : 각종 면류, 밀가루, 생 우유, 카레
- 양념류 : 버터, 참기름, 소금, 간장, 설탕 소량씩

### 완료기 음식물의 형태

- 쌀 : 1.5배의 진밥을 지어 먹입니다.
- 야채 : 껍질이 있는 야채들은 껍질을 벗겨 0.8cm 정도로 다진 후 사용합니다.
- 과일 : 껍질을 벗기고 1cm 정도로 잘라 생으로 먹입니다.
- 육류 : 삶아 익힌 후 1cm 정도로 자른 후 사용합니다.
- 생선 : 삶아 비늘과 뼈를 발라내고 살만 크게 부숴 사용합니다.

 쌀   과일   육류   생선

## 완료기에는 어떻게 먹여야 할까요?

① 1.5배 진밥으로 유아식부터는 밥을 먹을 수 있도록 물의 양을 줄여갑니다. 완료기라고 해서 아직 어른들이 먹는 밥은 조금 이를 수 있어요.

이때가 되면 어금니가 나오기 시작하면서 본격적으로 씹는 능력이 향상되지요. 하지만 딱딱하거나 질긴 음식은 아직 무리에요. 1cm 정도의 크기로 씹기 편할 정도의 부드러운 음식을 주세요.

② 엄마, 아빠와 식사하는게 즐거운 시기에요. 1~2회 간식도 먹어요.

어른처럼 하루 3끼를 먹기 때문에 되도록 엄마, 아빠와 함께 식사하는 것이 좋습니다. 특히 저녁은 온 가족이 모여 함께 식사를 하면 아기가 더 좋아할 거예요.

올바른 식사예절 들이는데 이보다 더 좋은 방법은 없을 것 같아요. 완료기쯤 되면 먹는 즐거움을 아기들이 알게 되어 자주 먹을 것을 찾는 답니다. 특히 점심을 먹고 나서 저녁 먹기 전까지의 동안 많이 찾게 되는데 이때도 마찬가지로 간식 역시 식탁의자에서 먹이는 것이 좋습니다. 그리고 간식은 너무 많이 주거나 너무 단 음식들은 주지마세요. 저녁 밥을 안 먹을 수 있거든요.

**③ 약간의 간은 해줄 수 있고 5가지 식품군을 골고루 먹입니다.**

이제 약간씩은 간을 해줄 수 있습니다. 하지만 아직 너무 짜거나 맵거나 자극적인 것을 먹이는 것은 좋지 않아요. 야채, 곡류, 육류, 생선, 과일 등 5가지 식품군을 골고루 먹이세요. 또한 비타민 섭취에도 신경을 써줘야 해요. 비타민은 단백질이나 지방의 소화흡수를 돕고 철분의 흡수도 돕는 영양소입니다. 특히 2돌이 될 때까지는 두뇌발달과 성장에 도움을 주는 지방섭취도 중요합니다. 칼슘과 철분도 중요하고요.

하루에 간 살코기 2큰술 정도를 먹이는 게 좋아요. 야채와 과일도 골고루 먹입니다.

고른 영양소 섭취를 통해 영양소끼리 서로 상호작용을 하여 체내 흡수율이 높아져 아기가 성장하는데 도움이 되도록 해주세요. 어렸을 때 편식하는 아기가 커서도 편식할 확률이 높아요.

### 다시 정리해보는 완료기 이유식 포인트

① 1.5배의 진밥을 아기 밥공기로 1공기를 먹을 수 있고 분유를 떼고 생 우유를 먹기 시작합니다.

② 하루 규칙적인 3끼 식사를 하고 1~2회 간식을 먹습니다. 5가지 식품군을 골고루 섭취해주는 것이 중요합니다.

# 생후 16개월 이후 유아식

이제 정말 본격적으로 어른들 먹는 것처럼 국과 반찬으로 이루어진 식사를 하게 됩니다. 벌써 이렇게 자라다니 세월 참 빠릅니다. 사실 엄마들은 조금 귀찮아졌지요.

저도 유아식으로 넘어갈 생각을 하니 밑반찬 걱정에 신경이 꽤 쓰이더라고요. 유아식이지만 아직 간은 되도록 싱겁게 하고 아기가 먹기 편한 크기와 무르기로 조리해주세요. 엄마와 아빠가 짜게 먹는다면 간하기 전에 미리 재료들을 덜어 따로 조리해주세요. 자기 입맛이 뚜렷해져 편식을 할 수도 있으니 골고루 챙겨주세요.

### 언제부터 유아식으로 넘어가나요?

보통 생후 16개월~18개월 사이 유아식을 시작합니다. 이 시기도 아이들마다 차이가 있습니다. 아이의 발육상태와 완료기를 어떻게 먹느냐에 따라 융통성 있게 정하면 될 거에요.

완료기와 마찬가지로 하루 세 번 규칙적으로 먹고 중간에 간식도 1~2회 정도 먹습니다. 다만 이제 국과 반찬으로 이루어진 식사를 하게 됩니다. 돌부터 만 5세가 될 때까지를 유아기로 보는데 생후 36개월까지를 초기 유아식으로 보고 그 이후 만 5세까지를 후기 유아식으로 봅니다. 생후 36개월까지는 아직 씹기 능력이 완성된 것이 아니라서 덩어리째 주면 안 되고, 먹기 좋은 크기로 잘라줘야 합니다. 간은 되도록 싱겁게 하고 너무 맵거나 자극적인 음식은 주지 않는 게 좋습니다.

### 유아식에는 어떤 음식재료를 선택해야 할까요?

음식재료들은 완료기부터 거의 다 사용할 수 있게 되었고, 유아식에는 생크림이나 토마토케첩, 마요네즈 등의 소스류 등도 먹을 수 있고 어묵이나 돈가스 같은 튀김류도 먹게 됩니다. 하지만 가공식품을 먹일 때는 반드시 조심하고, 되도록 첨가물을 줄여 먹이는 조리법을 선택하는 것이 좋습니다. 음료도 유아전용 음료를 먹이는 게 좋지요.
가공식품이나 인스턴트식품을 먹이는 것보다 우리농산물로 제철에 맞는 전통 식단이 훨씬 좋습니다.

### 유아식은 어떻게 먹여야 할까요?

#### ① 국과 반찬으로 이루어진 식사를 합니다.
그동안 주로 일품요리로 먹었다면 이제 본격적으로 국과 반찬이 있는 식사를 하게 됩니다. 엄마는 밑반찬에 신경을 써야 하지요. 저도 식단 짜느라 머리 좀 아팠어요. 그런데 아기의 먹는 모습을 보면 재미도 쏠쏠합니다. 식판에 밥과 국, 반찬 2~3가지를 놓아 차려주니 처음에는 뭔가 하고 한참을 보더라고요. 숟가락 위에 밥을 얹고 그 위에 반찬을 올려주니 먹어 보고 다른 반찬도 먹겠다고 손가락질을 합니다. 밥 1숟가락마다 본인이 먹고 싶은 반찬을 가리키니 좀 웃기기도 하고 재미도 있던걸요. 이렇게 먹이다 보면 확실히 좋아하는 것과 싫어하는 것이 뚜렷이 구분이 되기도 합니다. 일품요리는 일주일에 1~2회 정도만 주고, 나머지는 밥과 반찬으로 이루어진 식단을 짜 주세요.

#### ② 반찬은 2~3가지 정도로 구성하고 골고루 영양을 섭취하도록 해주세요.
반찬 구성이 아주 중요하게 됩니다. 주로 엄마가 편식을 한다면 아이도 그럴 수밖에 없겠죠?
왜냐하면 엄마가 싫어하는 음식들은 잘 요리하지 않기 때문이죠. 저 같은 경우는 편식이 좀 심한편이라서 예성이도 저처럼 편식을 하게 될까봐 걱정했어요. 그래서 저는 먹지 않지만 예성이를 먹이려고 다양한 반찬들을 만들어 줬지요. 다행히 예성이는 가리지 않고 골고루 잘 먹더군요. 반대로 제가 편식을 고치게 되었어요. 아이가 먹고 난 음식을 버리기 아까워서 먹게 되었기 때문이랍니다.

### 다시 정리해 보는 유아식 포인트

① 하루 세 번의 규칙적인 식사와 1~2회 간식을 먹습니다. 밥과 국, 반찬으로 이루어진 식사를 합니다.

② 간은 되도록 싱겁게 하고 골고루 음식을 섭취해 편식하지 않도록 해줍니다.

# 예성맘의 육아관련 즐겨찾기

제가 도움을 받은 육아관련사이트들을 소개할까 해요. 저도 인터넷으로 여러 자료들을 수집해 좋은 정보를 올리고 있지만, 처음부터 알았던 건 아니에요. 임신을 하고부터 관심을 갖고 이리저리 돌아다니며, 알짜배기 정보들만 모으게 되었지요. 초보 엄마들에게 많은 도움이 되었으면 하네요.

김혜숙교수님의 모유수유클(http://www.momilk.co.kr) 모유수유와 관련된 정보들을 얻고 상담도 할 수 있어요.

이근교수님의 모유수유심리행동(http://www.breastmilk.co.kr) 모유수유와 관련된 정보들을 얻고 상담도 할 수 있어요.

이홍렬의 센트리 산모(http://www.sanmoschool.com) 임산부들을 위한 국내 최대의 산모교실입니다.

육아용품 중고직거래 사이트(http://www.i-baby.co.kr) 육아용품을 구입할 수 있게 쇼핑몰이 있고 엄마들끼리 중고육아용품 직거래장이 있어요. 저도 여기서 출산준비물을 많이 구입했습니다.

해오름(http://www.haeorum.com) 육아포털 사이트로 각종 육아정보 및 특히 돌잔치 정보가 아주 잘되어있어요. 저도 여기에 돌잔치 후기 올리고 2등에 당첨되었지요.

베베하우스(http://www.bebehouse.com) 육아포털 사이트로 엄마들과 함께 정보도 공유하고 쇼핑몰도 있어서 용품도 구입할 수 있어요. 이곳도 돌잔치 관련 정보들이 많아요.

마이토이월드(http://www.mytoyworld.co.kr) 아이 장난감을 싸게 구입할 수 있어요. 공동구매도 많이 하고 깜짝 세일도 하구요. 참 기저귀도 싸게 팔아요.

육아용품 공구카페(http://cafe.daum.net/09bmall) 육아용품을 공동 구매해서 싸게 구입할 수 있는 곳입니다.

어린이 책 만드는 동심여(http://www.dongsimin.com) '그림책 육아 어떻게 시작할까' 이 저자 문윤희님의 사이트에요.

수수팥떡(http://www.asamo.or.kr) '황금빛 똥을 누는 아기' 저자가 운영하는 사이트로 아토피를 가진 아이의 엄마라면 꼭 한번 들려보면 좋을 사이트입니다.

환경정의(http://www.eco.or.kr) 녹색으로 그리는 아름다운 세상이 느껴지게 하는 환경문제를 다루는 사이트입니다. 그 안에 다음을 지키는 사람들이란 코너에는 먹거리에 대한 정보들이 많습니다.

배넷아이(http://www.beneti.com) 비영리 단체로 태교에서 동화까지 볼 수 있는 사이트에요. 책도 저렴하게 판매하기도 하구요.

동사모(http://www.dongsamo.co.kr) 동화를 사랑하는 모임인 동사모는 국내최대 전자 동화책이 있는 사이트에요. 한권에 1,800원 꼴로 10권씩 매달 회원비를 내면 보내주고, 아이들 독서에 관한 정보도 얻을 수 있습니다.

화이코(http://www.fyko.co.kr) 육아용품 쇼핑몰인데요. 양재동에 매장이 있는데 쇼콜라, 캔키즈 등 브랜드 의류행사를 자주해요. 70~80% 정도 행사하거든요. 싸고 좋은 옷 살 때 좋고 가끔 진열상품 유모차, 카시트도 싸게 팔아요. 수입육아용품이 많은 곳입니다.

피지오겔(http://www.physiogel.co.kr) 예성이 아토피 때문에 병원에서 추천받은 제품이 소개된 사이트인데요. 제가 주위 몇몇 아토피 아기 있는 엄마들에게 권유해봤는데 모두들 많이 증상이 호전되었어요. 무엇보다 좋은 점은 피지오겔 크림&바디로션은 실제 우리 피부에 존재하는 지질 성분과 동일한 성분으로 만들어졌으면 피부에 해로운 성분(향, 색소, 보존제, 유화제, 밀폐제 등)이 함유되어 있지 않다는 점이에요.

아토피아(http://www.atopia.co.kr) 아토피 정보도 얻고 상담도 받을 수 있습니다.

뉴아용품 직거래 맘투맘(http://www.dawa.co.kr) 유아용품 직거래장터에요.

# 엄마가 직접 만들어 주는 식단표 만들기

## 초기 이유식 식단

예성이가 5개월 중순부터 이유식을 시작했습니다. 예성이가 실제 먹었던 식단이에요. 초기 이유식 식단을 짤 때 참고하세요. 초기에는 조금씩 양을 늘려나가는 것이 중요하고 한번에 새로운 식품은 한 가지만 넣는다는 것을 잊지 마세요.

## 예성 5개월

| sun | mon | tue | wed | thu | fri | sat |
|---|---|---|---|---|---|---|
|  |  | 1 | 2 예성이 5개월되는날 | 3 | 4 | 5 |
| 6 | 7 | 8 | 9 | 10 | 11 | 12 |
| 13 | 14 | 15 | 16 쌀 미음 1/4t → | 17 ← 쌀 미음 1/2t | 18 | 19 |
| 20 | 21 | 22 | 23 | 24 | 25 | 26 |
|  | 쌀 미음 1t → | | ← 찹쌀 미음 1t | | | |
| 27 | 28 | 29 | 30 고구마 미음 1.5t | | | |

| T는 밥숟가락입니다. |
| t는 찻숟가락입니다. |

## 예성 6개월

| sun | mon | tue | wed | thu | fri | sat |
|---|---|---|---|---|---|---|
|  |  |  |  | 1 | 2 | 3 |
|  |  |  |  | 고구마 미음 1.5t | 예성이 6개월되는날 |  |
| 4 | 5 | 6 | 7 | 8 | 9 | 10 |
|  | 단호박 미음 2T |  |  |  |  | 감자 미음 2.5T |
| 11 | 12 | 13 | 14 | 15 | 16 | 17 |
|  |  |  |  | 청경채 미음 3T |  |  |
| 18 | 19 | 20 | 21 | 22 | 23 | 24 |
|  |  | 양배추 미음 3.5T |  |  |  |  |
| 25 | 26 | 27 | 28 | 29 | 30 | 31 |
| 밤 미음 4T |  |  |  |  | 배 미음 4.5T |  |

## 중기이유식 식단

1주일 동안 저녁은 매일 양을 늘려가면서 적응하면 중기를 시작하세요. 갑자기 아침과 저녁으로 5큰술 정도를 먹이면 소화하는데 힘들어 할지도 모르니까요(굵은 글씨는 새로운 식품이에요).

### 예성 7개월

| sun | mon | tue | wed | thu | fri | sat |
|---|---|---|---|---|---|---|
| 1 | 2 | 3 | 4 | 5 | 6 | 7 |
| | 예성이 7개월되는날 | | | | | |
| 8 | 9 | 10 | 11 | 12 | 13 | 14 |
| 15<br>아침 **표고버섯** 고구마죽<br>저녁 양배추 단호박죽 1T | 16<br>저녁 2T | 17<br>저녁 3T | 18<br>저녁 4T | 19<br>저녁 5T | 20<br>양 5T<br>아침 고구마 **브로콜리죽**<br>저녁 감자 사과죽 | 21 |
| 22 | 23<br>저녁 배청경채죽 | 24 | 25<br>양 5.5T<br>아침 **닭살** 애호박죽<br>저녁 밤 옥수수죽 | 26 | 27 | 28<br>저녁 비트 바나나죽 |
| 29 | 30<br>양 6T<br>아침 쇠고기 야채죽 | 31<br>저녁 배추 감자죽 | | | | |

## 예성 8개월

| sun | mon | tue | wed | thu | fri | sat |
|---|---|---|---|---|---|---|
| | | | 1 | 2 예성이 8개월되는날 | 3 | 4 양 6.5T / 아침 **가자미 브로콜리죽** / 저녁 브로콜리 사과죽 |
| 5 | 6 | 7 저녁 애호박 고구마죽 | 8 | 9 양 7T / 아침 **양송이** 단호박죽 | 10 저녁 양배추 비트죽 | 11 |
| 12 | 13 저녁 닭고기 야채죽 | 14 양 7.5T / 아침 **흑미 달걀 노른자죽** | 15 | 16 저녁 쇠고기 야채죽 | 17 | 18 |
| 19 양 8T / 아침 당근 쇠고기죽 / 저녁 버섯죽 | 20 | 21 | 22 저녁 대구살 야채죽 | 23 | 24 양 8.5T / 아침 **양파** 닭고기죽 | 25 저녁 고구마 배추죽 |
| 26 | 27 | 28 저녁 감자 단호박죽 | 29 양 9T / 아침 **두부** 야채죽 | 30 | | |

※ 굵은 글씨는 새로운 식품이에요.

## 후기이유식 식단

이제 본격적으로 3끼 식사를 하게 됩니다. 후기가 되어도 새로운 식품은 주의해서 먹여야 합니다.

## 예성 9개월

| sun | mon | tue | wed | thu | fri | sat |
|---|---|---|---|---|---|---|
|  |  |  |  |  | 1 | 2 예성이 9개월 되는날 |
| 3 | 4 | 5 | 6 | 7 | 8 | 9 |
| 10 | 11 | 12 | 13 | 14 **아침** 무 밤 무른 밥 10T **점심** 대구 시금치무른밥 5T **저녁** 점심과 같음 | 15 **점심 저녁** 6T | 16 **점심 저녁** 7T |
| 17 **점심 저녁** 8T | 18 **점심 저녁** 9T | 19 **아침** 콜리플라워 야채 무른 밥 **점심** 비트 닭살 무른 밥 **저녁** 고구마 야채 무른 밥 | 20 | 21 | 22 **점심** 마른 새우야채죽 **저녁** 애호박 사과죽 | 23 |
| 24 **아침** 치즈 야채진밥 | 25 **점심** 브로콜리 배죽 **저녁** 감자 호두 무른 밥 | 26 | 27 | 28 **점심** 두부 야채전 **저녁** 참치 버섯무른 밥 | 29 **아침** 김가루 쇠고기 무른 밥 | 30 |

# 예성 10개월

| sun | mon | tue | wed | thu | fri | sat |
|---|---|---|---|---|---|---|
| 31<br>**점심** 양배추 쇠고기비빔밥<br>**저녁** 단호박 리조또 | 1 | 2<br>예성이 10개월 되는날 | 3<br>**아침** 완두 대구살무른밥<br>**점심** 바나나소스 고구마범벅<br>**저녁** 시금치 굴진밥 | 4 | 5 | 6<br>**점심** 치즈 닭살 진밥<br>**저녁** 야채무른 밥 |
| 7 | 8<br>**아침** 팽이버섯 쇠고기 무른 밥 | 9<br>**점심** 버섯밥<br>**저녁** 가자미 청경채 진밥 | 10 | 11 | 12<br>**점심** 치즈 야채오믈렛<br>**저녁** 두부 애호박진밥 | 13<br>**아침** 적채 닭고기 무른 밥 |
| 14 | 15<br>**점심** 과일수프<br>**저녁** 노른자 야채진밥 | 16 | 17 | 18<br>**아침** 지리멸치 김무른 밥<br>**점심** 쇠고기 청경채 무른 밥<br>**저녁** 완두수프 | 19 | 20 |
| 21<br>**점심** 닭 버섯진밥<br>**저녁** 찹쌀 밤 고구마 진밥 | 22 | 23<br>**아침** 미역 두부 무른밥 | 24<br>**점심** 단호박샐러드<br>**저녁** 양파 감자수프 | 25 | 26 | 27<br>**점심** 가자미 당근찜밥<br>**저녁** 시금치 두부탕 |
| 28<br>**아침** 비타민 닭살진밥 | 29 | 30<br>**점심** 사과 밤진밥<br>**저녁** 쇠고기 브로콜리 진밥 | | | | |

# 완료기식단

이제 하루 3끼를 다른 걸 해 먹이려면 아주 힘이 들어요. 메뉴 짜는 것도 일이구요. 하지만 아직은 일품요리들이라 유아기 식사에 비하면 수월한 편이니 힘내세요. 대신 먹을 수 있는 식품이 많아져서 선택의 폭이 넓어지니까요.

## 예성 12개월

| sun | mon | tue | wed | thu | fri | sat |
|---|---|---|---|---|---|---|
| 2 | 3 | 4 | 5 | 6 | 7 | 8 |
| 9<br>예성이<br>12개월되는날 | 10<br>완료기시작<br>아침 옥수수수프<br>점심 두부완자탕<br>저녁 참치버섯밥 | 11<br>아침 달걀찜비빔밥 (흰자)<br>점심 빵그라탕<br>저녁 쇠고기무볶음밥 | 12<br>아침 달걀참치볶음밥 (흰자)<br>점심 볶음우동<br>저녁 호박치즈구이 | 13<br>아침 달걀말이밥(흰자)<br>점심 단호박 샌드토스트<br>저녁 브로콜리사과조림 | 14<br>아침 야채오믈렛 (흰자)<br>점심 고구마비트죽<br>저녁 두부대구완자 | 15<br>아침 두부달걀구이 (흰자)<br>점심 잔치국수<br>저녁 쇠고기감자조림 |
| 16<br>아침 모양볶음밥(파프리카)<br>점심 굴야채죽<br>저녁 꼬막김밥 | 17<br>아침 파프리카 넣은 볶음밥<br>점심 토스트<br>저녁 새우두부전 | 18<br>아침 파프리카 넣은 밥전<br>점심 완두감자수프<br>저녁 쇠고기덮밥 | 19<br>아침 18일과 같음<br>점심 우동볶음<br>저녁 닭고기찹쌀진밥 | 20<br>아침 잡채밥(피망)<br>점심 닭살 옥수수수프<br>저녁 호두야채볶음밥 | 21<br>아침 어제 잡채밥만두튀김<br>점심 과일샌드위치<br>저녁 쇠고기 버섯 볶음밥 | 22<br>아침 피망넣은 볶음밥<br>점심 어제 저녁과같음<br>저녁 대구 치즈전 |
| 23<br>아침 피망 넣은 볶음밥<br>점심 밥춘권튀김<br>저녁 달걀찜비빔밥 | 24<br>아침 토마토소스밥그라탕 (토마토)<br>점심 닭야채덮밥<br>저녁 수제비 | 25<br>아침 고구마밥<br>점심 토마토 샌드위치<br>저녁 쇠고기덮밥 | 26<br>아침 브라운소스 볶음밥<br>점심 김주먹밥<br>저녁 양념치킨 | 27<br>아침 어제아침과 같음<br>점심 감자피자<br>저녁 가자미살볶음밥 | 28<br>아침 깻잎스크램블밥<br>점심 단호박수프<br>저녁 닭고기야채케찹볶음 | 29<br>아침 두부깻잎전<br>점심 굴밥<br>저녁 햄버그스테이크 |
| 30<br>아침 깻잎닭살 비빔밥<br>점심 간장비빔국수<br>저녁 닭 칼국수 | 31<br>아침 깻잎 참치전<br>점심 저녁 밥완자맛탕 | | | | | |

# 유아식식단

예성이는 기상시간이 오후 12시에서 1시 정도 되거든요. 그래서 아침이 다른 아이들 점심시간이라 첫 식사는 밥을 먹고 점심식사는 간식처럼 빵이나 면 종류 식으로 간단하게 먹고 저녁을 먹어요. 빨리 일찍 자고 일찍 일어나는 습관을 들여야 할 텐데 이대로 굳혀질까봐 걱정이 되긴 합니다.

## 예성 19개월

| sun | mon | tue | wed | thu | fri | sat |
|---|---|---|---|---|---|---|
| | 1<br>**아침** **점심** 감자국, 김치, 버섯전<br>**저녁** 닭찜, 무절임 | 2<br>아산온천 식사 | 3<br>**아침** **점심** 오이냉국, 데리야끼닭구이<br>**저녁** 비지찌개 | 4<br>**아침** 콩나물무침, 김, 두부조림달걀치즈토스트<br>**점심** 달걀치즈토스트<br>**저녁** 아침과 같음 | 5<br>**아침** 불고기덮밥<br>**점심** **저녁** 된장찌개, 고등어튀김 | 6<br>**아침** 달걀찜비빔밥<br>**점심** 궁중떡볶이<br>**저녁** 만두국 |
| 7<br>**아침** 만두에밥비벼주기<br>**점심** **저녁** 외식 | 8<br>**아침** **점심** 굴소스새우볶음, 김<br>**저녁** 미역국, 오징어채볶음 | 9<br>**아침** 8일저녁메뉴<br>**점심** 잡채밥<br>**저녁** 잡채, 김 | 10<br>**아침** 닭고기냉채, 김, 김치<br>**점심** 도토리묵무침<br>**저녁** 아침과같음 | 11<br>**아침** **점심** 삼치구이, 김, 무나물<br>**저녁** 버섯전, 달걀국 | 12<br>**아침** 우엉조림, 쇠고기찜<br>**점심** 치즈떡볶이<br>**저녁** 아침과 같음 | 13<br>**아침** 유부초밥<br>**점심** 미니햄버거<br>**저녁** 탕수육 |
| 14<br>**아침** 브로콜리 단호박수프<br>**점심** **저녁** 삼계탕 + 닭죽 | 15<br>**아침** 호박부추부침개<br>**점심** **저녁** 외식 | 16<br>**아침** 시금치토장국, 두부조림<br>**점심** 야채빵<br>**저녁** 아침과 같음 | 17<br>**아침** 쇠고기달걀말이<br>**점심** 야채수프<br>**저녁** 콩나물국밥 | 18<br>**아침** 쇠고기무국, 감자볶음<br>**점심** 버섯야채죽<br>**저녁** 아침과같음 | 19<br>**아침** 감자볶음, 김, 버섯볶음<br>**점심** 닭고기그라탕<br>**저녁** 홍합미역국 | 20<br>**아침** 고구마밥<br>**점심** 냉면<br>**저녁** 김밥 |
| 21<br>청평에서 식사 | 22<br>**아침** 참치비빔밥<br>**점심** 물냉면<br>**저녁** 오징어덮밥 | 23<br>**아침** 쇠고기주먹밥<br>**점심** 스파게티<br>**저녁** 두부젓국, 삼치구이 | 24<br>**아침** 잔멸치튀김, 김, 미역냉국우동볶음<br>**점심** 우동볶음<br>**저녁** 돼지목살구이, 양파링 | 25<br>**아침** 감자전, 닭냉채, 참치버거<br>**점심** 삼치버거<br>**저녁** 북어국, 점심반찬 | 26<br>**아침** **점심** 쇠고기말이밥<br>**저녁** 대구지리, 야채전 | 27<br>**아침** 쇠고기김주먹밥<br>**점심** **저녁** 외식 |
| 28<br>**아침** 영양밥<br>**점심** 호두죽<br>**저녁** 치킨 | 29<br>**아침** 닭야채볶음밥<br>**점심** 고구마파이<br>**저녁** 두부조림, 애호박나물 | 30<br>**아침** 달걀조림, 미소국<br>**점심** 감자고로케<br>**저녁** 생선가스, 미소국 | 31<br>**아침** 감자조림, 시금치무침, 김<br>**점심** 롤치킨<br>**저녁** 만두전골 | | | |

**tip**
2시간만 일찍 자면 되는데 매일 밤 12시~1시 사이에 잠이 드니 큰일이에요. 그래서 식단 짤 때도 점심이 여간 신경 쓰이는 게 아니랍니다. 점심을 많이 먹으면 저녁을 잘 안 먹게 되거든요. 이 식단은 점심이 가벼운 식단이라 참고만 하고 아이에게 맞는 식단을 짜주세요.

# 잘 먹이기 위해 계량하기

이 책에서 사용된 계량법을 알아볼까요? 일반 어른 밥숟가락과 종이컵으로 계량했어요.

## 가루분량 계량하기

**설탕(1)**
숟가락에 가득 담은 후 살짝 흔들어 준 정도입니다.

**설탕(0.5)**
숟가락 반정도 담긴 정도입니다.

**설탕(0.3)**
숟가락 끝에 살짝 담긴 정도입니다.

## 액체분량 계량하기

**간장(1)**
숟가락에 가득 찰랑찰랑 하는 정도입니다.

**간장(0.5)**
가운데 반정도 담긴 정도입니다.

**간장(0.3)**
가운데 1/3정도 담긴 정도입니다.

## 장류분량 계량하기

**고추장(1)**
숟가락 위로 볼록하게 올라온 정도입니다.

**고추장(0.5)**
숟가락 위로 볼록하게 해서 1/2정도 뜬 정도입니다.

**고추장(0.3)**
숟가락 위로 볼록하게 해서 1/3정도 뜬 정도입니다.

## 종이컵으로 계량하기
(없으면 젖병으로 하세요)

**1컵(200ml) = 24숟가락**
1컵 가득 찬 정도입니다.

**1/2컵(100ml) = 12숟가락**
중간에서 약간 높은 정도입니다.

**1/3컵(65ml) = 8숟가락**
컵에 1/3 찬 정도입니다.

**1/4컵(50ml) = 6숟가락**
컵에 1/4 찬 정도입니다.

## 기타 계량하기

**야채·고기 1줌**
손으로 살짝 한아름 쥔 정도에요. 야채는 종이컵으로 1컵 정도, 고기는 1/2컵 정도 되는 양입니다.

**면 1줌**
엄지와 검지를 이용해서 잡은 정도입니다.

**다진 야채(1)**
야채를 다져 숟가락에 소복하게 올린 정도입니다.

**채 썬 야채(1)**
야채를 채 썰어 숟가락에 소복하게 올린 정도입니다.

## 그 외 알아둘 사항

조금이나 약간은 엄지와 검지로 살짝 잡은 정도입니다.
분량 표시가 없는 것은 입맛에 따라 넣으면 되는 것들입니다.

# 아이의 입맛을 살려주는 소스 알아두기

시판에서 판매되는 소스 중에서 사용해본 소스를 적어봤어요.

### 스테이크 요리에는 스테이크 소스

고기요리에 사용하는 스테이크 소스는 고기의 피비린내를 없애주고 깊은 맛을 더해주는 역할을 합니다. 스테이크 요리를 자주 하지 않는데 구입해 놓으면 낭비겠지요. 스테이크 요리뿐 아니라 돈가스 소스 만들 때도 사용하고 생선 조릴 때나 고기류 요리에 사용하면 비린내가 덜합니다. 스테이크 소스 만들 때 스테이크 소스 넣은 것과 안 넣은 것은 맛이 확실하게 달라요.

### 서양의 간장 우스터소스

우리 간장보다는 짠 맛이 덜한 서양 간장 정도로 생각하면 됩니다. 특히 토마토가 들어간 소스를 만들 때 함께 섞으면 더욱더 맛이 나요. 각종 소스 만들 때 월계수나 타임을 넣어야 하는데 없으면 우스터소스가 훌륭한 대용품이 되기도 합니다.

우스터소스는 채소, 향신료(고추, 육계, 후추, 육두구, 샐비어)를 삶은 국물에 소금, 설탕, 식초, 기타 조미료를 첨가한 소스인데, 1850년 경부터 영국의 우스터시(市)에서 판매되었기 때문에 이러한 이름이 붙이겠다고 하네요.

우스터소스는 서양에서도 주로 고기요리에 사용되는데, 쇠고기나 돼지고기, 닭고기를 재어둘 때 간장과 반씩 섞어 사용하면 누린내를 없애고 육질도 부드러워질 뿐 아니라 새

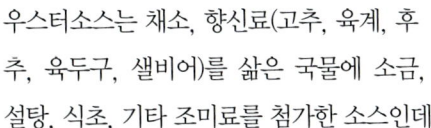

콤한 맛이 식욕을 돋워줍니다.

당근이나 우엉 등 씹는 맛이 있는 담백한 채소를 볶을 때 간장, 맛술 등 여러 가지 조미료를 사용하는 대신 식용유와 우스터소스만 넣고 물기가 없어질 때까지 조리면서 볶으면 재료의 맛을 최대한 살릴 수 있습니다.

### 중국의 맛간장 굴소스

제가 볶음 요리할 때 자주 사용하는 소스에요. 굴소스는 간장에 굴을 넣어 삭힌 중국 소스로 일종의 맛간장이라고 이해하면 됩니다. 소금이나 간장보다 짠맛이 훨씬 강하고 굴 특유의 맛과 향이 있어 볶음이나 조림, 국물 요리에 한 숟가락 넣어주면 초보가 내기 힘든 감칠맛을 낼 수 있지요. 요즘 왠만한 요리책이나 레시피에 자주 등장하는 재료이지요. 음식의 간은 굴소스로 할 경우엔 소금, 간장은 평소보다 양을 줄이고 굴소스를 조금 첨가해 풍미만 더하는 것이 좋아요.

주로 마트나 백화점에서 쉽게 구입할 수 있는데 이금기에서 팬더 굴소스(3천원 선)와 프리미엄 굴소스(6천원 선) 2가지를 판매하고 있습니다. 프리미엄은 팬더 굴소스에 비해 굴의 함량이 훨씬 높고 짠맛도 훨씬 강합니다. 그래서 맛은 프리미엄이 맛있지만 아기와 함께 먹기 때문에 덜 짠 팬더 굴소스를 사용하고 있습니다.

### 중국 고추장 두반장

흔히 먹는 중국음식인 마파두부요리에서 매운 맛을 내는 소스가 두반장이에요. 맵기는 한국 고추장과 비슷하지만 텁텁한 맛이 덜하고 더 가벼운 맛이죠. 볶음이나 무침 요리에 많이 쓰여요. 두반장을 넣고 제육볶음이나 버섯 볶을 때, 해산물 볶을 때도 조금 넣으면 색다른 맛이 날거에요.

### 불스아이 비비큐 소스

Bull's EYE 비비큐 소스는 미국 요리학회에서 주관하는 2004년 Best Taste Award 에서 BBQ 소스 부문 최고의 맛을 시상 받은 제품입니다. 시판 BBQ 소스 중에서는 제일 맛있어요. 닭고기나 돼지갈비 구울 때 발라서 구워주면 맛있답니다.

### 요시다 데리야끼 소스

시판 데리야끼 소스 중에서는 요시다 데리야끼 소스가 제일 맛있는 것 같아요. 데리야끼 소스는 생선구이나 꼬치구이 양념으로 쓰는 일식 소스인데 소스에 생선을 재웠다가 구우면 맛있지요. 닭고기와도 잘 어울려서 닭 구워줄 때 발라가며 구우면 맛있어요.

### 머스터드

양겨자라고도 하며 주로 햄버거나 핫도그, 샌드위치 등에 곁들여 먹습니다. 단백질과 비타민 A, C 등 필수 영양분이 골고루 함유되어 있고, 가장 대중적인 머스터드라 할 수 있어요. 여기에 꿀을 섞어주면 달콤한 허니 머스터드가 되는 거죠. 또 마늘과 양파, 오이피클을 다져 넣고 핫도그를 만들어 뿌려 먹으면 진짜 맛있어요. 사용하기 전에 잘 흔들어서 사용하세요.

### 허니 머스터드

아이들 먹기에는 허니 머스터드가 훨씬 맛있지요. 튀김류를 먹을 때나 각종 소스 만들 때 사용합니다.

### 하인즈 칠리소스

칠리소스는 칠리파우더, 토마토페이스트 등의 재료로 만든 매콤한 소스에요. 그런데 하인즈 칠리소스는 그렇게 매콤하지는 않고 진한 케첩같은 맛입니다. 더 매운 칠리소스도 있고 달콤한 스위트 칠리소스도 따로 판매합니다. 저는 그냥 중간 맛이 좋은 것 같아요. 튀김류에 찍어 먹어도 맛있고 트위스터를 만들어서 소스로 넣어 먹어도 맛있어요.

### 타바스코 페퍼소스

핫소스의 대명사가 바로 타바스코 페퍼소스이지요. 피자가게에 가면 늘 보게 되는 핫소스인데 피자 위에 뿌려먹는 것이 기본이며 볶음밥 등을 할 때 마지막에 넣고 살짝 넣어주면 매콤한 볶음밥이 되기도 합니다. 양념통닭, 닭강정, 각종 소스에 두루두루 쓰이죠.

100여 년 이상의 역사를 가진 소스로 1868년 미국의 에드먼드 맥킬레니가 지나가는 여행자에게 멕시코 고추인 타바스코의 씨를 얻어다 여기 저기 심은 후에 잘 익은 것만 골라서 참나무통에 보관해 두었는데 고추가 발효되면서 좋은 향이 나더랍니다. 여기에서 더 발전시켜서 소금과 식초를 넣고 3년 이상 발효시켜서 만드는 것이 현재의 타바스코 소스입니다.

### 올리고당

설탕 대신 조청이나 올리고당을 넣어 먹으면 좋아요. 돌이 지났다면 설탕 대신 꿀을 사용하기도 하구요. 조청을 집에서 만들기도 하는데 시간이 너무 오래 걸리는 반면에 나오는 양은 너무 적어서 비효율적인 것 같아요.

조청과 물엿은 같은 것입니다. 원재료를 어떤 것으로 하고, 어떤 비율로 하느냐에 따라 시중에서 물엿으로 표기되기도 하고 조청으로 표기되기도 하지요. 올리고당은 포도당(Glucose)나 갈락토스(Galactose), 과당(Fructose)와 같은 단당류가 2~8개 정도 결합한 당으로서 몸속에서 소화가 되지 않는 난소화성이고, 비피더스 증식인자로 이용되며 충치 예방의 효과가 있는 기능성당입니다.

### 파스타소스

소스를 살짝 끓여 파스타 위에 부어 먹어요. 식빵 위에 살짝 발라 피자치즈랑 야채를 얹어 오븐에 구워먹어도 맛있어요.

### 레몬즙

48개 이상의 레몬을 짜서 만들었으며 레몬차나 레몬에이드, 각종 요리, 샐러드 및 칵테일용 등에 사용합니다. 요리를 하다 보면 레몬습이 들어가는 경우를 자주 접하게 됩니다.

그때마다 레몬을 사서 짜서 쓰기란 무척 번거롭죠. 이런 레몬즙 하나 사두면 꽤 오래 사용하고 너무 편해요.

PART 1

# 단계별 이유식&유아식

엄마 젖만 먹던 아기가 쌀 미음부터 고구마, 두부, 달걀, 야채 등 밥의 형태까지
새로운 맛을 느끼고 씹으면서 식습관이 형성되는 중요한 시기입니다.

그동안 엄마 모유만 먹던 아기가 새로운 맛을 접할 생각을 하니 엄마는 걱정도 되고
설레기도 해서 공부를 하게 되었어요. 탈 없이 잘 먹을 수 있을까? 숟가락을 거부하지는 않을까?
언제 어떻게 먹여야 할까 하는 여러 가지 생각들로 복잡했지요.
일단 시작하기 전에 엄마는 조급한 마음을 버리고 느긋하게 시작하세요.

# 생후 5~6개월 초기 이유식

엄마 젖만 먹던 아기가 새로운 맛을 접하게 됩니다.
그래서 더더욱 조심해야 해요.

알레르기 반응이 적은 첫 이유식
# 쌀 미음

모유 외에 처음으로 맛보는 새로운 음식이에요. 욕심내지 말고 첫 날은 작은 스푼으로 한 스푼만 먹이세요. 첫 일주일은 쌀 미음만 먹이는데 양을 조금씩 늘려갑니다. 제일 처음 쌀 미음으로 시작하는 이유는 쌀이 알레르기 반응이 적고 소화가 잘 되기 때문입니다.

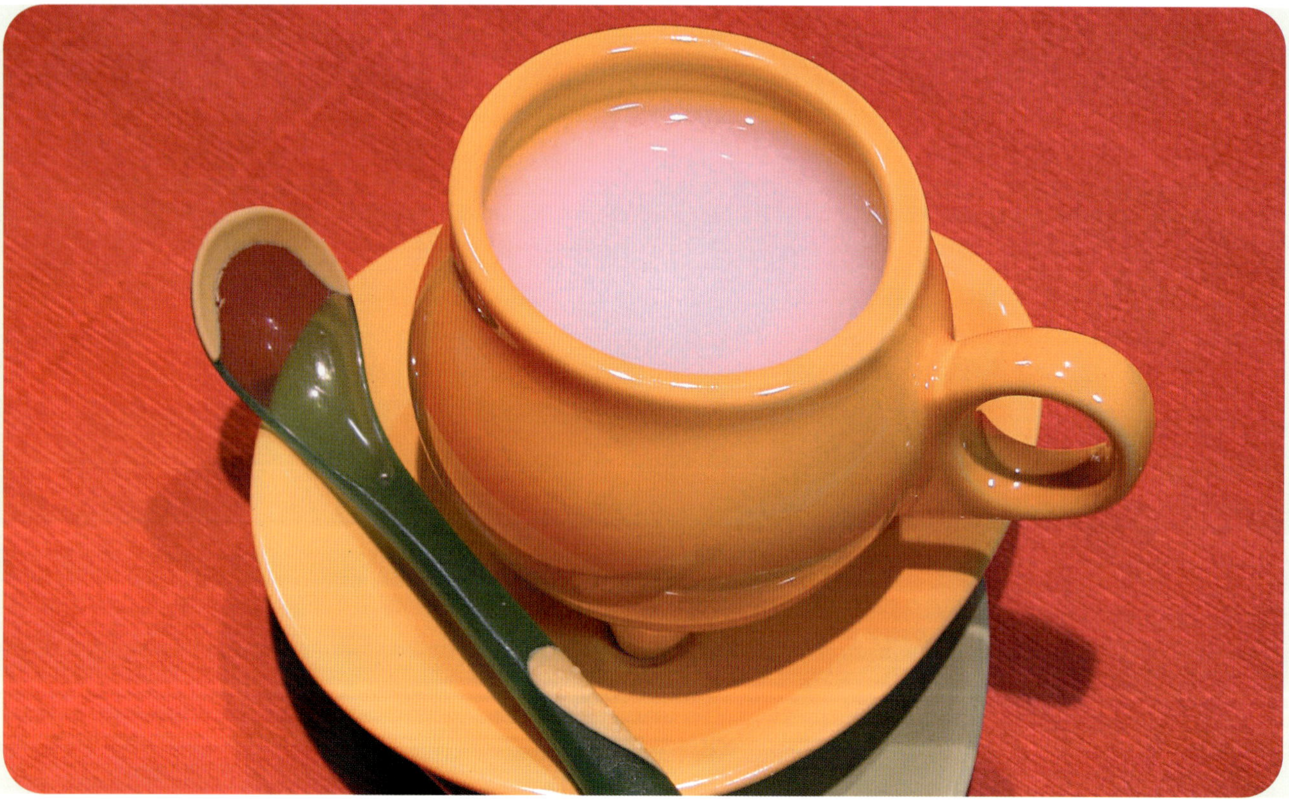

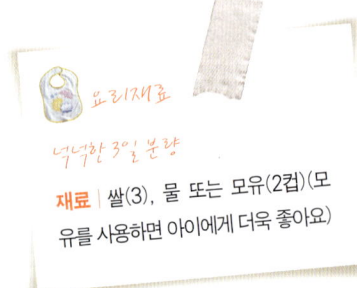

요리재료
넉넉한 3일 분량
**재료** | 쌀(3), 물 또는 모유(2컵)(모유를 사용하면 아이에게 더욱 좋아요)

### 초기 이유식 분량

초기에는 아기들이 한번에 소량만 먹기 때문에 그때마다 이유식을 만들어 먹인다는 것은 너무나 번거로운 일이죠. 보통 1끼 쌀 양으로 10g을 말하는데 그 양이 수북이 담은 1숟가락 정도랍니다. 이 양으로 미음을 끓이기 어려우니 3~4일치를 한꺼번에 만들어 1끼 분량씩 냉동보관하면 편하답니다.
처음에 아기들은 흘리는 게 반이에요. 만약 3숟가락을 먹이고자 한다면 한 10숟가락 정도의 분량을 준비해 주세요.

## 1 쌀 불리기
쌀은 맑은 물이 나올 때까지 깨끗하게 씻어서 찬물에 1시간 정도 불려주세요.

## 2 쌀 갈기
불린 쌀을 분쇄기에 곱게 갈아주세요. 이때 물을 약간 붓고 함께 갈면 더 곱게 갈 수 있어요.

## 3 쌀 끓이기
갈아놓은 쌀과 물 또는 모유를 센 불에서 끓이다가 끓어오르면 제일 약한 불로 줄인 후 가끔씩 나무주걱으로 저어가며 20분 정도 쌀알이 푹 무를 때까지 끓여주세요.

 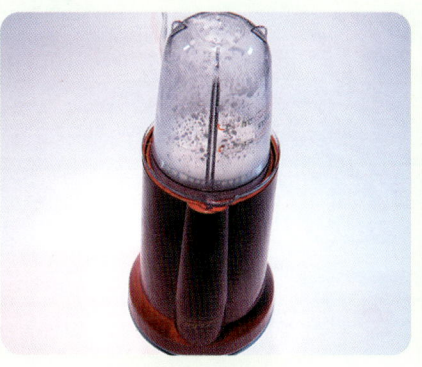 

### 쌀 보관법
묵은 쌀은 밥하기 전에 식초에 잠시 담가두면 묵은 냄새가 제거됩니다. 쌀벌레를 퇴치하기 위해서는 쌀통에 통마늘을 넣어 공기가 잘 통하는 시원한 곳에 보관하면 됩니다. 쌀통에 사과를 넣어두면 신선도를 오래 유지할 수 있습니다.

### 곡류의 조리법
쌀이나 찹쌀 등의 곡류는 미리 충분히 불린 후 갈아야 잘 갈리고 이유식을 만들었을 때도 부드러워 소화가 잘 되요. 곡류 가루를 보관할 때는 불린 상태로 갈기 때문에 눅눅하다 싶으면 팬에 기름을 두르지 않은 상태에서 약한 불에서 살짝 볶아 수분만 날려준 뒤 보관합니다. 같은 곡류끼리라도 종류에 따라 맛과 조리시간이 달라지므로 종류별로 담아서 냉동보관해야 해요.

## 4 미음 걸러내기
쌀이 푹 부드러면 체에 밭쳐 수걱으로 으깨면서 걸러주세요.

철분 강화에 좋은

# 찹쌀 미음

찹쌀은 멥쌀보다 달달하고 소화가 잘 되요. 쌀 미음보다 철분도 강화되었지요.
그렇다고 찹쌀로만 이유식을 하면 아이가 변을 보기가 힘들 수도 있으니 쌀과 섞어서 해주세요.

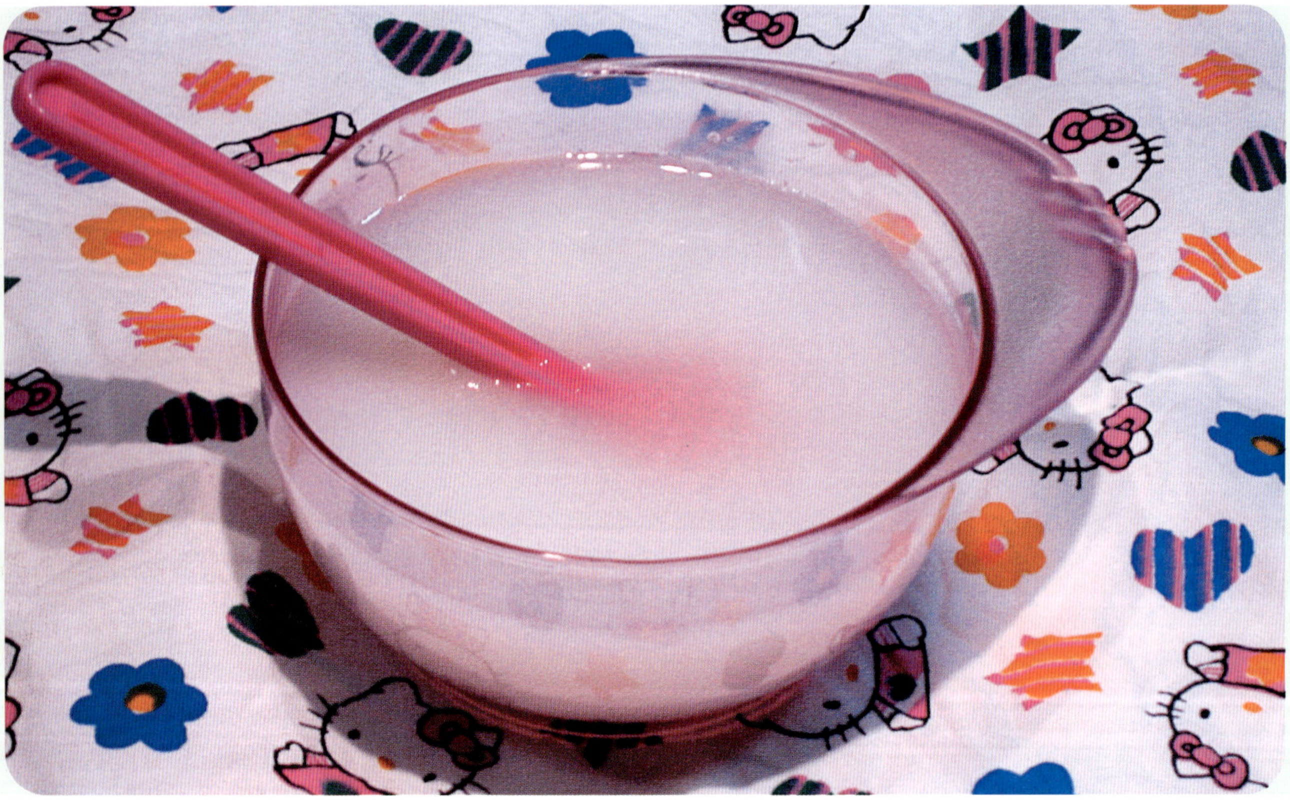

요리재료

넉넉한 3일 분량

**재료** | 쌀(2), 찹쌀(1), 물 또는 모유 (2컵)

Special tip

### 찹쌀의 효능

찹쌀은 멥쌀보다 소화가 잘 됩니다. 선천적으로 기운이 약한 사람의 기운을 보강하고, 끈끈함을 통해 수렴하는 성질을 가지고 있어 설사를 멎게 하는 효능이 있습니다.

> 찹쌀 이외의 잡곡을 섞을 때의 비율은 쌀과 잡곡을 2:1 또는 3:1 정도로 섞어주세요. 찹쌀 외에 현미, 흑미 등을 사용해도 좋아요.

> 한번에 갈려고 하지 말고 여러번에 걸쳐 갈아야 곱게 갈아집니다.

### 1 쌀 불리기
쌀과 찹쌀을 섞어서 맑은 물이 나올 때까지 깨끗하게 씻은 후 찬물에 1시간 정도 불려주세요.

### 2 쌀 갈기
불린 쌀을 분쇄기에 곱게 갈아주세요. 이때 물을 약간 붓고 함께 갈면 더 곱게 갈 수 있어요.

### 3 쌀 끓이기
불린 쌀과 물 또는 모유를 붓고 센 불에서 끓이다가 끓어오르면 제일 약한 불로 줄인 후 가끔씩 나무주걱으로 저어가며 20분 정도 끓여주세요.

**Special tip**

### 이유식과 알레르기
이유식을 시작할 때는 한 가지씩 먹이면서 알레르기 반응을 하는 음식물이 있는지 응가는 괜찮은지 잘 살펴봐야 합니다. 이유식에는 소금으로 간을 하거나 설탕을 넣지 마세요. 이유식은 수저로 떠 먹여야 하고 아기가 기분이 좋을 때 모유나 분유를 먹이는 중간쯤에 먹이는 것이 좋아요. 이유식 전용 식기도구를 사용하는 것이 좋고요. 가급적 이유식을 만든 후 냉장보관 하더라도 하루를 넘기지 않는 것이 좋아요. 오래되면 영양소 파괴가 될 수 있거든요. 데울 때는 중탕으로 데우는 것이 좋습니다.

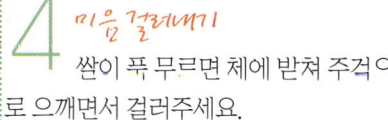

### 4 미음 걸러내기
쌀이 푹 무르면 체에 받쳐 주걱으로 으깨면서 걸러주세요.

알칼리성 식품의 대명사
# 고구마 미음

달콤한 고구마는 아기들이 무척 좋아해요.
쌀 미음이나 잡곡 미음만 먹다가 고구마 미음을 먹으면 평소보다 더 잘 먹는 답니다.

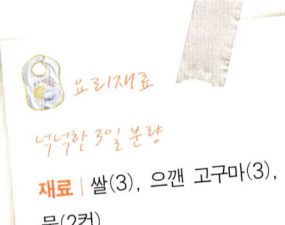

**요리재료**
넉넉한 3일 분량
재료 | 쌀(3), 으깬 고구마(3), 물(2컵)

**재료 이야기**

1. **고구마** : 알칼리성 식품으로 비타민 C가 풍부하고 비타민 B1, B2, 칼륨, 섬유질을 많이 함유하고 있습니다. 변비 해소에 도움을 주며 고구마의 비타민 C는 가열해도 잘 파괴되지 않는 것이 장점입니다. 맛도 좋아 아이들 이유식이나 간식으로도 너무 좋지요.

2. **고구마 고르기** : 길쭉하고 가는 것보다는 동그스름한 것을 고르세요.

3. **고구마 손질하기** : 고구마에 있는 흙을 털어낸 후 깨끗이 씻어서 양 끝을 3cm 정도 잘라주세요. 왜냐하면 고구마 양끝에는 소화시키기 어려운 질긴 섬유질이 많거든요. 그래서 이유식 할 때는 가운데 부드러운 살만 사용하는 게 좋아요. 껍질 부근은 떫은 맛이 심하므로 껍질을 두껍게 깎아주세요. 그리고 썰어서 바로 씻어 전분을 제거하기 위해 찬물에 10분 정도 담가두세요.

> 고구마는 냉장고처럼 찬 곳에 두면 썩습니다. 실온에 보관하고 겨울에는 찬바람을 막아 보관합니다.

> 고구마는 달기 때문에 고구마만 으깨서 주게 되면 계속 단 음식을 찾을지 몰라요. 고구마만 으깨서 주지 말고 쌀 미음에 섞어서 단맛을 줄여주세요.

### 1 쌀 불리기
쌀은 맑은 물이 나올 때까지 깨끗하게 씻어서 찬물에 1시간 정도 불려주세요.

### 2 고구마 녹말기 제거하기
고구마는 껍질을 조금 두껍게 벗긴 후 3cm 정도 간격으로 썰어서 찬물에 10분 정도 담가 녹말기를 제거해줍니다.

### 3 쌀 끓이기
쌀 미음을 끓입니다.

### 4 고구마 으깨기
고구마가 푹 익을 정도로 쪄서 뜨거울 때 으깨놓습니다.

### 5 고구마 섞기
쌀 미음에 으깬 고구마를 넣고 약한 불에서 1분 정도 저어주세요.

### 6 미음 걸러내기
체에 걸러줍니다.

## 감기에 대한 저항력을 길러 주는
# 단호박 미음

단호박 역시 고구마처럼 달콤한 맛 때문에 아기들이 좋아한답니다.
단호박은 카로틴, 비타민 C, 칼륨, 무기질 함량이 높아 소화흡수가 잘되고 아기의 식욕도 촉진해 줍니다.

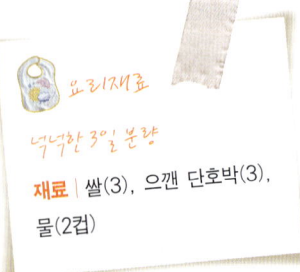

요리재료
넉넉한 3일 분량
재료 | 쌀(3), 으깬 단호박(3), 물(2컵)

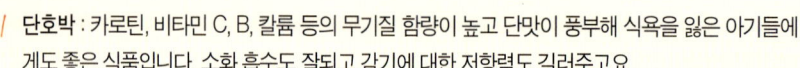

재료 이야기

1. **단호박** : 카로틴, 비타민 C, B, 칼륨 등의 무기질 함량이 높고 단맛이 풍부해 식욕을 잃은 아기들에게도 좋은 식품입니다. 소화 흡수도 잘되고 감기에 대한 저항력도 길러주고요.

2. **단호박 고르기** : 들어보았을 때 묵직하고 꼭지가 마르지 않은 것을 고르세요. 겉 표면에 하얀 분가루가 있는 것이 맛있는 호박이랍니다.

3. **단호박 손질하기** : 일단 1/4 크기로 잘라 속과 씨를 숟가락으로 긁어낸 후 찜통에서 부드럽게 익을 때까지 쪄주세요. 찐 후에 껍질을 벗기면 쉽게 벗길 수 있습니다.

4. **단호박 보관하기** : 찐 단호박은 1회분씩 랩으로 싸서 냉동보관 해주세요. 생 단호박일 경우 자르지 않은 단호박은 상온보관하고, 자른 단호박은 속을 긁어낸 후 랩에 싸서 냉장실 야채칸에 보관하면 됩니다.

## 1 쌀 불리기
쌀은 맑은 물이 나올 때까지 깨끗하게 씻어서 찬물에 1시간 정도 불려주세요.

## 2 단호박 손질하기
단호박은 잘라서 속과 씨를 숟가락으로 깨끗하게 긁어내 주세요.

## 3 단호박 으깨기
단호박을 푹 익을 정도로 쪄서 뜨거울 때 으깨놓습니다.

## 4 쌀 끓이기
쌀 미음을 끓입니다.

*P68을 참고하세요.*

## 5 단호박 섞기
쌀 미음에 3을 넣고 약한 불에서 1분 정도 저어주세요.

## 6 미음 걸러내기
체에 걸러줍니다.

*단호박에 들어 있는 베타카로틴은 지용성이므로 기름에 볶아먹으면 흡수율을 높이게 됩니다. 이유식완료기나 유아식에서는 올리브유 같은 기름에 볶아서 먹이면 더 좋습니다.*

## 식이섬유가 풍부한
# 감자 미음

감자의 비타민 C는 녹말 입자 사이에 들어 있어 가열해도 잘 파괴되지 않아요. 영양가도 높고 부드러워 위에 부담도 적고, 섬유질이 풍부해 변비에 좋은 이유식입니다.

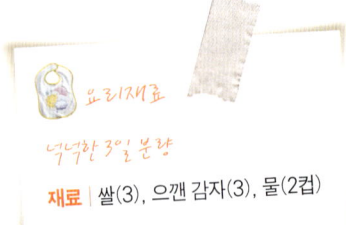

**요리재료**
넉넉한 3일 분량
**재료** | 쌀(3), 으깬 감자(3), 물(2컵)

**재료이야기**

1. **감자** : 비타민 C와 칼륨, 식이섬유가 풍부합니다. 알칼리성 식품으로 후기나 완료기에 육류나 어류 등과 함께 먹으면 좋아요.
2. **감자 고르기** : 껍질이 얇고 뽀얀 것을 택하고 표면이 거친 것은 피하세요.
3. **감자 손질하기** : 감자 싹에는 솔라닌이라는 독소가 있어서 위험합니다. 반드시 깨끗하게 도려내주세요.
4. **감자 보관하기** : 껍질을 벗겼다면 물에 담가 보관하세요. 껍질째 보관할 때는 통풍이 잘되고 서늘한 곳에 보관하세요.

## 1 쌀 불리기
쌀은 맑은 물이 나올 때까지 깨끗하게 씻어서 찬물에 1시간 정도 불려주세요.

## 2 감자 녹말기 제거하기
감자는 껍질을 벗기고 싹이 있다면 제거 후 깨끗하게 씻어 4등분하여 녹말기 제거를 위해 10분 정도 찬물에 담가줍니다.

*P68을 참고하세요.*

## 3 쌀 끓이기
쌀 미음을 끓입니다.

## 4 감자 으깨기
감자가 푹 익을 정도로 쪄서 뜨거울 때 으깨놓습니다.

## 5 감자 섞기
쌀 미음에 으깬 감자를 넣고 약한 불에서 1분 정도 저어주세요.

## 6 미음 걸러내기
체에 걸러줍니다.

## 소화가 잘 되는
# 애호박 미음

색깔도 예쁘고 영양가도 높고 소화 흡수도 잘 되는 미음이에요.

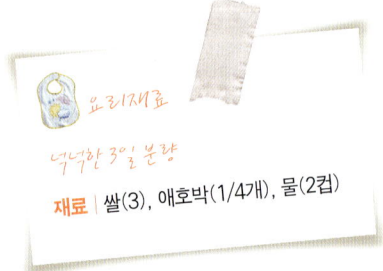

**요리재료**
넉넉한 3일 분량
**재료** | 쌀(3), 애호박(1/4개), 물(2컵)

**재료 이야기**

1. **애호박** : 비타민뿐 아니라 아연, 망간 등 다른 식품들로는 얻기 어려운 미량 원소가 많이 들어있어요. 애호박의 당질은 특히 소화가 잘되기 때문에 이유식에 좋습니다.
2. **애호박 고르기** : 꼭지가 신선하고 굵기가 고르며 표면에 흠집이 없는 것이 좋은 애호박이에요. 손으로 눌러보았을 때 탄력이 있어야 되요.
3. **애호박 손질하기** : 돌려 깎기로 씨 부분을 빼고 갈아서 미음이나 죽을 끓여주세요.
4. **애호박 보관하기** : 신문지에 싸서 보관하면 표면에 흠집이 덜 난답니다.

1 **쌀 불리기**
쌀은 맑은 물이 나올 때까지 깨끗하게 씻어서 찬물에 1시간 정도 불려주세요.

2 **쌀 끓이기**
쌀 미음을 끓입니다.

> P68을 참고하세요.

3 **애호박 손질하기**
애호박은 돌려깎기하며 씨 부분은 사용하지 않습니다.

> 돌려깎기 하고 남은 속 알맹이는 볶거나 찌개를 끓일 때 사용하세요.

4 **애호박 갈기**
손질한 애호박을 믹서에 곱게 갈아 준비합니다. 이때 물을 약간 함께 넣고 갈아주면 잘 갈려요.

5 **애호박 섞기**
쌀 미음의 쌀이 푹 퍼지면 갈아놓은 애호박을 넣고 약한 불에서 5분 정도 더 끓여줍니다.

6 **미음 걸러내기**
체에 밭쳐 주걱으로 으깨면서 걸러줍니다.

## 치아와 골격 발육에 좋은
# 청경채 미음

청경채를 처음 살 때는 어떻게 생긴건지 몰라서 야채 매장에 가서 어떤 것이 청경채냐고 물었던 기억이 나네요.
청경채는 신진대사기능을 촉진시키고 세포조직을 튼튼하게 한답니다.

**요리재료**
넉넉한 3일 분량
**재료** | 쌀(3), 청경채(1/2개), 물(2컵)

1. **청경채** : 청경채는 중국 사람들이 즐겨먹는 채소에요. 칼슘, 나트륨 등 각종 미네랄과 비타민 C나 A에 효력을 가진 카로틴이 많습니다. 또 치아와 골격 발육에도 좋아요.
2. **청경채 고르기** : 잎과 잎 사이가 많이 벌어지지 않고 잎의 푸른 부분이 선명한 것을 고르세요.
3. **청경채 손질하기** : 씻을 때는 흐르는 물에 잎 사이 사이를 깨끗이 씻고, 데칠 때는 끓는 물에 뿌리부터 담가서 데쳐줍니다. 데친 후 바로 찬물에 헹궈서 물기를 꼭 짜줍니다.
4. **청경채 보관하기** : 신문지에 싸서 보관합니다. 데치고 남은 청경채는 물기를 꼭 짜서 하나씩 기다랗게 랩으로 싸서 냉동보관하면 됩니다.

> 단단한 부분부터 넣어서 삶아야 해요.
> 입부터 넣어서 삶으면 금세 물러지거든요.

> P68을 참고하세요.

### 1 쌀 불리기
쌀은 맑은 물이 나올 때까지 깨끗하게 씻어서 찬물에 1시간 정도 불려주세요.

### 2 청경채 데치기
뿌리 쪽에 칼집을 내고 끓는 물에 뿌리부터 넣어 살짝 데쳐줍니다.

### 3 쌀 끓이기
쌀 미음을 끓입니다.

### 4 청경채 갈기
데친 청경채는 믹서에 곱게 갈아서 준비합니다.

### 5 청경채 섞기
쌀 미음의 쌀이 푹 퍼지면 갈아놓은 청경채를 넣고 약한 불에서 5분 정도 더 끓여줍니다.

### 6 미음 걸러내기
체에 밭쳐 주걱으로 으깨면서 걸러줍니다.

## 위장 튼튼, 변비 예방
# 양배추 미음

위장에 좋은 것으로 알려진 비타민 U는 양배추 특유의 영양소입니다. 또한 변비에 좋은 섬유질을 많이 함유하고 있고, 성장에 필요한 필수아미노산인 리신이 풍부해서 아이들에게 좋은 이유식 재료입니다.

**요리재료**
넉넉한 3일 분량
**재료** | 쌀(3), 양배추 잎(큰 것 1장), 물(2컵)

1. **양배추** : 비타민 B1, B2와 위궤양에 좋은 효능을 나타내는 비타민 U가 들어 있습니다. 칼슘이 많은 알칼리성 식품인데, 칼슘의 형태가 우유 못지 않게 잘 흡수되는 모양으로 되어 있어 아이들에게 너무 좋은 식품입니다.
2. **양배추 고르기** : 밑동이 하얀색을 띠고 모양이 고르며 겉에서 광택이 나는 것을 고르세요.
3. **양배추 손질하기** : 이유식용으로 쓸 때는 가운데 질긴 줄기는 제거해줘야 합니다. 유기농식품으로 구입하면 좋겠지만 그렇지 않은 경우엔 바깥쪽 잎은 떼어내고 사용하는 게 좋아요.
4. **양배추 보관하기** : 양배추의 밑동은 양배추를 쉽게 상하도록 만들어요. 밑동은 동그랗게 칼집을 내서 도려내주세요. 밑동의 심을 도려내고 그 부분에 물을 적신 종이 타월이나 젖은 신문지로 채워 놓고 보관하면 더욱 오래 먹을 수 있습니다.

> 양배추의 가운데 부분은 억셀 수 있으니 이유식에는 사용하지 않는 것이 좋아요.

> P68을 참고하세요.

### 1 쌀 불리기
쌀은 맑은 물이 나올 때까지 깨끗하게 씻어서 찬물에 1시간 정도 불려주세요.

### 2 양배추 손질하기
양배추는 잎을 흐르는 물에 깨끗하게 씻어 가운데 줄기부분은 제거하고, 잎 부분만 끓는 물에 살짝 데쳐줍니다.

### 3 쌀 끓이기
쌀 미음을 끓입니다.

### 4 양배추 갈기
데친 양배추는 믹서에 곱게 갈아서 준비합니다.

### 5 양배추 섞기
쌀 미음의 쌀이 푹 퍼지면 갈아놓은 양배추를 넣고 약한 불에서 5분 정도 더 끓여줍니다.

### 6 미음 걸러내기
체에 밭쳐 주걱으로 으깨면서 걸러줍니다.

감기 예방에 좋은 비타민 C가 듬뿍
# 배추 미음

배추 속에 농축되어 있는 비타민 C는 열을 가해도 잘 파괴되지 않아 감기에 무척 좋습니다. 김치를 담거나 된장국을 끓일 때 한 잎 떼어서 이유식을 만들어 주세요.

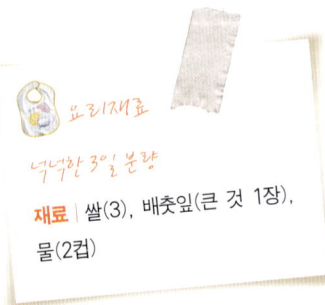

**요리재료**

넉넉한 3일 분량

**재료** | 쌀(3), 배춧잎(큰 것 1장), 물(2컵)

**재료이야기**

1. **배추** : 배추에 들어 있는 카로틴이라는 성분이 체내에서 비타민 A로 작용하고, 비타민 C도 다량 함유 되어 있으며 식이섬유, 철분, 칼슘 등도 포함하고 있습니다. 배춧국을 끓였을 때 구수한 향미를 내는 것은 시스틴이라는 아미노산 성분 때문입니다.
2. **배추 고르기** : 배추는 들었을 때 묵직하고 잎 끝이 감싸져 있는 것을 고르세요.
3. **배추 손질하기** : 이유식용으로 쓸 때는 가운데 질긴 줄기는 제거해주어야 합니다.
4. **배추 보관하기** : 통배추는 신문지로 배추를 모두 두른 다음 세워서 통풍이 잘 되는 곳에 보관하고, 잘랐을 때는 랩으로 싸서 야채칸에 보관해주세요.

> 배추의 가운데 부분은 약셀 수 있으니 이유식에는 사용하지 않는 것이 좋아요.

> P68을 참고하세요.

### 1 쌀 불리기
쌀은 맑은 물이 나올 때까지 깨끗하게 씻어서 찬물에 1시간 정도 불려주세요.

### 2 배춧잎 손질하기
배춧잎은 물에 깨끗하게 씻어 가운데 하얀 줄기부분은 제거해주고, 잎 부분만 끓는 물에 살짝 데쳐줍니다.

### 3 쌀 끓이기
쌀 미음을 끓입니다.

### 4 배춧잎 갈기
데친 배춧잎을 믹서에 곱게 갈아서 준비합니다.

### 5 배춧잎 섞기
쌀 미음의 쌀이 푹 퍼지면 갈아놓은 배춧잎을 넣고 약한 불에서 5분 정도 더 끓여줍니다.

### 6 미음 걸러내기
체에 밭쳐 주걱으로 으깨면서 걸러줍니다.

배탈, 설사에 좋은
# 밤 미음

밤은 달고 영양도 좋아 이유식 재료로 더없이 좋습니다. 배탈이나 설사 증상에 밤을 먹이면 효과가 있답니다.

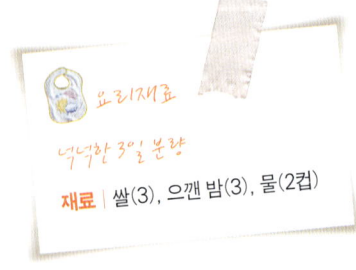

**요리재료**
넉넉한 3일 분량
**재료** | 쌀(3), 으깬 밤(3), 물(2컵)

1. 밤 : 탄수화물, 단백질, 기타지방, 칼슘, 비타민(A·B·C) 등이 풍부하여 발육과 성장에 좋습니다. 소화기와 비뇨기계에 작용하여 내장기관이 약한 아이들에게 좋은 재료입니다.
2. 밤 고르기 : 알이 굵직하고 껍질에서 윤이 나는 것을 고르세요.
3. 밤 손질하기 : 이유식용으로 쓸 때는 밤이 잠기도록 찬물을 부어 2시간 정도 불린 후 센 불에서 30~40분 정도 삶아주세요.
4. 밤 보관하기 : 밤을 삶아서 남은 속은 1회분 씩 냉동보관하면 됩니다.

1 쌀 불리기
쌀은 맑은 물이 나올 때까지 깨끗하게 씻어서 찬물에 1시간 정도 불려주세요.

2 밤 준비하기
밤은 삶아 속만 파내어 으깨줍니다. 이때 숟가락을 세워서 으깨면 뭉개지지 않고 편리합니다.

*P68을 참고하세요.*

3 쌀 끓이기
쌀 미음을 끓입니다.

**Special tip**
말린 밤은 기를 보호하고 위장을 튼튼하게 하는데 날밤을 오래 먹으면 기운이 빠집니다.

4 밤 섞기
쌀 미음의 쌀이 푹 퍼지면 으깬 밤을 넣고 약한 불에서 1분 정도 저어주세요.

5 미음 걸러내기
체에 밭쳐 주걱으로 으깨면서 걸러줍니다.

# 기관지가 튼튼해지는 배 미음

배는 열이 많은 아이들에게 좋아요. 기관지를 튼튼하게 해주고 잔병치레 예방에 좋습니다.

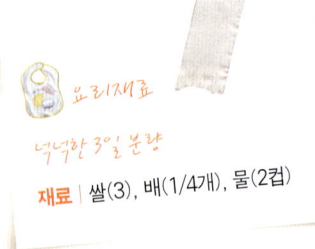

요리재료
넉넉한 3일 분량
**재료** | 쌀(3), 배(1/4개), 물(2컵)

재료 이야기

1. **배** : 나트륨, 칼륨, 칼슘, 마그네슘의 함량이 75% 차지하고 있는 강 알칼리성 식품입니다. 고기를 부드럽게 하는 연육효소가 들어있어 냉면이나 육회 등 육류에 많이 사용하는 과일인데, 질긴 고기류에 배즙을 야채류와 같이 갈아서 24시간 정도 재워두면 육질이 많이 연해져요.

2. **배 고르기** : 푸른기가 없는 맑고 선명한 황갈색에 둥근 것을 고르세요.

3. **배 손질하기** : 깨끗하게 씻어서 껍질과 씨를 제거하고 강판에 갈아줍니다. 미음으로 말고 과즙으로 처음 먹일 때에는 강판에 일차적으로 갈고, 체에 한 번 더 걸러서 먹입니다.

4. **배 보관하기** : 배는 각각 비닐 랩으로 싸서 냉장고에 보관하고, 사과와 같이 보관하면 쉽게 부패하므로 사과와 따로 보관해주세요.

p68을 참고하세요.

1 쌀 불리기
쌀은 맑은 물이 나올 때까지 깨끗하게 씻어서 찬물에 1시간 정도 불려주세요.

2 배 갈기
배는 1/4등분해서 가운데 씨 부분을 칼로 도려내고 강판에 갈아줍니다.

3 쌀 끓이기
쌀 미음을 끓입니다.

**Special tip**

배미음 더 알아두기

배는 마지막 단계에서 넣어야 영양 손실을 줄일 수 있습니다. 단맛이 있어 아이들이 좋아하는 배 미음은 아기들에게 기침, 가래, 변비, 해열에 효과가 있어 그런 증세가 보일 때 먹이면 좋아요.

4 배 섞기
쌀 미음의 쌀이 푹 퍼지면 갈아놓은 배를 넣고 약한 불에서 2분 정도 저어주세요.

5 미음 걸러내기
체에 받쳐 주걱으로 으깨면서 걸러줍니다.

Part 1 | 단계별 이유식 - 초기 이유식

# 장을 튼튼하게 하는 사과 미음

사과의 섬유질은 장의 기능을 활발하게 해주고 소화와 흡수를 도와줘 변비예방에 좋은 이유식입니다.
또 달콤해서 아기들이 무척 좋아하죠.

**요리재료**
넉넉한 3일 분량
**재료** | 쌀(3), 사과(1/4개), 물(2컵)

**재료 이야기**

1. **사과** : 여분의 콜레스테롤과 식품에 함유되어 있는 유해 첨가물을 배출시켜 장을 항상 깨끗한 상태로 유지시켜 줍니다. 어른은 깨끗이 씻어서 껍질까지 먹는 것이 좋습니다. 열매와 껍질 사이에 함유되어 있는 펙틴은 진통효과가 높고, 복통이나 설사를 할 때 정장제 역할을 합니다.

2. **사과 고르기** : 너무 큰 것보다는 중간 크기의 사과가 맛이 좋고, 저장성이 우수하며 육질도 단단하여 먹을 때 느낌이 좋습니다.

3. **사과 손질하기** : 깨끗하게 씻어서 껍질과 씨를 제거하고 강판에 갈아줍니다. 미음으로 말고 과즙으로 처음 먹일 때는 강판에 일차적으로 갈고 체에 한 번 더 걸러서 먹입니다.

4. **사과 보관하기** : 냉장고 4℃ 내외에서 보관해야 맛과 향이 오랫동안 보존됩니다. 다른 과일과 함께 두지 마세요. 사과에서 뿜어진 성분이 다른 과일을 시들게 합니다.

💬 p68을 참고하세요.

### 1 쌀 불리기
쌀은 맑은 물이 나올 때까지 깨끗하게 씻어서 찬물에 1시간 정도 불려주세요.

### 2 사과 갈기
사과는 1/4등분해서 가운데 씨 부분은 칼로 도려내고 강판에 갈아줍니다.

### 3 쌀 끓이기
쌀 미음을 끓입니다.

**Special tip — 사과미음 더 알아두기**

사과는 마지막 단계에서 넣어야 영양손실을 줄일 수 있습니다. 사과에 많이 함유된 비타민 C는 면역기능을 강화시켜주고 해독작용, 피로회복에 좋으며 유기산은 소화를 돕고 철분의 흡수도 높여주는 알칼리성 식품입니다.

### 4 사과 섞기
쌀 미음의 쌀이 푹 퍼지면 갈아놓은 사과를 넣고 약한 불에서 2분 정도 저어주세요.

### 5 미음 걸러내기
체에 받쳐 주걱으로 으깨면서 걸러줍니다.

## 빈혈 예방에 좋은
# 비트 미음

비트는 적혈구를 만들고 혈액을 조절해주는 효과가 있어 아기들의 빈혈 예방에 좋은 식품이에요.
색깔도 너무너무 예뻐서 아기의 시각을 자극해 주는 효과도 있답니다.

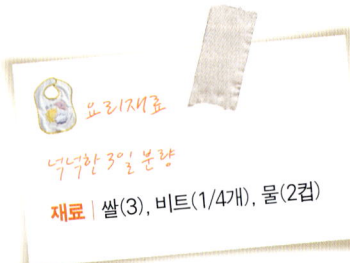

**요리재료**
넉넉한 3일 분량
**재료** | 쌀(3), 비트(1/4개), 물(2컵)

**재료이야기**

1. **비트** : 속이 빨간 서양 무입니다. 비트에 포함되어 있는 철 함량은 그렇게 많지 않지만 적혈구에 대해서 아주 좋은 영향을 줄 수 있는 성질을 가지고 있습니다. 대형 할인마트에서 쉽게 구할 수 있습니다.

2. **비트 손질하기** : 수세미로 겉을 깨끗하게 씻어서 껍질을 벗겨주세요. 초기에는 갈아서 사용하고, 후기에는 잘게 썰어서 요리할 수 있어요.

3. **비트 보관하기** : 신문지로 싸서 냉장고 야채 칸에 보관하면 됩니다.

## 1 쌀 불리기
쌀은 맑은 물이 나올 때까지 깨끗하게 씻어서 찬물에 1시간 정도 불려주세요.

## 2 비트 손질하기
비트는 껍질을 칼 또는 필러로 깎아서 준비합니다.

## 3 비트갈기
작게 썰어서 믹서에 곱게 갈아주세요. 약간의 물을 같이 넣고 갈아주면 쉽게 갈아집니다.

## 4 쌀 끓이기
쌀 미음을 끓입니다.

*p68을 참고하세요.*

## 5 비트 섞기
쌀 미음의 쌀이 푹 퍼지면 갈아놓은 비트를 넣고 약한 불에서 5분 정도 더 끓여줍니다.

## 6 미음 걸러내기
체에 받쳐 수셔으로 으깨면서 걸러줍니다.

풍부한 섬유질과 비타민 C의 영양덩어리
# 바나나 미음

바나나는 부드럽고 단 맛이 강해 아이들이 좋아하는 이유식 중의 하나입니다.

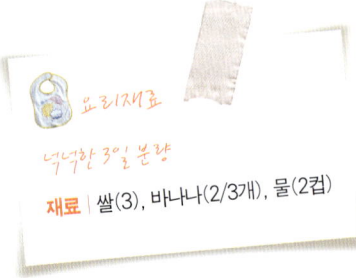

요리재료
넉넉한 3일 분량
**재료** : 쌀(3), 바나나(2/3개), 물(2컵)

1. **바나나** : 지방, 나트륨, 콜레스테롤이 전혀 없으며, 풍부한 섬유질과 비타민 C를 다량 함유하고 있는 영양과일입니다.
2. **바나나 손질하기** : 수입산 바나나는 방부제가 걱정이죠? 양쪽 끝을 3cm 정도 잘라내고, 가운데 부분만 아이에게 주세요.
3. **바나나 보관하기** : 바나나를 냉장고에 넣어두면 껍질에 검은 반점이 생기고, 과육이 검게 됩니다. 반드시 실온에서 보관하세요.

> 끝 부분에 농약이 남아있을 수 있으니 꼭 잘라내 주세요.

### 1 쌀 불리기
쌀은 맑은 물이 나올 때까지 깨끗하게 씻어서 찬물에 1시간 정도 불려주세요.

### 2 바나나 준비하기
바나나는 껍질을 벗겨 끝 부분을 2~3cm 정도 잘라내고 사용합니다.

### 3 바나나 으깨기
바나나를 으깨줍니다. 큰 포크로 으깨면 쉽게 으깰 수 있어요.

### 4 쌀 끓이기
쌀 미음을 끓입니다.

> p68을 참고하세요.

### 5 바나나 섞기
쌀 미음의 쌀이 푹 퍼지면 으깬 바나나를 넣고 약한 불에서 1분 정도 저어줍니다.

### 6 미음 걸러내기
체에 밭쳐 주걱으로 으깨면서 걸러줍니다.

**Special tip**

**이유식하고 남은 바나나는…**
바나나의 껍질을 벗겨서 줄기부분을 자른 후 반으로 잘라 꼬치에 꽂아주세요.
냉동보관했다가 하나씩 꺼내 먹으면 시원하고 맛있는 아이스 바로 변신한답니다.

## 체력증강에 도움이 되는 비타민 E가 풍부한
# 옥수수 미음

옥수수에 들어 있는 비타민 E는 피부 건조를 막고, 피부 저항력을 높이는 효과가 있습니다. 옥수수는 어른들도 별식으로 좋아하지요. 아이에게도 이렇게 별식 미음으로 만들어 주면 맛있게 먹는답니다.

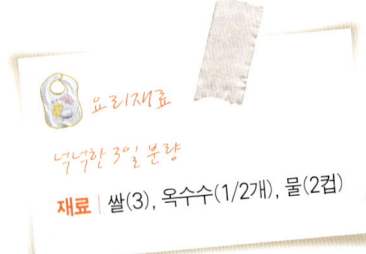

**요리재료**
넉넉한 3일 분량
**재료** | 쌀(3), 옥수수(1/2개), 물(2컵)

### 재료 이야기

1. **옥수수** : 옥수수 단백질에는 필수 아미노산의 함량이 많지 않으나 비타민 A, B, E가 함유되어 있으며, 그 중에서도 비타민 E가 풍부하여 체력증강에 도움을 줍니다. 잇몸질환 치료제인 인사돌, 덴타놀의 주성분이 있어 충치개선 작용도 한답니다.

2. **옥수수 보관하기** : 옥수수는 찐 후 냉동보관하세요. 알맹이만 떼어낸 후 1회분씩 싸서 보관하면 볶음밥이나 샐러드 등에 유용하게 사용할 수 있어요. 찐 옥수수를 통째로 냉동했다가 전자레인지에 데워 먹어도 되요.

> 시중에 파는 옥수수 통조림을 사용할 때는 체에 밭친 후 뜨거운 물을 부어 물기를 빼서 사용하세요.

### 1 쌀 불리기
쌀은 맑은 물이 나올 때까지 깨끗하게 씻어서 찬물에 1시간 정도 불려주세요.

### 2 옥수수 준비하기
옥수수는 푹 찐 후 알맹이만 쏙 빼서 준비합니다.

### 3 옥수수 갈기
옥수수를 믹서에 곱게 갈아주세요.

### 4 쌀 끓이기
쌀 미음을 끓입니다.

> p68을 참고하세요.

### 5 옥수수 섞기
쌀 미음의 쌀이 푹 퍼지면 갈아놓은 옥수수를 넣고 약한 불에서 2분 정도 저어줍니다.

### 6 미음 걸러내기
체에 밭쳐 주걱으로 으깨면서 걸러줍니다.

**PART 1** 단계별
**이유식&유아식**

# 생후 7~8개월 중기 이유식

조리할 때 체에 거르지 않아도 되니 조금 편해지긴 했지만
대신 하루에 2번 먹으니 더 많은 양을 만들어야 합니다.
고기와 흰 살 생선도 먹고 야채나 과일도 가짓수가 더 많아지니
더욱 다양한 맛을 맛볼 수 있게 되었어요.
중기 때도 새로운 식품은 터울을 두고 한가지씩만 추가 하는 거 잊지 마세요!

야채 중의 철분 왕

# 브로콜리 고구마죽

브로콜리는 향이 강해서 아기가 싫어할 수도 있어요.
이럴 때는 고구마나 단호박같이 달콤한 재료를 함께 넣어주면 거부감이 좀 덜 할 거예요.

**요리재료**

3끼 분량

**재료** | 쌀(6), 물(3컵), 브로콜리(1줌), 으깬 고구마(6)

**재료이야기**

1. **브로콜리** : 비타민 C가 레몬의 2배, 감자의 7배가 들어 있을 정도로 풍부합니다. 식이섬유도 풍부해 변비와 대장암 예방에 탁월하고 빈혈을 예방하는 철분 함량도 100g 중 1.9mg으로 야채 중에서 단연 으뜸입니다. 브로콜리는 열에 강해서 익혀도 영양가가 쉽게 파괴되지 않아 이유식 재료로 좋아요.
2. **브로콜리 고르기** : 색이 선명하며 봉오리가 단단하게 뭉쳐있고 줄기에 구멍이 나있지 않은 것으로 고르세요.
3. **브로콜리 손질하기** : 굵은 줄기는 잘라내고 일단 작은 줄기 정도만 두고 데치세요. 초기와 중기 때는 꽃잎만 갈거나 곱게 다져서 사용합니다.
4. **브로콜리 보관하기** : 데친 후 냉장보관하고, 이유식용으로만 오래 두고 사용할 경우는 1회분씩 싸서 냉동 보관 해주세요.

## 1 쌀죽 끓이기
7배 쌀죽을 끓입니다.

## 2 브로콜리 손질하기
브로콜리는 굵은 줄기를 제거하고 흐르는 물에 씻어서 끓는 물에 살짝 데쳐 체에 받쳐 식힙니다.

## 3 브로콜리 다지기
데친 브로콜리를 다시 꽃잎 부분만 잘라서 다집니다.

## 4 고구마 으깨기
고구마는 푹 찐 후 으깨서 준비합니다.

*뜨거울 때 으깨야 잘 으깨집니다.*

## 5 브로콜리 섞기
쌀죽의 쌀이 푹 무르기 시작하면 다져놓은 브로콜리를 넣고 2~3분 정도 저어주며 끓입니다.

## 6 고구마 섞기
쌀죽에 브로콜리를 넣고 익으면, 으깬 고구마를 넣고 1분간 더 저어줍니다.

### Special tip — 7배 쌀죽 끓이기 (3끼 분량)
1. 쌀(6)을 찬물에 1시간 불려서 곱게 갑니다.
2. 곱게 간 쌀에 물(3컵)을 넣고 센 불에서 끓입니다.
3. 한번 우르르 끓으면 제일 약한 불에 두고 20분 정도 저어주며 끓입니다.

## 두뇌활동 쑥, 성장활동 쑥
# 닭고기 애호박죽

아기가 이제 고기를 먹기 시작해요. 그중에서도 닭고기가 소화가 잘 되고 두뇌활동과 성장활동에 중요한 필수아미노산이 풍부하기 때문에 제일 먼저 먹이면 좋아요.

**요리재료**

3끼 분량

**재료** | 쌀(6), 닭 육수(3컵), 닭 가슴살(1/3쪽), 다진 애호박(1/4개), 양배추 잎(1장)

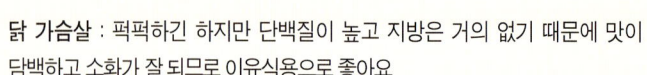

1. **닭 가슴살** : 퍽퍽하긴 하지만 단백질이 높고 지방은 거의 없기 때문에 맛이 담백하고 소화가 잘 되므로 이유식용으로 좋아요.

2. **닭 가슴살 손질하기** : 닭 가슴살만 모아 놓은 것을 구입하면 편하지만 그렇지 않은 경우는 껍질과 지방은 떼어내고 사용합니다. 비린내가 심할 경우 레몬즙을 뿌려도 되고 우유에 담갔다가 사용해도 되요.

3. **닭 가슴살 보관하기** : 구입해서 바로 사용하는 것이 좋아요. 장기간 보관할 때는 삶아서 다진 후 1회분씩 냉동보관하면 됩니다.

> 닭안심도 닭가슴살과 마찬가지로 단백질은 높고 지방질은 거의 없는 부분입니다. 가슴살대신 안심부위를 사용해도 됩니다.

### 1 닭 가슴살 다지기
닭 가슴살은 한쪽을 3등분해서 한 덩이를 끓는 물에 삶아서 익힌 후 다져놓습니다.

> P이 7배 쌀죽 끓이기 참고하세요.

### 2 쌀죽 끓이기
닭 가슴살을 삶은 육수로 7배 쌀죽을 끓입니다.

> 아기가 먹기 좋도록 잘게 다져주세요.

### 3 야채 다지기
애호박은 돌려깎기 해서 다져놓아요. 양배추 잎은 가운데 굵은 줄기를 제거하고 잎만 데쳐서 다집니다.

### 4 양배추 섞기
쌀죽에 쌀이 푹 부를 때 나신 양배추를 넣고 약한 불에서 2분간 저어가며 끓여줍니다.

### 5 애호박 섞기
양배추를 섞어서 끓이나가 다진 애호박을 넣고 2분간 더 저어줍니다.

### 6 닭고기 섞기
마지막에 다진 닭고기를 넣고 2분간 더 끓여줍니다.

## 철분 up! 빈혈에 좋은
# 흑미 달걀 노른자죽

흑미도 빈혈에 좋고 달걀 노른자도 빈혈에 좋으니 둘이 만나 철분강화 이유식이 되었네요.
흑미 달걀 노른자죽을 먹이고 나면 검은 변을 볼지도 몰라요. 초보 엄마들은 너무 놀라지 마세요.

요리재료

3끼 분량

**재료** : 쌀(5), 흑미(1), 물(3컵), 완숙 노른자(2개)

### 재료이야기

1. **달걀 노른자** : 노른자는 흰자에 비해 더 많은 비타민을 함유하고 있으며, 비타민 A, D, E는 전부 노른자에 들어 있습니다. 달걀 노른자는 천연적으로 비타민 D를 함유하고 있는 몇 안 되는 식품 중의 하나랍니다.

2. **달걀 보관하기** : 달걀은 3~5주 이내, 완전히 익힌 달걀은 1주일 정도 보관할 수 있습니다. 간혹 조리하기 전에 달걀을 깨끗하게 씻어 보관하는 경우가 있는데, 달걀에는 얇은 막이 형성되어 있어 미세한 구멍으로 세균이 침투하는 것을 막아 주는데 씻을 경우 이 막이 파괴되어 세균이 들어가 상하기 쉽습니다. 달걀 전용 케이스에 보관하는 것이 좋고 달걀의 뾰족한 부분이 달걀 전용 케이스 밑으로 가도록 합니다.

3. **달걀 삶기** : 달걀은 삶은 후 바로 찬물에 담가두면 껍질을 쉽게 벗길 수 있고 노른자 색의 변색도 막아줍니다.

## 1  쌀 불리기
쌀과 흑미를 섞어서 찬물에 1시간 정도 불립니다.

## 2  쌀죽 끓이기
불린 쌀을 곱게 갈아 7배 쌀죽을 끓입니다.

> p101 7배 쌀죽 끓이기 참고하세요.

## 3  달걀 노른자 준비하기
달걀은 센 불에서 15~20분 정도 완숙으로 삶아서 노른자만 꺼내 체에 곱게 내립니다.

> 노른자가 식었을 때 체에 내려주세요.

## 4  달걀 노른자 섞기
쌀죽이 완성되면 체에 거른 노른자를 섞어 1분 정도 더 저이줍니다.

### Special tip

**흑미**

흑미는 비위를 튼튼하게 하여 소화를 돕고 빈혈 등에 특효가 있으며, 어린아이 골격 형성에 아주 큰 도움을 줍니다. 백미에 비해 단백질, 비타민 등도 풍부하답니다.

**유정란과 무정란**

유정란은 암컷과 수컷이 교미해서 낳은 알이고, 무정란은 수컷과의 교미 없이 성숙한 암탉이 낳은 알을 말합니다. 유정란은 품으면 생명이 탄생하지만 무정란은 그렇지 않죠.
달걀에 대한 수요가 급증함에 따라 닭들은 닭장 안에서 강제적으로 알만 생산하게 되었습니다. 당연히 이런 닭에서 나온 알들은 닭이 받은 스트레스와 오염된 사료 덕에 좋을 리 없겠죠. 유정란이 무정란보다 조금 비싸긴 하지만 항생제나 성장촉진제 등 첨가물이 들어있지 않은 안전한 사료를 먹이고 방목해서 키워 영양가가 더 높답니다.

밭에서 나는 단백질
# 두부 야채죽

밭에서 나는 쇠고기라 불리는, 콩으로 만든 부드러운 두부는 이유식으로도 먹기 편하죠.
식물성 단백질과 칼슘이 풍부해서 아이들에게 좋은 영양식입니다.

**요리재료**

**3끼 분량**

재료 | 쌀(6), 물(3컵), 두부(1/4모), 애호박(1/4개), 당근(1/5개)

1. **두부** : 두부는 콩에 비해 수용성 단백질로만 만들어졌기 때문에 소화가 잘 됩니다. 콩의 소화율은 65%인데 두부는 95%에 달하거든요. 되도록이면 유기농 콩으로 만든 부드러운 두부를 사용해주세요.

2. **두부 손질하기** : 이유식에 두부를 사용할 때는 반드시 익혀서 먹여야 해요. 일단 두부를 한번 데쳐서 키친타월로 물기를 제거해준 후 으깨서 사용합니다. 이유식에는 적은 양이 들어가니 으깰 때 칼을 눕혀서 으깨면 금세 으깰 수 있어요.

3. **두부 보관하기** : 사용하고 남은 두부는 밀폐용기에 담아 두부가 잠길 정도로 생수를 붓고 냉장실에 보관합니다. 그리고 매일매일 물을 갈아줍니다. 포장을 뜯은 두부는 되도록 2~3일 내에 드세요.

> 두부를 데칠 시간이 없다면 전자레인지를 이용해보세요. 두부를 키친타월로 감싼 후 전자레인지에 돌리면 두부가 익음과 동시에 물기도 제거해주니 시간이 절약되지요.

## 1 두부 으깨기
두부는 끓는 물에 살짝 데쳐서 칼을 비스듬히 눕혀 으깨주세요.

> P101 7배 쌀죽 끓이기 참고하세요.

## 2 쌀죽 끓이기
7배 쌀죽을 끓입니다.

## 3 야채 다지기
애호박은 돌려깎기 해서 다져놓고 당근은 한번 데친 후 잘게 다집니다.

## 4 당근 섞기
쌀이 푹 무르면 다진 당근을 넣고 3분간 더 끓여줍니다.

## 5 애호박 섞기
다진 애호박을 넣고 2분간 더 끓여줍니다.

## 6 두부 섞기
마지막에 으깬 두부를 넣고 2분간 더 끓여줍니다.

> 당근이 애호박보다 익는데 시간이 더 걸리므로 먼저 넣어줘요.

빈혈 예방에 좋은
# 양송이버섯 단호박죽

동글동글 양송이는 향이 강해 아이들이 싫어할 수 있으니, 과일이나 단호박처럼 달콤한 재료를 함께 섞어서 먹이세요.

요리재료

3끼분량
**재료** | 쌀(6), 물(3컵), 양송이 갓(2개), 으깬 단호박(6)

**재료이야기**

1. **양송이** : 맛과 향이 뛰어나며 단백질, 탄수화물, 회분, 칼슘, 인, 철, 비타민 등을 함유하고 있고 전분이 함유되어 있지 않아 빈혈에 좋습니다.
2. **양송이 고르기** : 양송이는 흰 색 빛깔에 갓이 동글동글하고 기둥이 통통한 것으로 고릅니다.
3. **양송이 손질하기** : 물에 헹구는 정도로 가볍게 씻어 키친타월로 물기를 닦고 이유식은 기둥을 떼고 갓만 사용합니다.
4. **양송이 보관하기** : 사용하고 남은 것은 신문지나 키친타월로 하나씩 싼 다음 비닐봉지에 담아서 냉장실 야채칸에 보관합니다. 장기간 보관시에는 랩으로 싸서 냉동보관하세요.

색깔이 변하는 것을 방지하려면 조리 직전에 손질하거나 레몬즙을 뿌려주세요.

1 **쌀죽 끓이기**
7배 쌀죽을 끓입니다.

2 **양송이 다지기**
양송이는 기둥을 떼어내고 갓만 씻어서 잘게 다져 놓아요.

3 **단호박 으깨기**
단호박은 찐 후 뜨거울 때 으깨놓습니다.

4 **양송이 섞기**
쌀죽이 푹 무르면 다져놓은 양송이를 넣고 2~3분 정도 저어가며 끓여줍니다.

5 **단호박 섞기**
마지막으로 으깨놓은 단호박을 넣고 1분간 더 끓입니다.

### 새송이 버섯 수프
버섯을 이용한 색다른 수프를 만들어보아요.

**재료** | 새송이버섯(1개), 양파(1/4개), 물(1/2컵), 분유물(1/2컵), 버터 약간

1 새송이버섯은 씻어서 동그랗게 썹니다.
2 양파는 잘게 다집니다.
3 물(1/2컵)에 분유(2)를 타서 분유물을 준비합니다.
4 냄비에 버터를 두르고 잘게 다진 양파를 넣어 5분 정도 볶습니다.
5 양파가 갈색이 나면 버섯을 넣어 살짝 볶고 물을 부어 끓인 다음 식힙니다.
6 믹서에 곱게 갈아준 다음 다시 냄비에 붓고 분유 탄 물을 부어 한 번 더 끓여주면 됩니다.

## 철분이 풍부해서 몸에 좋은
# 쇠고기 야채죽

닭고기에 익숙해진 아기라면, 이번에는 쇠고기에 도전해보세요. 갈아져 있는 고기보다는 좋은 질의 고기를 사다가 직접 갈아서 조리를 해주는 게 좋아요. 쇠고기는 철분이 풍부하기 때문에 빈혈에도 좋습니다.

요리재료

3기 분량

**재료** | 쌀(6), 쇠고기 육수(3컵), 쇠고기(1/2줌), 다진 애호박(2), 다진 양파(3)

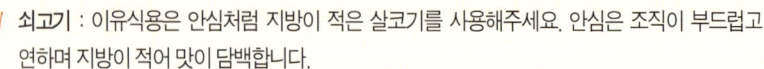

1. **쇠고기** : 이유식용은 안심처럼 지방이 적은 살코기를 사용해주세요. 안심은 조직이 부드럽고 연하며 지방이 적어 맛이 담백합니다.
2. **쇠고기 고르기** : 쇠고기를 고를 때는 선홍색이나 밝은 붉은 색을 띠며 윤기가 흐르는 것을 고릅니다.
3. **쇠고기 손질하기** : 조리하기 전에 핏물을 제거해주세요. 찬물에 담가 빼는 것이 좋은데 시간이 없을 때는 키친타월로 꼭꼭 눌러주며 제거해줍니다. 고기의 신선도를 위해 조리하기 직전에 다져 주세요.
4. **쇠고기 보관하기** : 구입한 즉시 냉동보관하는 게 좋아요. 1회분씩 나눠서 겉면에 올리브오일이나 식용유를 발라서 냉동실에 보관하면 오랫동안 신선하게 보관할 수 있어요.

**1** 쇠고기 핏물 제거하기
쇠고기는 찬물에 1시간쯤 담가 핏물을 제거해줍니다.

**2** 쇠고기 다지기
끓는 물에 쇠고기를 넣고 푹 삶아서 다집니다.

**3** 쌀죽 끓이기
쇠고기 삶은 육수로 7배 쌀죽을 끓입니다.

**4** 애호박 다지기
애호박은 돌려깎기 해서 다져놓아요.

**5** 양파 다지기
양파도 곱게 다져서 준비합니다.

**6** 애호박 섞기
끓인 쌀죽에 다진 애호박을 넣고 2분간 끓여줍니다.

**7** 양파 섞기
6에 다진 양파를 넣고 2분간 더 끓여줍니다.

**8** 쇠고기 섞기
마지막으로 다진 쇠고기를 넣고 2분간 더 끓여줍니다.

단백질과 비타민 C가 풍부한
# 표고버섯 고구마죽

영양 많은 표고버섯과 달콤한 고구마가 만나 표고버섯 고구마죽이 탄생했어요. 생 표고버섯 대신 말린 표고버섯을 불려서 사용해도 좋아요.

요리재료

3끼 분량

**재료** | 쌀(6), 물(3컵), 표고버섯 갓(2개), 으깬 고구마(6)

1. **표고버섯** : 단백질과 비타민 C가 풍부해요.
2. **표고버섯 고르기** : 향기가 나며 손으로 눌러보면 단단하고 표면이 매끄럽고 갓이 두꺼우며 기둥이 통통하고 짧은 것을 고릅니다.
3. **표고버섯 손질하기** : 기둥은 떼어내고 갓 부분만 다져서 사용합니다.
4. **표고버섯 보관하기** : 생 표고는 물에 씻지 않고 손으로 불순물을 가볍게 털어낸 후 마른 행주로 표면을 닦고 랩으로 싸서 냉동실에 보관합니다. 마른 표고도 냉동보관하면 오래 먹을 수 있어요.

> 표고버섯의 기둥을 모아뒀다가
> 쇠고기 장조림을 하듯 만들면
> 쫄깃하고 맛있어요.

### 1 쌀죽 끓이기
7배 쌀죽을 끓입니다.

### 2 표고버섯 다지기
표고버섯은 기둥을 떼고 갓 부분만 깨끗이 씻어 잘게 다집니다.

### 3 고구마 으깨기
고구마는 푹 찐 후 뜨거울 때 으깨서 준비합니다.

### 4 표고버섯 섞기
쌀죽의 쌀이 푹 무르기 시작하면 다진 표고버섯을 넣고 2~3분 정도 더 저어주며 끓입니다.

### 5 고구마 섞기
마지막으로 으깬 고구마를 넣고 1분간 저어줍니다.

#### Special tip
**생 표고버섯과 마른 표고버섯**

생 표고버섯의 에르고스테롤이란 성분이 햇볕에 말리는 과정에서 비타민 D로 변하게 됩니다. 그래서 생 표고버섯보다 마른 표고버섯이 비타민 D가 풍부합니다.
물론 말려진 표고버섯도 팔지만 가격이 더 비싸니 생 표고버섯을 사다가 채반에 두고 햇볕에 말려서 사용하면 좋겠죠?
잘 마른 표고버섯은 냉동보관하고, 사용할 때는 분량만큼 미지근한 물에 담가 불려서 사용하세요. 마른 표고버섯도 요리하기 하루 전에 씻어서 햇볕에 잠깐 말려주면 불순물도 제거되고 좋아요.

피를 맑게 해 주고, 강장효과를 돋궈주는
# 양파 닭고기죽

기원전 3,000년경, 고대 이집트의 피라미드 건축에 동원된 노예들에게 매일 양파를 먹였다는 기록이 있다고 해요. 중노동을 하는 노예들의 피로회복을 위해서였대요. 그만큼 몸에 좋은 양파는 익히면 단 맛이 나기 때문에 아이들도 잘 먹어요.

요리재료

3끼 분량

**재료** | 쌀(6), 닭 육수(3컵), 닭 가슴살(1/3쪽), 다진 양파(3), 청경채(1줄기)

1. **양파** : 피를 맑게 하고 하루에 반개씩을 매일 먹으면 각종 암을 막아주고, 고혈압, 당뇨병, 간장병, 위장병, 피부병 등의 예방과 치료에 효과가 있습니다. 또한 지방질이 적은 채소로서는 단백질이 많은 편이며, 철분 함량이 많아 강장효과를 돋궈주는 역할을 하기도 합니다.

2. **양파 보관하기** : 망에 담아 실온에서 보관하는 것이 일반적이지만 여름에는 쉽게 상할 수 있으므로 밀폐용기나 비닐봉지에 넣어 냉장보관 해주세요.

> 양파 껍질을 벗길 때 눈이 매워서
> 고생한다면 물 속에 넣고 벗겨보세요.
> 하나도 안 매워요.

### 1 닭고기 다지기
닭 가슴살은 한쪽을 3등분해서 1덩이를 끓는 물에 삶아 익힌 후 다져놓습니다.

### 2 쌀죽 끓이기
닭 가슴살 삶은 육수로 7배 쌀죽을 끓입니다.

### 3 야채 다지기
양파는 4등분해서 곱게 다져놓습니다. 청경채는 깨끗이 씻은 후 데쳐서 다집니다.

### 4 양파 섞기
쌀죽에 쌀이 푹 무를 때 다진 양파를 넣고 약한 불에서 2분간 저어가며 끓입니다.

### 5 청경채 섞기
4에 다진 청경채를 넣고 2분간 더 저어줍니다.

### 6 닭고기 섞기
마지막에 다진 닭고기를 넣고 2분간 더 끓입니다.

풍부한 단백질의 공급원
# 흰 살 생선 청경채죽

이제 생선도 먹기 시작합니다. 생선요리는 알레르기 걱정이 없는 흰살 생선으로 시작해주세요. 대구, 조기, 도미, 가자미 등의 흰살 생선은 다른 생선들보다 칼슘이 풍부하고 지방은 적어서 이유식용으로는 안성맞춤이죠.

요리재료
3끼 분량
**재료** | 쌀(6), 물(3컵), 대구(1토막), 청경채(1줄기), 다진 당근(3)

재료 이야기

1. **흰 살 생선** : 흰 살 생선은 지방이 적고 단백질은 풍부한 좋은 단백질 공급원입니다. 흰 살 생선에 풍부하게 포함되어 있는 비타민 A는 감기의 저항력을 길러주고, 시력을 보호해주는 역할을 합니다. 그리고 비타민 B1은 각기병을 막아주고 비타민 E는 노화를 방지해 줍니다.

2. **흰 살 생선 손질하기** : 일단 이유식 후기까지는 끓는 물에 삶아 푹 익힌 후, 껍질과 뼈를 제거하고 살들을 으깨서 사용합니다.

3. **흰 살 생선 보관하기** : 사용하지 않은 생선은 키친타월로 물기를 제거한 후 하나씩 랩으로 싸서 냉동보관하고, 마찬가지로 껍질과 뼈를 제거한 살들도 1회분씩 랩으로 싸서 냉동보관하면 됩니다.

> 생선살을 바른 다음 덩어리가 크다 싶으면 포크로 으깨보세요. 살들이 쉽게 으깨집니다.

### 1 생선살 바르기
대구는 끓는 물에 삶아 익힌 후 껍질과 뼈를 제거하고 살만 발라 놓습니다.

### 2 쌀죽 끓이기
7배 쌀죽을 끓입니다.

### 3 야채 다지기
청경채는 데친 후 곱게 다져놓습니다. 당근은 한 번 데친 후 잘게 다집니다.

### 4 당근 섞기
쌀이 푹 무르면 다진 당근을 넣고 3분간 끓입니다.

### 5 청경채 섞기
4에 다진 청경채를 넣고 2분간 더 끓입니다.

### 6 생선살 섞기
발라놓은 생선살을 넣고 2분간 더 끓입니다.

심장을 튼튼하게 하고 비만억제에 좋은

# 만가닥버섯 사과죽

만가닥버섯의 모양은 느타리버섯을 축소해 놓은 것 같고 맛도 느타리버섯과 비슷해요. 아이들 볶음밥이나 반찬으로 느타리버섯 대신 사용하기도 하지요. 심장은 튼튼하게 하고, 비만을 억제하는 효과가 있답니다.

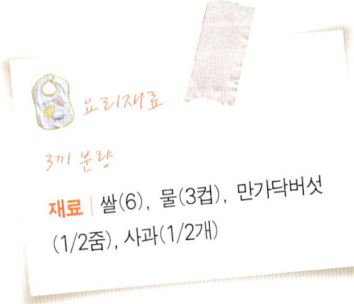

**요리재료**

3끼 분량

**재료** | 쌀(6), 물(3컵), 만가닥버섯(1/2줌), 사과(1/2개)

**재료 이야기**

1. **만가닥버섯 고르기** : 굵은 밑동에서 한 다발씩 자라고 모양이 뚜렷하며 탄력 있는 것이 좋습니다.
2. **만가닥버섯 손질하기** : 찬물에 2~3차례 살짝 씻은 후 여러 송이가 붙어 있으므로 적당한 크기의 작은 송이 뭉치로 떼어서 씁니다.
3. **만가닥버섯 보관하기** : 사용하고 남은 것은 신문지나 키친타월로 싼 다음 냉장실 야채 칸에 보관합니다.

## 1 쌀죽 끓이기
7배 쌀죽을 끓입니다.

## 2 버섯 데치기
만가닥버섯은 소금을 넣은 물에 살짝 데칩니다.

## 3 버섯 다지기
데친 버섯은 물기를 꼭 짜서 결대로 찢은 후 잘게 다집니다.

## 4 사과 갈기
사과는 가운데 심부분을 제거하고 강판에 갈아서 준비합니다.

## 5 버섯 섞기
쌀죽이 푹 무르면 다진 버섯을 넣고 2~3분 정도 저어가며 끓여줍니다.

## 6 사과 섞기
5에 갈은 사과를 넣고 2분간 더 끓입니다.

칼슘 강화에 좋은

# 마른 새우 야채죽

마른 새우 속의 칼슘이 멸치보다 많다는 사실 아시나요? 색깔도 예쁘고 조리법도 간단하고 아주 좋아요.
대하도 좋지만 손질하기 까다로워 편리한 마른 새우로 이유식을 자주 해줬어요.

요리재료

3끼 분량

**재료** | 쌀(6), 물(3컵), 마른 새우(1/2줌),
다진 애호박(2), 다진 양파(3)

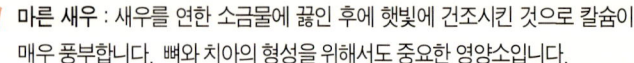

재료 이야기

*1* **마른 새우** : 새우를 연한 소금물에 끓인 후에 햇빛에 건조시킨 것으로 칼슘이 매우 풍부합니다. 뼈와 치아의 형성을 위해서도 중요한 영양소입니다.

*2* **마른 새우 고르기** : 생 것의 모양을 그대로 유지한 분홍빛이 도는 것으로 고르세요.

*3* **마른 새우 손질하기** : 면보에 싸 살살 문지르며 닦아주면 먼지도 제거되고 수염이나 다리가 자연스럽게 떨어집니다.

*4* **마른 새우 보관하기** : 비닐 팩에 싸서 냉동보관 해주세요.

새우는 깨끗이 씻어 말린 후
분쇄기에 곱게 간 다음에 체에 내려
고운 가루만 사용하세요.

1 마른 새우 갈기
마른 새우는 분쇄기에 곱게 갈아서 준비합니다.

2 쌀죽 끓이기
7배 쌀죽을 끓입니다.

3 야채 다지기
애호박은 돌려깎기 해서 다져놓아요. 양파도 곱게 다져요.

4 애호박 섞기
쌀이 푹 무르면 다져 놓은 애호박을 넣고 2분간 더 끓여줍니다.

5 양파 섞기
4에 다진 양파를 넣고 2분간 더 끓여줍니다.

6 마른 새우 섞기
마지막에 곱게 간 마른 새우를 넣고 1분간 저어주며 끓여줍니다.

## 잔병치레 예방에 좋은
# 당근 쇠고기죽

당근은 감기와 잔병치레를 예방하고 장을 튼튼하게 해줍니다. 하지만 이유식 초기에는 잘 사용하지 않습니다. 아무래도 상대적으로 소화가 덜 되고 딱딱한 편입니다. 하지만 중기부터는 마음껏 먹이세요.

요리재료

3끼 분량

**재료** | 쌀(6), 쇠고기 육수(3컵), 쇠고기(1/2줌), 다진 당근(3), 브로콜리(1/2줌)

재료 이야기

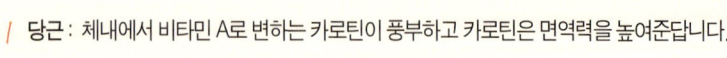

1. **당근** : 체내에서 비타민 A로 변하는 카로틴이 풍부하고 카로틴은 면역력을 높여준답니다.
2. **당근 고르기** : 당근은 껍질색이 붉고 선명하며 단단한 것으로 고르세요.
3. **당근 손질하기** : 당근의 윗 부분은 지저분한 것이 쌓이기 쉬우므로 1~2cm 정도 잘라내고, 겉에 묻은 흙은 깨끗하게 씻어줍니다. 당근의 껍질에는 카로틴이 많으니 필러로 얇게 껍질을 벗겨주세요. 이유식용으로 사용할 때는 한번 꼭 데친 후 사용해주세요. 그렇지 않으면 응가에 그대로 다 나온답니다.
4. **당근 보관하기** : 물기가 있으면 빨리 상하기 때문에 신문지로 돌돌 말아서 야채 칸에 보관해주세요. 매번 데치기 힘들다면 둥글게 편 썰어 한꺼번에 데쳐서 1회분씩 나눠서 냉동보관해도 됩니다.

> 당근은 완료기부터 볶아서 먹이세요.
> 볶으면 날 것으로 먹일 때보다 베타카로틴의
> 체내 흡수율이 6배 이상 높아집니다.

### 1 쇠고기 핏물 제거하기
쇠고기는 찬물에 1시간쯤 담가 핏물을 제거해줍니다.

### 2 쇠고기 다지기
끓는 물에 쇠고기를 넣고 푹 삶아서 다집니다.

### 3 쌀죽 끓이기
쇠고기 삶은 육수로 7배 쌀죽을 끓입니다.

### 4 당근 다지기
당근은 둥글게 편 썰어 끓는 물에 데친 후 잘게 다집니다.

### 5 브로콜리 다지기
브로콜리도 데쳐서 꽃잎 부분만 다져줍니다.

### 6 당근 섞기
쌀이 푹 무르면 다진 당근을 넣고 3분간 더 끓여줍니다.

### 7 브로콜리 섞기
6에 다진 브로콜리를 넣고 2분간 더 끓여줍니다.

### 8 쇠고기 섞기
마지막으로 다진 쇠고기를 넣고 2분간 더 끓여줍니다.

비타민과 단백질의 만남

# 시금치 가자미죽

시금치는 다른 녹황색 야채 보다 철분, 칼슘, 칼륨 등이 풍부해서 빈혈 예방도 되고 성장기 아기들에게 좋은 식품입니다. 여기에 비릿한 생선 특유의 냄새가 거의 없이 고소한 가자미를 함께 넣고 죽을 해 보세요.

요리재료

3끼 분량

**재료** | 쌀(6), 물(3컵), 가자미(1/2마리), 시금치(3뿌리), 으깬 단호박(6)

1. **시금치** : 비타민 A가 채소 중 가장 많습니다. 비타민은 약으로 공급하는 것보다는 식품으로 섭취하는 것이 좋은데 칼슘과 철분 그리고 요오드 등이 많아서 뼈를 튼튼하게 만들어 주기 때문에 발육기의 아이들에게 좋은 알칼리성 식품이지요.
2. **시금치 고르기** : 시금치 뿌리가 붉은 빛이 진할수록 맛이 달고, 잎이 시들지 않고 활짝 퍼져 있는 것이 좋아요.
3. **시금치 보관하기** : 젖은 신문지에 싸서 야채 칸에 보관하고, 데친 시금치는 냉동보관 해주세요. 이유식용은 다져서 1회분씩 냉동보관하고, 남은 시금치는 뿌리만 잘라서 냉동보관 해두었다가 시금치 토장국을 끓여먹으면 편하고 좋아요.

> 시금치는 뚜껑을 열고 데쳐야만 비타민의 손실이 적어집니다.

> 끓는 물에 소금을 넣고 데친 후 찬물에 헹궈 꼭 짜서 사용합니다. 이유식 후기까지는 질긴 줄기 보다는 잎부분을 다져서 사용해주세요.

### 1 시금치 데치기
시금치는 깨끗이 씻어 끓는 물에 소금을 넣고 뚜껑을 연채로 뿌리부터 데칩니다.

### 2 시금치 다지기
데친 시금치를 찬물에 헹군 후 꼭 짜서 뿌리부분을 자르고 잎만 곱게 다집니다.

### 3 쌀죽 끓이기
7배 쌀죽을 끓입니다.

### 4 가자미 살 바르기
가자미는 깨끗하게 손질하여 끓는 물에 푹 익을 정도로 삶아 껍질과 뼈를 제거하고 살만 발라줍니다.

### 5 단호박 으깨기
단호박은 푹 찐 후 뜨거울 때 으깨놓습니다.

### 6 시금치 섞기
쌀이 푹 무르면 곱게 다진 시금치를 넣고 2분간 저어줍니다.

### 7 가자미 섞기
다진 시금치를 넣고 끓이다가 살만 발라놓은 가자미를 넣고 2분간 더 끓여줍니다.

### 8 단호박 섞기
마지막으로 으깬 단호박을 넣고 1분간 더 저어줍니다.

비타민과 무기질의 공급원
# 오이 감자죽

오이의 싱그러운 향이 아주 좋아요. 오이에 많은 엽록소와 비타민 C는 피부미용에 금상첨화이니 이유식에 사용하고 남은 오이로 엄마가 팩을 하면 좋겠죠? 상큼한 오이와 감자의 만남을 기대하세요.

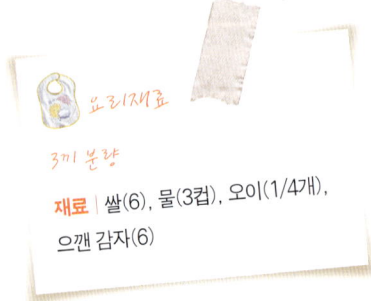

**요리재료**

**3끼 분량**

**재료** | 쌀(6), 물(3컵), 오이(1/4개), 으깬 감자(6)

**재료이야기**

1. **오이** : 칼륨 함량이 높은 알칼리성 식품으로 비타민과 무기질의 공급원으로 중요할 뿐만 아니라 싱그러운 향, 녹색의 색깔, 아삭하게 씹히는 맛 등으로 식사에 변화나 풍족감을 줍니다.

2. **오이 손질하기** : 껍질에 소금을 뿌려 문질러서 씻게 되면 농약도 제거되고 돌기 사이의 더러움을 없애는데도 도움이 됩니다. 이유식으로 사용할 때는 돌기 부분을 필러로 깎은 뒤 사용하세요.

3. **오이 보관하기** : 신문지나 키친타월로 하나씩 싸서 구멍 뚫린 비닐 팩에 담아 냉장고 야채 칸에 보관합니다. 그러나 냉장고에 보관할 경우 금방 물러지므로 3일 내에 먹는 것이 좋습니다.

> 오이 굵기가 머리에서 끝 부분까지 일정하게 고른 것이 좋으며, 똑바로 곧은 오이가 좋습니다. 만질때 단단한 것으로 고릅니다.

### 1 쌀죽 끓이기
7배 쌀죽을 끓입니다.

### 2 오이 다지기
오이는 껍질을 소금으로 문질러 씻은 후 필러로 돌기 부분을 벗기고 잘게 다져놓습니다.

### 3 감자 으깨기
감자는 찐 후 뜨거울 때 으깨놓습니다.

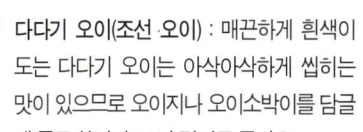

**Special tip — 오이 종류에 따른 이용**

1. **다다기 오이(조선 오이)** : 매끈하게 흰색이 도는 다다기 오이는 아삭아삭하게 씹히는 맛이 있으므로 오이지나 오이소박이를 담글 때 주로 씁니다. 그냥 먹어도 좋지요.
2. **취청 오이** : 색이 진하고 육질이 단단하여 볶아서 오이나물 만들 때나 냉국에 채쳐서 넣기는 파란색의 취청 오이가 낫습니다. 오이김치 담글 때도 취청오이가 좋아요.

### 4 오이 섞기
쌀숙이 푹 무르면 다진 오이를 넣고 2~3분 정도 저어가며 끓여줍니다.

### 5 감자 섞기
으깬 감자를 넣고 1분간 더 끓입니다.

**PART 1** 단계별 **이유식&유아식**

# 생후 9~11개월 후기 이유식

활동양이 예전보다 훨씬 많아져 보다 많은 에너지가 필요합니다.
서서히 밥의 형태가 되어가고 어른처럼 하루 3끼를 먹을 수 있어요.
엄마와 함께 식사를 하고 저녁은 온 가족이 모여 함께 식사를 하며,
올바른 식습관을 들이도록 노력하는 시기입니다.
숟가락도 익숙해져 제대로는 못하지만
자꾸만 숟가락을 쥐고 스스로 먹고 싶어 합니다.

### 소화와 해독 효과가 좋은
# 무밥 무른밥

무는 소화와 해독효과가 뛰어나 아이들 이유식에 넣어주면 좋아요. 값도 저렴하고 다양한 요리로 활용할 수 있기도 하지요.

**요리재료**

**1끼 분량**

**재료** | 밥(1/3공기, 아기 밥공기 기준), 다진 무(2), 삶아 으깬 밤(2), 물(2/3컵)

1. **무** : 무는 소화를 촉진시키고 독을 푸는 효과가 있으며, 오장을 이롭게 하고 몸을 가볍게 하면서 살결을 곱게 만듭니다. 무에는 비타민과 철분, 칼슘 등이 들어 있답니다. 무를 흔히 천연소화제라고들 하는데 그 이유는 무에는 디아스타제, 글리코타제, 갈락타제 등의 소화효소가 많이 들어있기 때문입니다.

2. **무 고르기** : 중간 크기로 모양이 길쭉하고 몸통이 고른 것으로 고르세요.

3. **무 손질하기** : 아이들 이유식에 사용할 때는 가운데 부분이나 윗 부분의 껍질을 벗겨 사용하세요.

4. **무 보관하기** : 무청이 달린 것은 무청을 잘라내고 신문지에 싸서 냉장고 야채 칸에 세워서 보관하세요.

## 1 밥 준비하기
밥을 지어 1/3공기를 준비합니다.

## 2 무 다지기
무는 0.5cm 정도로 잘게 썰어 놓습니다.

## 3 밤 으깨기
밤은 삶아서 으깨놓습니다.

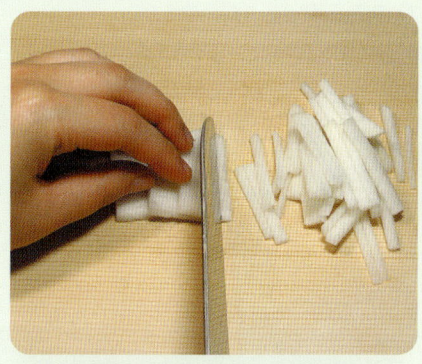

## 4 무 익히기
팬에 물(1/3컵)을 붓고 잘게 다져 놓은 무를 넣어 중간 불에서 무가 무르도록 1~2분 끓여주세요.

## 5 밥 섞기
4에 밥을 넣고 물(1/3컵)을 부어 저어주면서 끓입니다.

## 6 밤 섞기
밥을 넣고 끓이다가 물이 자작해지면 으깬 밤을 넣고 섞어줍니다.

### 무른 밥 만들기
무른 밥은 쌀 양의 1.5배의 물을 붓고 지은 밥을 말합니다. 예를 들어 쌀 1컵이면 물은 1+1/2컵을 붓고 지은거지요. 점점 물의 양을 줄여 완료기 때는 어른 밥과 비슷하게 먹을 수 있도록 조절해서 밥을 지어주세요.

발암물질을 제거하는 브로콜리 사촌
# 콜리플라워 야채진밥

콜리플라워는 브로콜리랑 비슷하게 생겼습니다. 가격은 브로콜리보다 약간 더 비싸지만 콜리플라워의 비타민 C는 열을 가해도 쉽게 파괴되지 않으므로 가열해서 먹어도 괜찮답니다.

**요리재료**

**1끼 분량**

**재료** | 밥(1/3공기, 아기 밥공기 기준), 다진 콜리플라워(2), 다진 당근(1), 다진 청경채(1), 물(2/3컵)

**재료 이야기**

1. **콜리플라워** : 콜리플라워 속에 풍부한 인돌성분이 발암물질을 무독화하고 위암을 예방하는 데 효과가 있습니다. 비타민 C가 많아 감기 예방에도 효과가 있지요.

2. **콜리플라워 손질하기** : 굵은 기둥은 일차적으로 떼어내고 살짝 데친 후 체에 밭쳐 식혀서 다시 잔가지들을 잘라 꽃 부분만 사용합니다.

3. **콜리플라워 보관하기** : 처음에 굵은 기둥만 잘라내고 데친 후 냉동보관하면 편해요. 데치지 않았다면 물기를 잘 닦아 야채칸에 보관하면 되지요.

1 밥 준비하기
밥을 지어 1/3공기를 준비합니다.

2 당근 다지기
당근은 0.5cm 정도로 잘게 다집니다.

3 청경채 다지기
청경채는 살짝 데쳐서 다져줍니다.

4 콜리플라워 데치기
콜리플라워는 꽃송이만 떼어내서 살짝 데쳐줍니다.

5 콜리플라워 다지기
콜리플라워를 체에 받쳐 물기를 빼서 식힌 후 다져줍니다.

6 당근 익히기
팬에 잘게 다진 당근을 넣어 물을 자작하게 붓고 익힙니다.

7 야채 익히기
당근이 살짝 익으면 준비한 청경채와 콜리플라워와 물(1/3컵)을 넣어 한 번 끓여주고,

8 밥 짓기
팔팔 끓으면 밥과 물(1/3컵)을 마저 붓고 저어주며 끓입니다.

면역력을 높여주는
# 팽이버섯 쇠고기 무른 밥

팽이버섯은 피부미용에도 효과가 있으니 이유식 하고 남은 팽이버섯은 엄마들이 많이 섭취하여 피부미인 되세요.
된장찌개에 넣어도 맛나고 팽이버섯전을 만들어 먹어도 별미랍니다.

1끼 분량

**재료** | 밥(1/3공기, 아기 밥공기 기준), 다진 애호박(2), 다진 팽이버섯(2), 다진 쇠고기(1), 쇠고기 육수(2/3컵)

1. **팽이버섯** : 각종 아미노산과 비타민이 많이 함유되어 있어 혈압을 조절하고 면역력을 높이며 암과 성인병 예방에 효과가 탁월합니다. 특히 팽이버섯을 자주 먹는 사람의 경우 식도암, 위암, 췌장암 발생률이 그렇지 않은 사람에 비해 반 이하나 낮은 것으로 밝혀졌답니다.

2. **팽이버섯 고르기** : 갓이 작고 줄기가 가지런한 것을 고르고 뿌리부분이 짙은 갈색인 것은 상한 것이므로 피합니다.

3. **팽이버섯 손질하기** : 흙이 묻어 있는 밑동을 칼로 잘라내고 체에 밭쳐서 물에 살짝 씻은 후 물기를 뺍니다.

4. **팽이버섯 보관하기** : 포장을 뜯지 말고 보관하며, 사용하고 남은 팽이버섯의 경우 물기를 없앤 다음 랩으로 싸서 냉장보관 합니다.

## 1 밥 준비하기
밥을 지어 1/3공기를 준비합니다.

## 2 쇠고기 다지기
쇠고기는 끓는 물에 삶아서 익힌 후 결대로 찢어 다져 놓습니다.

## 3 야채 다지기
애호박은 돌려깎아 0.5cm 정도로 다지고, 팽이버섯은 밑동을 잘라내고 0.5cm 정도로 잘게 다져줍니다.

## 4 야채 익히기
팬에 육수(1/3컵)를 붓고 준비한 애호박과 팽이버섯을 넣고 끓여 익힙니다.

## 5 밥 섞기
육수가 자작해지면 죽불로 줄여 밥과 육수(1/3컵)를 마지 넣고 끓입니다.

## 6 쇠고기 섞기
5에 다진 쇠고기를 넣고 제일 약한 불에서 저어주며 끓입니다.

혈관 속의 노폐물을 제거하는 빨간 양배추
# 적채 닭고기 진밥

요즘 색이 짙은 재료들이 건강에 좋다고 해서 인기가 좋잖아요. 빨간 고추, 녹색 피망, 노란 호박, 하얀 마늘처럼요. 예쁜 적채로도 이유식을 해주면 좋겠지요.

**요리재료**

**1끼 분량**

**재료** | 밥(1/3공기, 아기 밥공기 기준), 다진 브로콜리(2), 다진 적채(1), 다진 닭고기(2), 닭 육수(2/3컵), 올리브유(0.3)

**재료이야기**

1. **적채** : 적채는 수분이 91%로 붉은색이 진할수록 수분함량이 적습니다. 표피가 자색을 띄는 것은 안토시안계 색소 때문인데, 이 색소는 지방질을 잘 흡수하고 혈관 안의 노폐물을 용해, 배설시키는 성질이 있어서 피를 맑게 합니다.
2. **적채 손질하기** : 유기농식품이 아니라면 가장 바깥쪽 잎은 떼어내고 사용하는 게 좋아요. 잘게 썰어 푹 익혀주세요.
3. **적채 보관하기** : 밑동은 동그랗게 칼집을 내어서 도려내주세요. 도려낸 자리에 물을 적신 키친타월이나 신문지로 심을 채워놓고 보관하면 더욱 오래 먹을 수 있습니다.

1 밥 준비하기
밥을 지어 1/3공기를 준비합니다.

2 닭고기 다지기
닭고기는 끓는 물에 삶아 익힌 후 다져놓습니다.

3 브로콜리 다지기
브로콜리는 굵은 기둥은 잘라내고 살짝 데쳐서 식힌 후 꽃봉오리만 다집니다.

4 적채 다지기
적채는 겉잎 한 장은 떼어내고 다져놓습니다.

5 적채 볶기
달군 팬에 올리브유를 두르고 중간 불에서 다진 적채를 살짝 볶아주세요.

6 브로콜리 볶기
적채를 볶다가 다진 브로콜리를 넣고 함께 볶아줍니다.

7 닭고기 볶기
6에 다진 닭고기를 넣어 살짝 볶은 후,

8 밥 짓기
마지막에 밥을 넣고 육수를 부어 세일 약한 불에서 지어주며 끓입니다.

필수아미노산이 풍부한

# 김가루 쇠고기 무른 밥

몸에 좋은 김은 우리에겐 흔한 음식이지만 외국에서는 꽤 귀한 음식이라고 하더군요. 세계에서 김을 먹는 나라는 우리나라와 일본뿐인 사실을 아셨어요? '김'은 나무랄데 없이 영양소가 풍부해 아이들에게 필수예요.

**요리재료**

1끼 분량

**재료** | 밥(1/3공기, 아기 밥공기 기준), 김(1장), 다진 당근(1), 다진 쇠고기(2), 다진 양파(2), 쇠고기 육수(2/3컵)

### 재료 이야기

1. **김** : 김은 겨울철에 나는 것이 가장 좋고 단백질 함량도 많습니다. 김에 들어 있는 단백질은 소화 흡수가 무척 잘 되지요. 김 1장에 달걀 2개의 비타민 A가 들어있고 비타민 B1, B2, C 등 매우 다양하게 들어 있지요. 또 김은 10종의 아미노산 중에 메티오닌 등 8개의 필수 아미노산이 골고루 풍부하게 들어있고 많은 미네랄을 함유하고 있습니다.

2. **김 보관하기** : 먹다 남은 김은 밀폐용기에 담아 냉동보관하면 덜 눅눅하게 보관할 수 있어요.

1 밥 준비하기
밥을 지어 1/3공기를 준비합니다.

2 쇠고기 다지기
쇠고기는 끓는 물에 삶아 익힌 후 결대로 찢어서 다져 놓습니다.

3 양파 다지기
양파는 잘게 다져놓고,

4 당근 다지기
당근도 다져서 준비합니다.

5 김가루 준비하기
달군 팬에 김을 놓고 앞뒤로 살짝 구워서 잘게 부숴놓습니다.

6 야채 익히기
팬에 양파와 당근을 넣고 육수(1/3컵)를 부어 중간 불에서 익힙니다.

7 밥과 쇠고기 섞기
야채를 볶다가 밥과 다진 쇠고기를 넣고 육수(1/3컵)를 마저 부어 끓입니다.

8 김가루 섞기
마지막으로 김가루를 넣어 제일 약한 불에서 저어주며 끓입니다.

**Special tip**
김을 구울 때 기름을 사용하는데 아무리 신선한 기름을 사용했더라도 유통 중에 공기와 햇볕으로 산화가 되어 유해성분이 생기기 쉽거든요. 그래서 그냥 구운 김에 밥을 싸서 간장에 찍어 먹는 것이 가장 좋은 방법이라 할 수 있어요. 소금은 뿌리지 않는 것이 좋아요.

Part 1 | 단계별 이유식 - 후기 이유식  139

# 뇌를 활성화시키고 뼈를 튼튼하게 해주는
# 호두야채진밥

알레르기 때문에 견과류를 늦게 먹이라고들 하는데 이유인 즉, 알레르기를 유발하는 성분이 주로 껍질에 있거든요. 하지만 뜨거운 물에 불려서 껍질을 다 제거해주고 소량만 먹이는 건 괜찮답니다. 그래도 일단은 조금만 먹여보세요.

**요리재료**

**1끼 분량**

**재료** | 불린 쌀(3), 다진 호두(1), 다진 당근(1), 다진 애호박(2), 물(2/3컵), 올리브유(0.5)

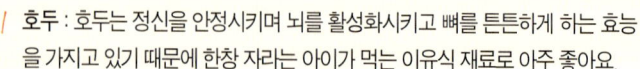

1. **호두** : 호두는 정신을 안정시키며 뇌를 활성화시키고 뼈를 튼튼하게 하는 효능을 가지고 있기 때문에 한창 자라는 아이가 먹는 이유식 재료로 아주 좋아요.

2. **호두 손질하기** : 돌까지는 호두를 뜨거운 물에 불려서 껍질을 벗긴 후 사용해주세요. 껍질 벗기는 게 좀 힘든데 이쑤시개를 이용해서 벗기면 훨씬 쉬워요.

3. **호두 보관하기** : 겉껍데기가 있다면 냉장보관하고, 깐 호두는 공기에 접촉되지 않게 밀폐용기에 보관하여 되도록 빨리 먹는 게 좋아요.

> 호두는 속껍질을 잘 벗겨야해요.
> 아기의 목에 걸릴 수가 있거든요.
> 호두 껍질은 이쑤시개를 이용하면 쉬워요.

**1 쌀 불리기**
쌀은 깨끗이 씻어 찬물에 1시간 정도 불린 후 체에 밭쳐놓습니다.

**2 호두 불리기**
호두는 뜨거운 물에 10분 정도 불려주세요.

**3 호두 껍질벗기기와 호두 갈기**
불린 호두는 껍질을 깨끗하게 벗겨 믹서에 살짝 갈아줍니다.

**4 당근 다지기**
당근은 살짝 데친 후 다져서 준비합니다.

**5 애호박 다지기**
애호박은 돌려깎기한 후 잘게 썰어놓고,

**6 야채 익히기**
다진 당근과 애호박을 올리브유를 넣어 중간 불에서 볶아줍니다.

**7 쌀 볶기**
야채를 볶다가 불린 쌀을 넣고 살짝 볶아줍니다.

**8 호두 섞어 진밥 짓기**
마지막에 물과 믹서에 간 호두를 넣고 뚜껑을 덮어, 약한 불에서 5분간 밥을 짓습니다.

설사에 좋은 예쁜 초록 콩
# 완두 대구살 진밥

완두는 몸에 좋은 식물성 단백질과 비타민이 풍부하지요. 하지만 생각보다 단단하니 아기에게 줄 때는 푹 익혀서 주세요.

요리재료

**1끼 분량**

**재료** | 불린 쌀(3), 완두(1), 대구살(2), 다진 표고버섯(1), 물(2/3컵), 올리브유(0.5)

재료 이야기

1. **완두** : 강낭콩보다 단백질이 많고 비타민 A가 풍부하며 장질환의 원인인 심한 설사, 장점막 흡수 불량에 의한 붉은 변 등에 효과가 있습니다. 어린이의 습관성 설사나 노인들의 설사에도 장의 소화 유도 작용을 촉진해서 변을 굳게 해줍니다.

2. **완두 손질하기** : 중기 때는 푹 익히기만 한다면 이 정도는 으깰 수 있지만 초기에 사용할거라면 충분히 익힌 후 으깨서 체에 걸러 사용해줍니다.

3. **완두 보관하기** : 오래 보관하려면 끓는 물에 익혀서 냉동보관 해주세요.

**1 쌀 불리기** 쌀은 깨끗이 씻어 찬물에 1시간 정도 불려서 체에 받쳐놓습니다.

**2 완두 데치기** 완두는 끓는 물에 데쳐서 체에 받쳐 식혀놓아요.

**3 대구살 바르기** 대구살은 끓는 물에 삶은 후 익혀서 살만 발라놓습니다.

**4 표고버섯 다지기** 표고버섯은 기둥을 떼어내어 다져놓고,

> 마른 표고버섯을 사용할 때는 물에 불려서 사용하세요.

**5 표고버섯 볶기** 달군 팬에 올리브유를 두르고 다져놓은 표고버섯을 볶아주세요.

**6 쌀 볶기** 표고버섯을 볶다가 불린 쌀을 넣고 볶습니다.

**7 완두 넣어 밥 짓기** 버섯과 쌀을 볶다가 완두와 물을 붓고 뚜껑을 덮어 약한 불에서 5분간 밥을 지어요.

**8 대구살 섞기** 쌀이 어느 정도 익으면 발라놓은 대구살을 넣고 1~2분 정도 저어주며 끓입니다.

# DHA가 풍부한
# 참치살 진밥

머리의 기능을 좋게 하는 DHA를 효율적으로 직접 섭취할 수 있는 것은 생선류 뿐인데, 그중에서도 참치가 으뜸이에요. 틈날때 마다 자주 먹여주세요.

**요리재료**

**1끼 분량**

**재료** : 불린 쌀(3), 참치살(2), 다진 고구마(2), 다진 당근(1), 물(2/3 컵), 올리브유(0.5)

1. **참치 손질하기** : 냉동 참치를 구입했다면 소금물에 담가 해동하세요. 그러면 참치 육즙이 덜 빠져나갑니다. 참치가 반쯤 해동되면 키친타월로 물기를 제거한 후 냉장실에서 마저 해동시키면 됩니다. 썰 때는 완전히 해동한 것보다 약간 덜 해동한 것이 반듯하게 잘 썰리지요.

2. **참치 보관하기** : 냉동 참치는 한번 요리에 쓸 양만큼씩 잘라 용기에 담아 냉동보관하세요. 그러면 해동 후 자르지 않고 바로 사용할 수 있지요.

> 참치를 부드럽고 맛있게 조리하려면
> 올리브유를 살짝 뿌려주면 좋아요.
> 만약 통조림용 참치를 쓴다면 체에 밭쳐 기름을
> 어느 정도 제거해 준 후 사용하세요.

### 1 쌀 불리기
쌀은 깨끗이 씻어 찬물에 1시간 정도 불려서 체에 밭쳐놓습니다.

### 2 고구마 다지기
고구마는 0.5cm 정도로 잘게 썰어 물에 10분간 담가 놓습니다.

### 3 참치 다지기
참치도 0.5cm 정도로 썰어놓아요.

### 4 당근 다지기
당근은 살짝 데쳐서 0.5cm 정도로 잘게 썰어 준비하고,

### 5 참치 볶기
달군 팬에 올리브유를 두르고 씻어놓은 참치를 볶아주세요.

### 6 야채 볶기
참치가 익으면 다진 고구마와 당근을 넣고 볶아줍니다.

### 7 쌀 볶기
야채가 어느 정도 익으면 불린 쌀을 넣고 살짝 볶다가,

### 8 밥 짓기
분량의 물을 붓고 뚜껑을 덮어 약한 불에서 5분간 밥을 짓습니다.

**Special tip**

**참치**
참치는 비타민, 미네랄 성분을 포함하고 있어 성인이나 어린이나 할 것 없이 즐겨 찾는 식품입니다. 철분, 비타민 B12이 풍부하여 빈혈을 예방하기도 합니다. 유아기에서 초등학교 사이는 뇌세포가 점점 성장되어 실제로 3배 이상으로 성장하게 되는데 이때 참치 속에 DHA는 매우 중요합니다. 뇌를 활성화시켜 그 능력을 끌어내는 역할도 해줍니다.

## 종합 비타민을 한꺼번에
# 야채볶음 진밥

이제 기름으로 야채들을 볶아서 밥을 해줄 수 있습니다. 일반 식용유보다 올리브유를 사용하면 아기 건강에 더 좋겠죠? 이 기회에 엄마와 아빠도 올리브유를 사용해서 함께 온 가족이 건강을 챙겨보세요.

### 요리재료

**1끼 분량**

재료 | 불린 쌀(3), 다진 양파(2), 다진 감자(2), 다진 당근(1), 다진 표고버섯(1), 물(2/3컵), 올리브유(0.5)

### 재료 이야기

1. **올리브유** : 올리브유에는 콜레스테롤이 전혀 없습니다. 대두유나 옥수수유의 경우 유전자 조작 식용유의 가능성이 있는데, 올리브유는 100% 안전한 천연 식품입니다. 또 단순 불포화지방산과 항산화물질 등을 다량 함유하고 있어 성인병 예방과 피부미용 관리에 아주 탁월한 효과가 있습니다.

2. **올리브유 보관하기** : 열과 빛은 올리브유의 가장 큰 위협입니다. 올리브유는 주변 환경의 다른 냄새의 맛을 쉽게 흡수하고 산화되기 때문에 뚜껑을 꼭 잠그고 난로나 열기구가 가까운 곳을 피해 시원하고 그늘진 곳에 보관하세요.

> 전분을 제거하기 위해 물에 담가둡니다.

**1 쌀 불리기**
쌀은 깨끗이 씻어 찬물에 1시간 정도 불린 후 체에 받쳐놓습니다.

**2 감자 다지기**
감자는 0.5cm 정도로 잘게 썰어 물에 10분간 담가놓습니다.

**3 표고버섯 다지기**
표고버섯은 기둥을 떼어내고 잘게 썰어 준비합니다.

**4 당근 다지기**
당근은 살짝 데쳐서 0.5cm 정도로 다지고,

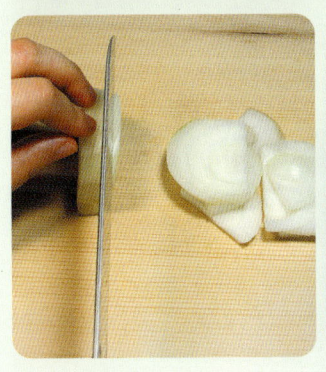   

**5 양파 다지기**
양파도 잘게 다져놓습니다.

**6 감자와 당근 볶기**
달군 팬에 올리브유를 두르고 다진 감자와 당근을 넣고 볶아줍니다.

**7 표고버섯과 양파 볶기**
당근과 감자를 볶다가 표고버섯과 양파를 넣고 볶아주세요.

**8 밥 짓기**
불린 쌀을 넣고 뚜껑을 덮어 약한 불에서 5분간 살짝 볶으면 됩니다.

> 열을 가하는 요리에는 큰 용량의 퓨어 올리브유를 쓰는 것이 좋습니다. 왜냐하면 열은 엑스트라 버진과 같은 비싼 프리미엄 올리브유의 정교한 맛을 앗아가기 때문입니다. 가장 좋은 고급 올리브유는 열로부터 음식을 꺼낸 후 마지막 단계에 마무리용으로 쓰거나 샐러드처럼 가열하지 않는 음식에 사용하세요.

## 매일매일 칼슘이 풍부한
# 치즈 야채 진밥

치즈를 방금 완성된 밥위에 올려 보세요. 뜨거울 때 올려서 치즈가 녹으면 비벼 먹이세요. 잘게 썰어서 먹여도 괜찮아요. 치즈가 짭짤해서 그런지 아기가 무척 잘 먹어요.

### 요리재료
**1끼 분량**

**재료** | 불린 쌀(3), 치즈(1/2장), 다진 감자(1), 다진 당근(1), 완두콩(1), 물(2/3컵), 올리브유(0.5)

### 재료이야기

1. **치즈** : 우유가 가지고 있는 모든 영양소가 농축된 상태로 있어 소량만 섭취해도 됩니다. 유제품인 치즈는 특히 칼슘이 풍부한 것이 특징인데 우유에 들어있을 때보다 흡수가 더 잘 됩니다.
2. **치즈 고르기** : 요즘은 유기농 유아용 치즈가 시중에 나와 있으니 선택의 폭이 넓어졌지요.
3. **치즈 보관하기** : 치즈는 꼭 냉장보관 해주세요.

## 1 쌀 불리기
쌀은 깨끗이 씻어 찬물에 1시간 정도 불린 후 체에 밭쳐놓습니다.

## 2 감자 다지기
감자는 0.5cm 정도로 다져 물에 10분간 담가 놓은 후 체에 밭쳐 물기를 빼서 다집니다.

## 3 완두콩과 당근 준비하기
완두콩은 끓는 물에 데쳐서 체에 밭쳐 식힙니다. 당근은 살짝 데쳐서 0.5cm 정도로 다져놓고,

## 4 야채 볶기
달군 팬에 올리브유를 두르고 다진 감자와 당근을 넣고 볶아줍니다.

## 5 쌀 볶기
야채를 볶다가 어느 정도 익으면 불린 쌀을 넣고 볶습니다.

## 6 밥 짓기
마지막에 완두콩과 물을 붓고 밥을 지어요.

칼슘도 왕, DHA도 왕
# 지리멸치김무른밥

칼슘의 보고 멸치! 자라나는 아기에게 더 없이 필요한 식품이겠죠? DHA가 풍부하여 두뇌에도 좋으니 일석이조네요.

**요리재료**

**1끼 분량**

**재료** | 밥(1/3공기, 아기 밥공기 기준), 김(1장), 다진 단호박(2), 지리 멸치(1), 물(2/3컵), 올리브유(0.5)

**재료 이야기**

1. **멸치** : 단백질, 칼슘, 철분, 인, 비타민 B, 니아신, 고도불포화 지방산(EPA, DHA), 타우린이 들어 있는 멸치는 성장기 아기뿐 아니라 어른들에게도 좋은 식품입니다.
2. **멸치 손질하기** : 멸치는 아기들이 먹기에 너무 짜기 때문에 뜨거운 물을 부어 짠 맛을 제거해준 후 사용하는 게 좋아요. 중기 막바지쯤에 잘 씹는 아이들은 괜찮지만 아직 씹기가 미숙한 아기들은 갈아서 넣어주세요.
3. **멸치 보관하기** : 랩이나 비닐 팩에 싸서 냉동보관하세요.

> 한 장씩 구울 때는 김의 거친면만 한번 굽고, 두 장씩 포개어 구울 때는 매끈한 면이 서로 포개지도록 하여 거친 면을 구우면 김의 제 맛을 즐길 수 있습니다.

### 1 밥과 지리멸치 준비하기
밥을 지어 1/3공기를 준비합니다. 지리멸치는 뜨거운 물을 부어 짠 맛을 없애줍니다.

### 2 단호박 다지기
단호박은 0.5cm 정도로 다져놓습니다.

### 3 김 준비하기
달군 팬에 김을 놓고 앞뒤로 살짝 구워서 잘게 부숴주세요.

### 4 단호박 볶기
달군 팬에 올리브유를 두르고 다진 단호박을 볶아줍니다.

### 5 밥 짓기
단호박이 익으면 밥과 준비한 지리멸치를 넣고 물을 부어 밥을 짓습니다.

### 6 김가루 섞기
무른 밥이 완성되면 김가루를 넣고 1분 정도 저어주며 끓입니다.

탄수화물 대사를 순조롭게 하는
# 강낭콩 고구마 진밥

강낭콩에는 특히 비타민 B, B2, B6가 많아 쌀밥을 주식으로 하고 있는 한국인에게는 탄수화물 대사를 순조롭게 해 주는 식품으로 아주 좋답니다. 특히 아이들 대사를 위해서는 더욱 필요합니다.

**요리재료**

**1끼 분량**

**재료** | 불린 쌀(3), 강낭콩(1), 다진 고구마(2), 다진 느타리버섯(1), 물(2/3컵)

**재료 이야기**

1. **강낭콩** : 탄수화물 함량이 많아 맛이 부드러워 과자나 떡에 응용해 먹기도 하지요. 5~6월이 제철로 제철이 아닐 때는 마른 것을 구입해 하루 정도 불린 후 밥에 넣어 먹으면 됩니다. 또 샐러드용으로 먹으면 맛이 좋습니다.

2. **강낭콩 손질하기** : 하루 저녁 불렸다가 냄비에 물을 자작하게 붓고 10분 정도 삶아주세요. 삶은 콩은 찬물에 헹궈 체에 밭쳐 물기를 빼고 껍질을 벗겨줍니다.

3. **강낭콩 보관하기** : 오랜 기간동안 보관할 거라면 끓는 물에 익혀서 냉동보관 해주세요.

1 쌀 불리기
쌀은 깨끗이 씻어 찬물에 1시간 정도 불려서 체에 밭쳐놓습니다.

2 강낭콩 준비하기
강낭콩은 끓는 물에 데쳐서 찬물에 헹군 후 체에 밭쳐 식으면 껍질을 벗겨주세요.

3 고구마 다지기
고구마는 0.5cm 정도로 다져놓아요.

4 느타리버섯 다지기
느타리버섯도 살짝 데쳐서 잘게 썰어서 준비합니다.

5 재료 섞기
쌀, 강낭콩, 고구마, 느타리를 모두 팬에 넣고,

6 밥 짓기
분량의 물을 부어 뚜껑을 덮고 약한 불에서 5분간 진밥을 지어주세요.

허약체질 개선에 좋은 고소한
# 참깨 청경채 무른 밥

고소한 맛과 향이 참 좋아요. 참깨가 청경채에 부족한 단백질, 지방, 칼슘, 비타민 B 등을 자연스럽게 공급할 수 있어서 함께 먹으면 상승작용이 생겨서 좋습니다.

### 요리재료

**1끼 분량**

**재료** | 밥(1/3공기, 아기 밥공기 기준), 새우가루(1), 참깨가루(1), 다진 청경채(1), 물(2/3컵)

### 재료 이야기

1. **참깨** : 참깨에는 50% 내외의 기름과 22% 내외의 단백질, 탄수화물, 비타민, 칼슘과 인 등의 중요한 영양분을 많이 지니고 있으며 허약체질 개선에 좋습니다. 또한 참깨는 비타민 E와 리놀산을 많이 함유하고 있기 때문에 동맥경화와 고혈압 예방에 좋습니다.

2. **참깨 보관하기** : 비닐 팩에 싸서 냉동보관하세요.

1 밥 준비하기
밥을 지어 1/3공기를 준비합니다.

2 참깨 볶기와 갈기
참깨는 달군 팬에 살짝 볶아서 분쇄기에 갈아주세요.

3 마른 새우 갈기
마른 새우도 분쇄기에 갈아 가루로 준비합니다.

4 청경채 다지기
청경채는 살짝 데쳐서 다져놓고,

5 무른 밥 만들기
밥과 청경채를 넣고 물을 부어 무른 밥을 만듭니다.

6 가루 넣기
무른 밥이 완성되면 갈아 놓은 참깨와 새우가루를 넣고 1~2분 정도 저어주며 끓입니다.

# 신진대사를 증진시키는
## 미역 두부 무른밥

미역은 탄수화물과 단백질이 풍부하여 아이의 뇌발달에 꼭 필요하지요. 어른과 아이 모두에게 좋아요.
특히 두부와 함께 먹으면 궁합이 아주 잘 맞는 영양식이에요. 미역은 자궁암 예방에 좋으니 엄마도 많이 드세요.

**요리재료**

1끼 분량

**재료** | 밥(1/3공기, 아기 밥공기 기준), 으깬 두부(3), 다진 미역(2), 다진 당근(1), 물(2/3컵), 올리브유(0.5)

1. **미역** : 칼슘 함량이 분유와 맞먹을 정도로 많아요. 칼슘은 골격, 치아 형성, 산후 자궁수축과 지혈 작용을 하고 요오드는 갑상선 호르몬의 구성 성분으로 심장, 혈관 활동, 체온과 땀 조절, 신진대사를 증진시킵니다. 강알칼리성 식품으로 고기, 생선, 달걀 등의 산성 식품을 중화시킬 때 가장 효과적입니다.

2. **미역 손질하기** : 마른 미역을 물에 불리면 10배쯤 양이 늘어나니 조절을 잘 하세요. 불린 후 너무 굵은 줄기는 잘라내 주세요.

3. **미역 보관하기** : 일반적으로 미역은 직사광선을 피하고 습기가 없는 건조하고 냉한 곳에 보관하는 것이 좋아요. 미역이나 다시마를 습기 찬 곳에 보관하게 되면 곰팡이가 생기게 되는데, 이때는 진한 소금물에 담가서 곰팡이를 깨끗이 씻어낸 뒤에 다시 그늘에 바삭바삭할 때까지 말려서 사용하세요.

1  밥 준비하기
밥을 지어 1/3공기를 준비합니다.

2  미역 다지기
미역은 물에 불려 여러번 주물러 헹군 후 다져줍니다.

> 미역은 가위로 잘라주면 편해요.

3  두부와 당근 준비하기
두부는 살짝 데쳐서 칼등으로 으깨줍니다. 당근은 살짝 데쳐서 다져놓습니다.

4  당근 볶기
달군 팬에 올리브유를 두르고 잘게 다진 당근을 볶아주세요.

5  미역 볶기
당근이 익으면 다져놓은 미역을 넣고 볶다가,

6  무른밥 짓기
5에 밥과 두부를 넣고 물을 부어 무른 밥을 지어줍니다.

### Special tip — 미역과 두부는 찰떡궁합?

두부를 만들 때 거품이 많이 나는 것은 콩이 가지고 있는 사포닌 때문이에요. 콩의 사포닌은 이로운 점도 있으나 지나치게 섭취하면 몸 안의 요오드가 많이 빠져 나갑니다. 요오드는 갑상선을 구성하는 중요한 성분이기도 합니다. 콩이 영양 식품인 것만은 틀림없는 사실이나 콩 제품을 먹을 때에는 요오드 부족을 보충하는 식품과 함께 곁들이면 좋아요. 요오드를 가장 풍부하게 가지고 있는 미역, 김과 같은 해조류를 함께 드세요.

비타민의 보고
# 비타민 닭살 진밥

비타민은 이름 그대로 각종 비타민이 풍부합니다. 카로틴이 시금치의 2배나 들어 있답니다.
그 밖에도 철분과 칼슘은 물론 각종 영양소가 풍부하답니다.

**요리재료**

1끼 분량

**재료** | 밥(1/3공기, 아기 밥공기 기준), 다진 콜리플라워(2), 다진 비타민(1), 다진 닭고기(1), 물(2/3컵), 올리브유(0.5)

재료이야기

1. **비타민** : 비타민은 샐러드나 생채, 쌈 등에 자주 사용되지요. 쌈 코너에 가면 구입할 수 있어요. 카로틴(우리 몸에서 비타민 A로 전환되는 영양소)은 시금치의 2배이며 각종 철분과 칼슘, 비타민 B가 많습니다. 흔히 다채 또는 비타민채라 부르기도 하지요.
2. **비타민 손질하기** : 밑동을 잘라 흐르는 물에 깨끗하게 씻어 살짝 데친 후 곱게 다져서 사용합니다.
3. **비타민 보관하기** : 데친 비타민은 물기를 꼭 짜서 제거한 후 1회분씩 냉동보관하면 됩니다. 생 비타민은 신문지에 싸서 냉장고 야채칸에 보관하세요.

## 1 밥과 비타민 준비하기
밥을 지어 1/3공기를 준비합니다. 비타민은 살짝 데쳐서 다져놓아요.

## 2 닭고기 다지기
닭고기는 지방이 적고 담백한 가슴살이나 안심을 준비해서 잘게 다집니다.

## 3 콜리플라워 다지기
콜리플라워는 꽃송이만 떼어내서 살짝 데쳐준 후 잘게 다집니다.

## 4 닭고기 볶기
달군 팬에 올리브유를 두르고 준비된 닭고기를 볶아주세요.

## 5 야채 볶기
닭이 익으면 콜리플라워와 비타민을 넣고 볶다가,

## 6 진밥 짓기
분량의 밥과 물을 넣고 진밥을 지어줍니다.

**PART 1** 단계별
이유식&유아식

# 생후 12~15개월 완료기 이유식

드디어 돌이 되었어요. 이제 밥도 많이 먹게 되고, 음식에 간을 해 줘도 괜찮아요.
하지만 돌이 되었다고 해서 갑자기 간을 많이 하거나 마음을 놓아서는 안 됩니다.
유아식으로 가기까지 준비기로 보고 더 신경을 써야 해요.

두뇌 발달에 좋은

# 달걀찜 비빔밥

반찬이 없을 때 너무나 간편하게 할 수 있는 요리에요. 달걀과 야채 몇 가지만 있으면 금세 만들어 밥에 쓱쓱 비벼 먹일 수 있거든요. 달걀에 든 성분이 두뇌발달에 좋은 건 다 아시죠?

**요리재료**

1인분

**재료** | 달걀(1개), 옥수수콘(1), 새우살(1), 다진 애호박(1), 다진 당근(1), 우유(달걀과 같은 양), 새우젓(0.5)

### 달걀흰자

흰자는 노른자 보다 알레르기를 일으키기 쉽기 때문에 돌 이후에 먹입니다. 달걀 흰자는 달걀 전체의 단백질, 니아신, 리보플라빈, 염소, 마그네슘, 칼륨, 나트륨, 황의 절반 이상을 가지고 있습니다.

> 달걀을 체에 거르면 알끈도 제거되고 쉽게 풀 수 있어요.

1 **달걀 준비하기**
달걀은 체에 걸러줍니다.

> 뜨거운 물을 부으면 유해물질을 줄일 수 있거든요. 옥수수콘 대신 옥수수를 직접 삶아 사용하면 더 좋아요.

2 **옥수수콘 준비하기**
옥수수콘은 체에 밭쳐 뜨거운 물을 부어 준비하세요.

3 **재료 다지기**
새우살, 애호박, 당근은 잘게 다져줍니다.

4 **재료 섞기**
모든 재료를 섞고 우유를 부어줍니다.

> 우유를 부을 때 달걀껍질을 이용하면 달걀과 같은 양의 우유를 부을 수 있어요.

5 **새우젓으로 간하기**
한데 섞은 재료에 새우젓으로 간을 하고,

6 **찌기**
찜통에서 찝니다.

> 비벼 주는 것도 좋지만 밥을 같이 넣어 찜을 해도 좋아요. 재료와 함께 밥을 넣어서 전자레인지 달걀찜 기능으로 돌려도 맛이 그럴 듯해요.

비타민 A, C, 철분을 한꺼번에
# 모양볶음밥

아기들이 좋아하도록 재미난 모양으로 볶음밥을 만들어보세요. 손으로 집어먹을 수 있게 작게 해줘도 좋아해요.
아기들에겐 음식도 재미난 놀이의 하나랍니다. 먹는 즐거움을 배우게 해 주세요.

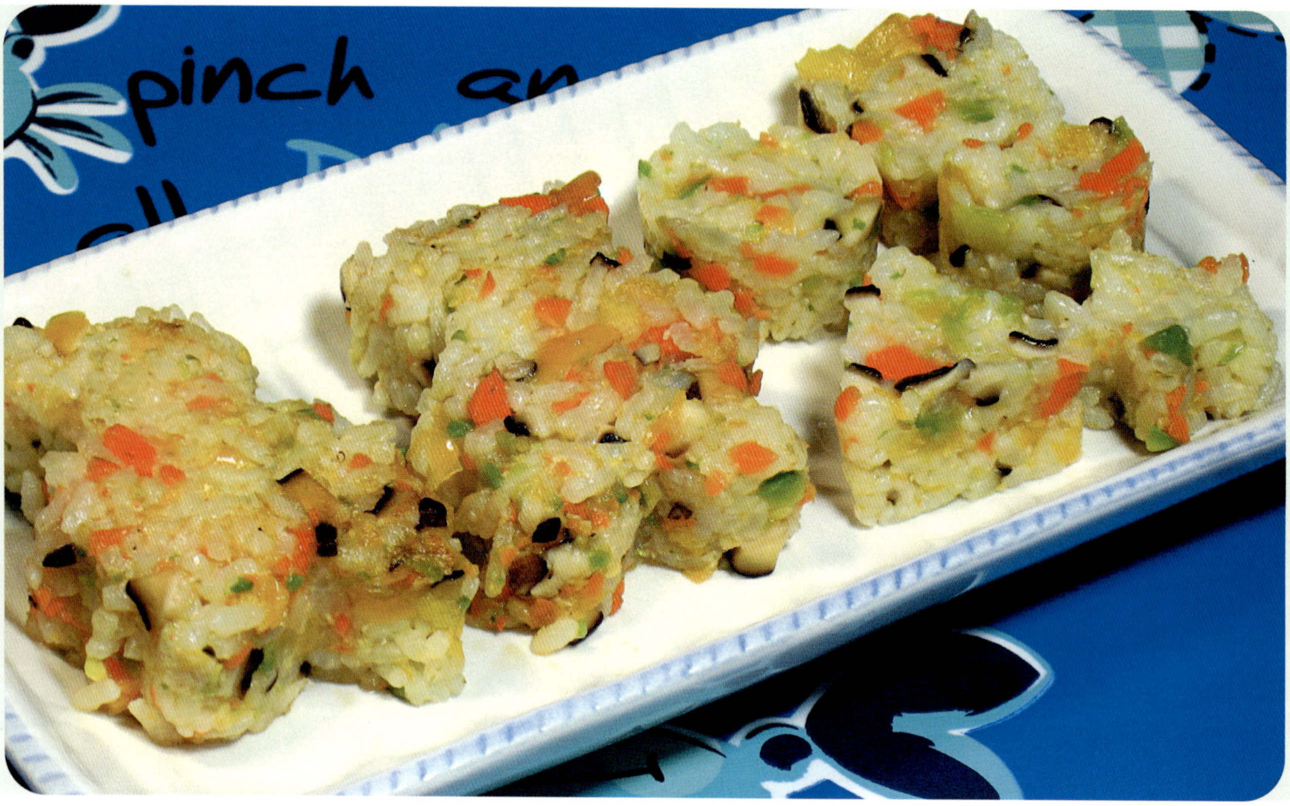

**1인분**

**재료** | 밥(3/4공기), 다진 표고버섯(1),
다진 파프리카(1), 다진 애호박(1), 다진
당근(1), 올리브유(1), 참기름(0.5)

1. **파프리카** : 파프리카는 피망과 같은 고추 종류인데 피망은 약간 매운 맛이 있지만 파프리카는 단 맛이 더 강합니다. 피망은 녹색과 빨간색 밖에 없지만, 파프리카는 이들 색 이외에 노란색, 주황색 등 다양하고 화려한 색깔이 있어 갖은 요리에 잘 어울립니다. 특히 적색 파프리카는 일반 피망보다 1.5배 이상의 영양가치가 있습니다.

2. **파프리카 손질하기** : 꼭지를 칼로 도려내고 속 씨를 제거해준 후 사용합니다.

3. **파프리카 보관하기** : 냉장보관을 하지 않아도 되지만 씨를 제거해준 상태라면 비닐 팩이나 밀폐용기에 담아 야채칸에 보관하세요.

> 속 씨의 하얀 부분을 제거하지 않으면 떫은 맛이 나요.

## 1 파프리카다지기
파프리카는 속 씨를 칼로 잘라내서 다지고,

## 2 갖은 야채다지기
표고버섯, 당근, 애호박도 다져줍니다.

> 파프리카의 비타민 A의 영양흡수를 위해 볶아 먹는 것이 좋아요.

## 3 야채볶기
달군 팬에 올리브유를 두르고 먼저 당근과 파프리카를 볶다가,

## 4 야채와 밥 볶기
표고버섯과 애호박을 넣어 마저 볶아줍니다. 야채들이 익으면 밥을 넣고 볶아줍니다.

## 5 모양 만들기
밥이 익으면 모양틀에 넣고 꼭꼭 눌러서 모양을 잡아주세요.

## 6 참기름에 구워주기
틀에서 밥을 뺀 후 참기름을 두른 팬에 앞뒤로 노릇노릇하게 구워주면 완성이에요.

> 틀에 밥을 작은 수저로 꼭꼭 눌러서 담아주고 뺄 때는 손가락으로 밥을 살짝 밀어주면 잘 빠져요. 만약 틀이 없다면 원모양, 삼각형, 사각형 등 손으로 만들어서 해줘도 좋아요.

면역력 증강을 위한

# 버섯 잡채밥

잡채는 번거로워 잘 안 만들게 되죠. 물론 정석대로 하면 시간도 오래 걸리고 번거롭지만 아기 키우는 엄마가 어디 그리 시간이 많은가요? 간편하게 만들어서 영양소 섭취만 제대로 하면 되겠죠. 집에 있는 버섯과 야채를 총집합시켜서 맛난 버섯 잡채밥을 만들어 주세요.

### 요리재료

**1인분**

**재료** | 밥(1/2공기), 당면(1줌), 채 썬 피망(1), 채 썬 당근(1), 채 썬 양파(1), 잘게 썬 팽이버섯(1), 잘게 썬 표고버섯(1), 잘게 썬 느타리버섯(1), 올리브유 약간

**잡채 양념1** | 간장(0.5), 설탕(0.3), 참기름(0.3)

**잡채 양념2** | 간장(0.5), 맛술(0.5), 참기름(0.3), 깨소금 약간

### 재료이야기

1. **피망** : 비타민 A, C가 풍부하고 그 외에도 비타민 B1, B2, D, P와 식물성 섬유, 철분, 칼슘도 풍부합니다. 특히 비타민 A와 C가 세포의 작용을 활성화하여 신진대사를 활발하게 하고 몸 안을 깨끗하게 해준답니다.
2. **피망 손질하기** : 꼭지를 칼로 도려내고 속 씨를 제거해준 후 사용합니다.
3. **피망 보관하기** : 냉장보관을 하지 않아도 되지만 씨를 제거해준 상태라면 비닐 팩이나 밀폐용기에 담아 야채칸에 보관하세요.

## 1 당면 삶기
당면은 물에 1시간 정도 불려서 2분 정도 삶아 찬물에 헹군 후 체에 밭쳐 물기를 뺍니다.

## 2 당면 볶기
달군 팬에 올리브유를 두르고 양념1과 물기가 빠진 당면을 넣어 볶아주세요. 이렇게 해두면 면끼리 잘 달라붙지 않고 덜 붇어요.

## 3 야채 준비하기
야채들을 채 썰어 준비합니다. 느타리는 살짝 데쳐서 썰어주고 표고, 팽이도 적당하게 썰어주세요.

## 4 야채 볶기
당근 → 양파 → 피망 순으로 넣어서 볶아주세요.

## 5 버섯 볶기
야채가 어느 정도 익으면 표고 → 느타리 → 팽이 순으로 볶아주세요.

## 6 무치기
준비한 모든 재료를 한데 넣고 양념2를 넣어 무쳐줍니다.

**Special tip**
당면은 물에 불렸다가 삶아야 더 쫄깃쫄깃해집니다. 만약 불리는 것이 시간이 걸리고 귀찮다면 7~8분 정도 푹 삶아 줘야 해요. 또 당면이 잘 붇거나 서로 달라붙지 말라고 한번 볶아주는데 이 과정을 생략하려면 당면 삶을 때 간장이랑 설탕을 넣고 삶은 후 참기름에 무쳐주세요.

## 단백질이 많고 필수아미노산이 듬뿍
# 꽃게살 볶음밥

어릴 적 꽃게탕을 먹을 때 늘 엄마가 살을 발라주시던 게 생각이 나네요. 그때는 엄마가 살을 발라서 주는 것이 당연하게 느껴졌었는데 지금 엄마가 되고 보니 이제야 그 마음을 조금은 알 것 같아요.

**1인분**

**재료** | 밥(3/4공기), 달걀(1개), 꽃게살(2), 다진 당근(1), 다진 애호박(1), 참기름(0.3), 올리브유 약간

1. **꽃게** : 꽃게는 육질이 풍부하며 단백질, 칼슘, 인, 비타민, 미네랄 등을 많이 함유한 식품으로 뼈를 튼튼하게 하고 노화를 방지한답니다. 게에 함유된 키토산 성분은 지방 흡착과 이뇨작용에 효능이 뛰어난 것으로 알려져 있습니다. 특히 키토산이 일종의 동물성 섬유소이기 때문에 변비치료에도 효과가 있어요.
2. **꽃게 고르기** : 게의 산란기인 4~6월은 피하세요! 산란기의 게는 많은 영양분을 알에게 보내므로 영양과 맛이 떨어지거든요. 그래서 암게는 산란기 직전인 3~4월 초에 맛이 좋아요.
3. **꽃게 손질하기** : 물에 넣고 솔로 문질러 가며 깨끗이 씻어 물기를 빼고 물기가 빠지면 배를 반으로 갈라서 찜니다. 미리 배를 갈라 놓으면 살 바를 때 편해요. 게의 발끝은 살이 없으므로 가위로 끝을 잘라주세요.
4. **꽃게 보관하기** : 바로 먹을 게 아니라면 냉동보관 해주세요. 한번 해동한 것은 다시 냉동하지 않도록 해주세요.

## 1 꽃게살 바르기
꽃게는 찜통에 찐 후 살만 발라서 준비해 주세요. 대형마트에 게살만 발라놓은 제품도 팔아요.

## 2 야채 다지기
달걀은 알끈을 제거하여 풀어놓고 당근과 애호박은 잘게 썰어 준비합니다.

## 3 야채 볶기
달군 팬에 올리브유를 두르고 당근 → 애호박 순으로 볶아줍니다.

## 4 달걀 섞기
야채를 볶다가 달걀 푼 것을 넣고 젓가락으로 휘저어주세요.

## 5 밥 볶기
달걀이 어느 정도 익으면 밥을 넣어 한 번 더 볶아주고,

## 6 꽃게살 볶기
꽃게살을 넣고 볶다가 참기름으로 마무리해주세요.

**Special tip**
꽃게를 만지고 나면 손에서 비린내가 좀 나죠. 이럴 때는 레몬즙을 물에 타서 씻으면 도움이 되요. 레몬즙이 없다면 식초를 물에 타서 씻은 후 다시 비누로 씻어주면 됩니다.

바다의 단백질

# 오징어 야채 볶음밥

단백질이 풍부한 산성식품인 오징어는 알칼리성인 야채들과 함께 조리하면 더욱 좋아요.
달콤한 단호박과 함께 쫀득쫀득한 오징어 밥을 만들어 보아요.

**요리재료**

**1인분**

**재료** | 밥(3/4공기), 물오징어(2), 다진 단호박(1), 다진 피망(1), 다진 양파(1), 올리브유 약간, 참기름(0.3)

재료이야기

1. **물오징어** : 단백질을 약 20% 함유하고 있어 쇠고기와 비슷하고 칼슘은 쇠고기의 1.5배나 많습니다.
2. **물오징어 고르기** : 몸에 탄력이 있고 상처가 없는 것으로 고르세요.
3. **물오징어 손질하기** : 다리를 잡아당겨 내장을 빼고, 다리에 딸려 나온 내장과 눈은 제거해주세요. 이유식용은 몸통만 사용합니다. 몸통은 껍질을 벗기고 배를 갈라 가운데 붙어 있는 연골을 잡아당겨 버리고, 흐르는 물에 깨끗하게 씻어주세요. 다리는 모아서 튀김을 하던지 아니면 잘게 다져 갖은 야채와 전분, 달걀을 풀어 완자를 만든 후 바삭하게 튀겨도 좋아요.
4. **물오징어 보관하기** : 바로 먹을 게 아니라면 손질한 후 물에 살짝 데쳐서 키친타월로 물기를 제거하고 랩으로 싸서 냉동보관 해주세요.

**1** 물오징어 다지기
물오징어는 껍질을 벗긴 후 다져 주세요.

**2** 야채 다지기
단호박, 피망, 양파도 다져서 준비합니다.

**3** 오징어와 단호박 볶기
달군 팬에 올리브유를 두르고 물오징어와 단호박을 넣어 볶아주고,

**Special tip**
물오징어 껍질 쉽게 벗기는 3가지 방법
1 양파 망을 손에 끼워서 벗기기
2 굵은 소금으로 문지른 후 벗기기
3 마른 면 행주로 밀면서 벗기기

**4** 야채 볶기
단호박이 어느 정도 익으면 피망과 양파도 넣어 볶아주세요.

**5** 밥 볶기
마지막에 밥을 넣고 한 번 더 볶아주고 참기름으로 마무리해주세요.

비타민 C가 풍부한

# 콩나물 버섯 덮밥

엄마와 아빠도 함께 만들어 드세요. 어른용 요리는 간을 더하고 재료들을 길게 채 썰어서 조리하세요. 김치 하나만 있어도 맛나다니까요.

**요리재료**

**1인분**

**재료** | 밥(3/4공기), 다진 쇠고기(1), 다진 표고버섯(1), 다진 느타리버섯(1), 다진 당근(1), 다진 양파(1), 콩나물(1/2줌), 멸치국물(1컵), 물녹말(2, 물:녹말=1:1)

**양념** | 간장(0.5), 깨소금(0.5), 참기름(0.5)

1. **콩나물** : 콩나물은 단백질, 비타민, 무기질, 탄수화물 등이 비교적 많은 식품이에요. 콩이 콩나물로 성장하면서 섬유소의 함량은 증가하는데 특히 중요한 것은 콩에는 비타민 C가 전혀 없으나 콩나물이 성장 중에 생합성되어서 비타민 C가 많이 생겨요.

2. **콩나물 손질하기** : 유기농이라면 뿌리부분을 다듬지 않아도 괜찮아요. 다만 다듬어 놓으면 깔끔하고 보기에 좋지요. 콩깍지 부분의 콩 껍질은 물로 씻어내면서 벗겨주세요.

3. **콩나물 보관하기** : 가능하면 구입해서 3일 내로 먹는 게 좋고, 밀폐용기에 넣어 물을 부어서 하루하루 갈아주면 싱싱하게 보관할 수 있어요.

## 1 쇠고기와 버섯양념재우기
쇠고기는 먹기 좋게 썰고 느타리와 표고버섯은 살짝 데쳐 썰어 같이 양념을 합니다.

## 2 야채 준비하기
콩나물은 살짝 데쳐 썰고, 양파와 당근은 다져놓습니다.

## 3 쇠고기와 버섯 익히기
양념에 재워둔 쇠고기과 버섯에 멸치국물을 붓고 센 불에서 2~3분 정도 끓이다가,

### Special tip — 콩나물 맛있게 데치기
콩나물은 물을 너무 많이 붓지 말고 자작하게 부어 소금을 약간 넣고 살짝만 데쳐야 맛있어요. 생채나 냉국용은 살짝 데쳐서 바로 차가운 얼음물에 헹구면 아삭해서 좋아요.

## 4 야채 익히기
당근 → 양파 순으로 넣어서 끓이고 마지막에 콩나물을 넣고 끓입니다.

## 5 농도 조절하기
야채들이 다 익으면 물녹말을 넣어가며 농도를 조절해줍니다.

빈혈에 좋은 뽀빠이 밥
# 바지락 시금치 볶음밥

손톱에 흰 반점이 생겨본 경험 있으세요? 이것은 아연이 부족해서 생기는 것인데 이럴 때는 병이나 상처의 회복이 늦어지고 어린이에게는 성장에 영향을 주게 됩니다. 바지락에는 아연이 풍부하게 함유되어 있어 이들의 기능을 돕는답니다.

 요리재료

**1인분**

**재료** | 밥(3/4공기), 바지락(2), 잘게 썬 시금치(1), 다진 호두(1), 다진 홍피망(1), 버터 약간

### 재료 이야기

1. **바지락** : 지방간이 되는 것을 막아주는 베타인과 성장을 촉진시키는 비타민 B12가 풍부하다고 알려진 식품입니다. 비타민 B12는 해초 이외의 식물성 식품에서는 찾아볼 수가 없는 성분인데 빈혈의 치료와 간장 기능을 회복시키는 기능을 가지고 있지요.

2. **바지락 보관하기** : 바로 먹을 게 아니라면 냉동보관 해주세요.

> 바지락을 연한 소금물에서 해감을 토해내게 하고 성긴 체에 담아서 물에 담가 신문지를 덮어 두고 도중에 여러번 물을 갈아 줍니다. 요즘은 살만 발라서 나온 제품이 있으니 편하게 요리할 수 있어요.

> 시금치는 데칠때 약간의 소금을 넣으면 선명한 푸른 빛을 돕니다.

> 버터가 비린내를 덜어주거든요.

### 1 바지락 씻기
바지락은 소금물에 씻어 체에 밭쳐 물기를 빼줍니다. 비린내가 심하면 레몬즙을 살짝 뿌려주세요.

### 2 재료 준비하기
시금치는 살짝 데쳐 썰고, 호두는 잘게 다지고, 홍피망도 잘게 썰어 준비합니다.

### 3 바지락 볶기
달군 팬에 버터를 두르고 바지락을 볶아주세요.

**Special tip**
**바지락 조개 껍질은 칼슘덩어리**
껍질을 버리지 말고 모아 두었다가 빻아서 고운 가루로 만들어 약으로 쓰면 좋아요. 특히 어린이들의 발육부진에 먹이면 치아와 뼈가 튼튼해져요. 가루를 헝겊 주머니에 넣고 달여서 차처럼 마셔도 되고, 소량의 가루를 물에 타 먹여도 좋습니다.

### 4 야채 볶기
바지락을 볶다가 시금치와 홍피망을 넣고 볶습니다.

### 5 밥과 호두 볶기
밥과 호두 다진 것을 넣고 마저 볶아주세요.

볶음밥 위에 소스로 맛낸

# 브라운 그래비소스 볶음밥

계속 그냥 볶음밥만 먹다 보면 잘 안 먹으려고 할 때가 있어요. 그럴 때는 별미 소스를 만들어서 함께 볶아주거나 비벼주면 잘 먹게 될 거에요.

### 요리재료

**1인분**

**재료** | 밥(3/4공기), 잘게 썬 양송이(1), 잘게 썬 오이(1), 옥수수콘(1), 잘게 썬 감자(1), 올리브유 약간

**브라운 그래비소스** | 버터(1), 중력분 밀가루(1), 토마토케첩(2), 육수(1컵), 후추, 소금 약간씩

### 밀가루

화이트소스나 여러 소스를 만들 때 밀가루를 사용하게 되지요. 그럼 밀가루의 종류에 대해서 알아볼까요? 크게 강력분, 중력분, 박력분으로 나뉘는데 강력분은 단백질(글루텐) 13% 이상으로 식빵과 같은 빵을 만들 때 쓰는 제빵용이고, 중력분은 단백질(글루텐) 8~12%로 가정에서 반죽할 때 사용되는 다목적용이고 박력분은 단백질(글루텐) 7%이하로 쿠키와 과자를 만들 때 쓰는 제과용입니다.

1 밀가루 볶기
달군 팬에 버터를 녹이고 밀가루를 넣어 타지 않게 볶다가,

2 소스 만들기
토마토케첩을 넣어 갈색이 날 때까지 볶다가 육수를 부어 걸쭉해질 때까지 끓인 후 소금과 후추를 약간씩 넣어 주세요.

3 야채 썰기
양송이, 오이, 감자는 잘게 썰어 준비하고 옥수수콘은 뜨거운 물을 부어 준비해요.

4 야채 볶기1
달군 팬에 올리브유를 두르고 감자와 오이를 볶아주세요.

5 야채 볶기2
어느 정도 감자와 오이가 익으면 양송이와 옥수수콘도 넣고 볶아줍니다.

6 소스 넣어주기
마지막에 밥을 넣어 볶다가 밥에 만든 소스를 부어가며 볶아줍니다.

퓨전 영양식
# 된장 야채 리조또

리조또(risotto)는 올리브유나 버터에 쌀을 넣고 살짝 볶은 뒤 뜨거운 육수를 부어 만드는 이탈리아 요리를 뜻합니다. 육수 대신 일본 된장 소스를 넣고 리조또를 만들어 보아요.

**요리재료**

**1인분**

**재료** | 불린 쌀(4), 다진 당근(1), 다진 표고버섯(1), 다진 양파(1), 다진 브로콜리(1), 올리브유 약간

**된장소스** | 일본 된장(1), 물(1컵)

### 일본 된장(미소)

일본은 기온이 습해 부패가 쉽게 일어나 우리와 같은 메주를 만들 수가 없다는군요. 일본 된장(미소)은 곰팡이의 일종인 코지균(Aspergillus orizae)을 쌀에 미리 길러 콩과 섞어 만드는데 원료로는 콩, 쌀, 밀가루 등을 적절한 비율로 혼합한 뒤 완성된 '콩메주'에 코지균을 접종하여 '개량 된장'을 만드는 것입니다. 그래서 우리의 된장이 구수하면서도 짠 맛이 강한 편이라면 일본 된장은 달면서도 담백한 맛이 납니다. 된장을 처음 접하는 아기에게 짠 우리 된장보다 일단 담백한 일본 된장부터 먹여보고 잘 먹는다면 점차 우리 전통 된장을 먹이는 게 좋습니다.

## 1 쌀 불리기
쌀은 깨끗이 씻어 찬물에 1시간 정도 불려서 체에 밭쳐놓습니다.

## 2 브로콜리 다지기
브로콜리는 살짝 데쳐 꽃잎 부분만 다져놓고,

## 3 야채 다지기
당근, 표고버섯, 양파도 잘게 다져서 준비합니다.

## 4 된장소스 만들기
분량의 재료를 잘 풀어서 된장소스를 만들어 놓습니다.

## 5 야채 볶기
달군 팬에 버터를 두르고 당근과 양파를 넣고 볶아주세요.

## 6 쌀 볶기
양파가 투명해지면 불린 쌀을 넣고 볶아주다가,

## 7 소스 넣기
된장소스와 표고버섯을 넣고 끓입니다.

## 8 뜸들이기
재료들이 팔팔 끓으면 브로콜리를 넣고 뜸을 들이세요.

새콤한 토마토소스가 밥 위에 가득
# 토마토소스 밥 그라탕

몸에 좋은 토마토소스를 직접 만들어 그라탕을 만들어주세요. 달콤하고 새콤한 토마토소스와 쫀득한 모짜렐라 치즈의 찰떡궁합이 환상적인 맛이랍니다. 토마토가 항암 효과가 뛰어난 건 다 아시죠? 미리미리 챙겨 먹이세요.

## 요리재료

**1인분**

**재료** | 모짜렐라 치즈(1줌)

**토마토소스** | 토마토(주먹 크기 1개), 월계수 잎(2장), 다진 마늘(0.5), 물(1/4컵), 올리브유(1), 다진 양파(3)

**볶음밥재료** | 밥(2/3공기), 다진 브로콜리(1), 다진 양송이, 옥수수콘(1), 다진 홍피망(1), 올리브유(1)

### 모짜렐라 치즈

모짜렐라 치즈는 물소의 젖으로 만든 순하고 부드러운 질감의 이탈리아 산 치즈로 크림 빛이 도는 흰색, 또는 옅은 상아색이며 녹으면 고무처럼 쭉 늘어나고 쫄깃쫄깃한 질감을 갖습니다. 보통 피자에 토핑해서 먹지요. 덩어리로 나온 제품도 있고 토핑하기 편하게 잘게 썰어서 나온 제품도 있어요. 뜨거울 때 빨리 비비지 않으면 뭉쳐서 아기들이 먹기 어려워요. 오븐이 있다면 야채들을 볶지 않고 섞어서 오븐에 구워도 되요.

### 닭고기 고구마 그라탕

닭고기와 고구마를 넣고 만들어보세요. 달콤하고 맛있어요.

1. 닭 가슴살을 적당하게 썰어 버터를 두르고 구워줍니다.
2. 고구마는 찐 후 뜨거울 때 으깨서 설탕을 조금 넣고 섞어 준비합니다.
3. 양송이, 옥수수콘, 홍피망 등 원하는 야채를 썰어 볶다가,
4. 야채에 간을 살짝 한 후 밥을 넣고 볶아주세요.
5. 용기에 닭 가슴살을 넣고 4를 올린 후, 그 위에 고구마 으깬 것을 얹어줍니다.
6. 그 위에 모짜렐라 치즈를 얹어서 전자레인지에 돌리면 완성!

> 찬물에 담가야 껍질이 쉽게 벗겨집니다.

### 1 토마토 데치기
토마토는 윗 부분에 칼로 열십자 모양을 내서 꼭지를 포크로 찍은 후 끓는 물에 5초만 담갔다가 건져 바로 찬물에 담습니다.

### 2 토마토 손질하기와 다지기
데친 토마토를 꼭지를 도려내고 껍질을 벗긴 후 씨를 빼고 잘게 다져줍니다.

### 3 소스 만들기1
팬에 올리브유를 두르고 다진 마늘과 양파를 볶다가 잘게 다진 토마토를 넣고 볶아줍니다.

### 4 소스 만들기2
3에 물과 월계수 잎을 넣고 중불에서 2/3 정도로 졸아들 때까지 뭉근히 끓여주세요. 이때 소금 간을 해줍니다.

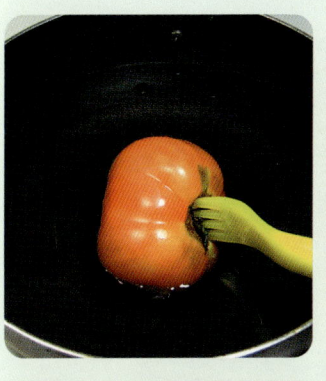

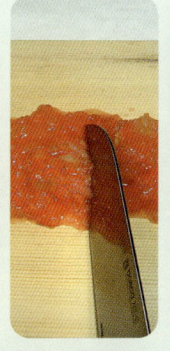

### 5 야채 준비하기
브로콜리, 양송이, 홍피망은 다지고, 옥수수콘은 뜨거운 물을 부어서 준비하세요.

### 6 야채 볶기
달군 팬에 올리브유를 두르고 홍피망 → 브로콜리 → 양송이 → 옥수수콘 순으로 볶아주고,

### 7 밥 볶기
야채를 볶다가 밥을 넣고 한 번 더 볶아준 후 밥 위에 토마토소스를 끼얹어줍니다.

### 8 치즈 얹기
7을 용기에 담고 모짜렐라 치즈를 얹어 전자레인지에서 치즈가 녹을 때까지 돌려주세요.

## 성장 발육에 좋은
# 불고기 덮밥

그동안 간이 안 된 고기만 먹다가 이렇게 간이 밴 고기를 먹게 되면 아마도 그 전보다 훨씬 잘 먹습니다. 하지만 한번 간하기 시작하면 그 다음부터는 예전처럼 싱거운 음식은 먹지 않게 되니 약하게 간해주세요. 어려서부터 싱겁게 먹는 습관을 들이는 게 좋잖아요.

**요리재료**

**1인분**

**재료** | 밥(3/4공기), 다진 쇠고기 불고기감(2), 다진 당근(1), 다진 피망(1), 다진 양파(1), 잘게 썬 팽이버섯(1), 올리브유 약간

**쇠고기 밑간** | 간장(0.5), 맛술(0.3), 설탕(0.2), 참기름(0.3), 깨소금 약간

**간장**

우리나라 고유의 간장과 된장은 콩과 소금을 주원료로 하여 콩을 삶아 이것을 띄워 메주를 만들고, 메주를 소금물에 담가 발효시킨 후의 이 여액이 간장입니다. 그 나머지 찌꺼기가 바로 된장이지요. 간장은 훌륭한 단백질 공급원으로 오래도록 저장이 가능하며 우리나라 음식의 기본적인 조미료입니다.

**1** 쇠고기 밑간하기
쇠고기는 불고기감으로 먹기 좋게 적당히 썰어서 밑간합니다.

**2** 야채 준비하기
당근, 피망, 양파, 팽이버섯은 잘게 다져서 준비해주세요.

**3** 쇠고기 볶기
달군 팬에 올리브유를 두르고 밑간해둔 쇠고기를 볶습니다.

**4** 야채 볶기1
쇠고기를 볶다가 당근과 양파도 넣어 같이 볶아주세요.

**5** 야채 볶기2
양파가 투명해지면 피망과 팽이버섯도 넣고 볶아준 후 밥 위에 얹어주세요.

### 간장의 종류 *Special tip*

1. **양조간장** : 콩을 주원료로 해서 국균이라는 곰팡이 종류로 발효시켜 만든 간장입니다. 발효를 통해 만들어지기 때문에 보통 3~6개월 이상의 시간이 소요되지요.

2. **진간장** : 양조간장과 화학성분을 첨가하여 숙성기간 없이 산분해간장을 섞어서 만든 간장으로 산분해간장을 적게 섞을수록 간장의 값이 비싸요.

3. **조선간장** : 국간장으로 간장 색이 옅고, 적은 양으로도 간을 맞출 수 있도록 염분이 높아요. 짙은색 나물(고사리, 고비, 취나물)이나 마른 나물(호박오가리, 말린 가지 등)을 무치고 볶을 때는 소금보다는 국간장으로 간을 하는 게 맛이 좋아요.

4. **그 외 간장** : 시중에 파는 조림간장이나 쇠고기간장 같은 것들은 일반적으로 집에서 요리하기 편리하게 다른 것들을 섞어 놓은 간장인데, 이런 간장은 산분해간장이 얼마나 섞였는지 반드시 표기 면을 살펴보는 것이 좋아요.

## 항암효과에 좋은
# 해물카레 덮밥

카레는 맛도 강하고 향도 강해서 따로 간하지 않아도 잘 먹어요. 카레가루는 커민, 터메릭, 코리앤더 등 10여 가지가 넘는 강한 향신료로 구성돼 있는데 이 성분이 위장을 튼튼하게 해주며 항산화와 항암효과가 있답니다.

요리재료

**1인분**

**재료** | 밥(3/4공기), 다진 오징어(1), 다진 새우(1), 바지락(1), 다진 당근(1), 다진 브로콜리(1), 버터 약간, 카레가루(2), 우유(1컵)

### 카레

대표적인 인도식 재료라 할 수 있는 '커리'는 나무뿌리나 껍질, 잎과 열매 등을 갈아 만든 향신료를 취향에 맞게 배합한 다음 볶아서 사용하는 가루입니다. 우리나라에서 먹는 카레는 정통 인도식이 아닌 영국인들이 향신료를 배합한 것이 전 세계로 알려져 먹게 된 것이랍니다. 카레 특유의 노란색은 심황이라는 식물에서 나오는 천연색인데 이 성분이 항암효과와 치매를 예방하는 것으로 알려져 카레가 요즘 건강식으로 주목받고 있어요.

## 1 재료 준비하기

오징어, 새우, 당근은 다져 놓고, 바지락은 옅은 소금물에 해감시켜 씻어 두고, 브로콜리는 살짝 데쳐 잘게 다져서 준비합니다.

## 2 카레소스 만들기

우유에 카레가루를 넣고 잘 섞어 줍니다.

*생크림을 넣어도 좋아요.*

## 3 재료 볶기

달군 팬에 버터를 두르고 당근 → 바지락 → 오징어 순으로 볶다가,

**Special tip**

카레를 끓일 때 물 대신 우유를 넣으면 맛과 함께 영양도 좋아집니다. 또 먹다 남은 카레를 데울 때도 우유를 섞으면 양도 줄지 않고 맛을 유지할 수 있어요. 만약 카레가 너무 묽을 때는 밀가루와 버터를 1:1로 풀어 넣거나 감자 간 것을 넣는 것도 하나의 방법이랍니다.

## 4 재료 볶기 2

오징이가 어느 정도 익으면 새우와 브로콜리를 넣어 볶고,

## 5 카레소스 넣기

4에 카레소스를 넣어가며 걸쭉하게 끓여주세요.

감기 예방에 좋은 아름다운 물고기
# 연어스테이크

강한 회귀 본능과 아름다운 모성의 상징으로 여겨지는 연어는 온갖 난관을 뚫고 상처투성이의 몸으로 다시 강을 찾아 산란을 하고 죽어가죠. 마치 우리 엄마들의 강한 모습을 보는 듯해요. 연어가 감기 예방에 탁월한 효과가 있다는 사실도 기억하세요.

### 요리재료

**1인분**

**재료** | 연어(1토막), 양송이(1개), 다진 브로콜리(1), 썬 양파(1), 올리브유, 버터, 레몬즙, 후추 약간씩

**화이트소스** | 버터(1), 밀가루(1), 우유(1컵), 소금 약간

### 재료이야기

1. **연어** : 오메가 3로 알려진 지방산이 다량으로 함유되어 있습니다. 비타민 A가 풍부하게 들어 있어 감기에 잘 걸리는 사람이나 눈이 쉽게 피로해지는 사람, 피부가 지나치게 건조한 사람들에게 효능이 뛰어나지요.

2. **연어 보관하기** : 바로 먹을 게 아니라면 냉동보관 해주세요.

1 연어 밑간하기
연어는 레몬즙과 후추를 뿌려 밑간해 둡니다.

2 야채 썰기
양송이는 기둥을 떼어낸 후 썰고, 브로콜리는 살짝 데쳐 잘게 썰고, 양파도 네모지고 작게 썰어서 준비합니다.

3 야채 볶기
달군 팬에 올리브유를 두르고 야채들을 볶아줍니다.

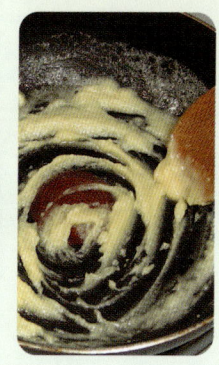

4 연어 굽기
달군 팬에 버터를 두르고 연어를 앞뒤로 노릇노릇하게 구워주세요.

5 화이트소스 만들기
달군 팬에 버터를 두르고 밀가루를 넣어 달달 볶아준 후 우유를 부어가며 걸쭉하게 될 때까지 저어서 화이트소스를 만들어줍니다.

6 소스 뿌리기
접시에 연어를 담고 그 위에 볶은 야채를 얹은 후 화이트소스를 붓습니다.

아이의 식욕을 돋게 하는 향긋한 깻잎

# 스크램블 덮밥

칼슘이 많기로 유명한 시금치와 비교해 보았을 때 깻잎에는 시금치의 5배나 되는 칼슘이 들어있고 철분도 시금치만큼 많이 들어 있어요. 지방과 단백질이 풍부한 육류요리와 잘 어울리지요. 참치살 대신 닭고기를 사용해도 좋아요. 향긋한 깻잎이 아이의 식욕을 잘 돋아 준답니다.

### 요리재료

**1인분**

**재료** | 밥(3/4공기), 깻잎(2~3장), 달걀(1개), 참치살(2), 다진 당근(1), 다진 양파(1), 올리브유, 참기름 약간씩

### 재료 이야기

1. **깻잎** : 깻잎에는 철분, 비타민 C, 엽록소가 풍부하고 칼륨, 칼슘, 철 등의 무기질이 많은 알칼리성 식품입니다. 특히 칼륨은 나트륨의 배설을 촉진시켜 음식을 짜게 먹는 경우에 체내의 염분을 조절하는 데 유용합니다.

2. **깻잎 손질하기** : 흐르는 물에 깻잎 2장을 포개어 서로 문질러서 씻어주세요. 이렇게 하면 어느 정도 농약이 제거된답니다.

3. **깻잎 보관하기** : 냉장고에 넣어둔 깻잎의 끝이 거무스름해지는 것은 수분 때문이에요. 그래서 깻잎은 키친타월로 물기를 말끔히 닦은 후 다시 키친타월로 싸서 랩을 씌워 보관하면 3~4일은 신선하게 보관할 수 있어요.

1 **참치 기름 제거하기**
통조림 참치는 체에 밭쳐 기름을 제거해줍니다.

2 **야채 다지기**
달걀은 풀어놓고, 깻잎, 당근, 양파는 다져놓습니다.

*달걀은 체에 밭쳐서 풀면 뭉치지 않아서 좋아요.*

3 **야채 볶기**
달군 팬에 올리브유를 두르고 당근과 양파를 볶아주세요.

4 **참치 볶기**
야채를 볶다가 깻잎과 참치를 넣어 볶습니다.

*깻잎은 마지막 단계에서 넣어야 향을 유지할 수 있어요.*

5 **달걀 넣기**
재료들이 한데 어울어지게 잘 볶다가 마지막에 달걀을 넣고 젓가락으로 저어가며 익힙니다. 달걀이 다 익으면 참기름으로 마무리합니다.

### 각종 가루 보관하기 *Special tip*

자주 사용하는 야채는 가루로 만들어 냉동보관 하면 아주 좋아요.

1 **표고버섯가루** : 갈기 좋은 크기로 잘라 햇빛에 말려 행주로 먼지를 닦고 믹서에 곱게 갈아요.

2 **파슬리가루** : 끓는 물에 파슬리를 살짝 데쳐 햇빛에 뒤적거리면서 바짝 말린 다음 믹서에 넣고 곱게 갈아요.

3 **시금치가루** : 손질한 시금치를 끓는 물에 살짝 데친 다음 바짝 말려서 믹서에 갈니다(뒤적거리면서 말려야 해요. 곰팡이가 필 수 있어요).

4 **당근가루** : 당근은 껍질을 벗기고 얇게 썬 다음 전자레인지에 넣고 5분 정도 돌려서 익힙니다. 익힌 당근을 3일 정도 햇빛에 잘 말린 다음 믹서로 갈아요.

5 **미역, 다시마가루** : 마른 미역과 다시마는 행주로 먼지를 닦은 뒤 달군 팬에 기름을 두르지 않은 상태에서 살짝 구운 다음 분쇄기에 갈아요.

**PART 1** 단계별
이유식&유아식

# 생후 16개월 이후 유아식

이제 정말 본격적으로 어른들 먹는 것처럼 국과 반찬으로 이루어진 식사를 하게 됩니다.
벌써 이렇게 자라다니 세월 참 빠릅니다.
자기 입맛이 뚜렷해져 편식을 할 수도 있으니 골고루 챙겨주세요.

## DHA와 칼슘, 비타민이 풍부한
# 참치 미역국

*국 & 찌개*

미역국은 어떤 재료를 넣느냐에 따라 종류가 다양합니다. 쇠고기 미역국, 홍합 미역국, 새우 미역국 등 말이죠. 그 중 참치를 넣고 끓여봤어요. DHA와 칼슘, 비타민이 풍부한 국이랍니다. 피를 맑게 해 준다는 사실도 명심하세요.

**요리재료**

2인분

**재료** | 불린 미역(2줌), 참치살(1줌), 참기름 약간, 국간장(1), 물(4컵)

> **Special tip**
> 미역은 너무 오래 불리면 다 풀어지고 미끈거려 맛이 없어져요. 10분 정도만 불려주세요. 미끈거려서 아이들이 먹기에 힘드니 꼭 잘라주세요. 불리면 전보다 10배쯤 불어나니 양 조절을 잘 하세요.

> 미역은 여러 번 주물러 헹궈야
> 미끌거리지도 않고
> 비린내가 나지 않아요.

### 1 재료 준비하기
참치살은 먹기 좋게 썰고 미역은 여러 번 주물러 헹군 뒤 찬물에 10분 정도 불립니다.

### 2 미역 자르기
불린 미역은 가위로 잘라 준비합니다.

### 3 미역 볶기
냄비에 참기름을 두르고 미역을 달달 볶아주세요.

### 엄마와 아빠를 위한 오이미역냉국

**재료** | 불린 미역(1줌), 오이(1/2개), 물(2컵), 홍고추 약간
**양념** | 식초(3), 설탕(1), 고춧가루(1), 다진 마늘(0.3), 다진 파(1), 소금(0.3), 통깨 약간

1 불린 미역은 먹기 좋게 자르고 오이는 채 썰어 준비합니다.
2 1에 양념들을 넣고 조물조물 무쳐주세요.
3 2에 시원한 물을 붓고 홍고추를 넣어 얼음을 동동 띄우면 완성!
얼음을 너무 많이 넣으면 싱거워질 수 있으니 식초, 설탕 등으로 입맛에 맞게 가감하세요.
4 물 대신 다시마국물을 넣어 좋아요.

### 4 국 끓이기
참기름에 미역을 볶다가 물과 참치살을 넣고 푹 끓여주세요. 국간장으로 간을 맞춥니다.

## 부드러워 아이가 좋아하는
# 감자국

감자로 국을 끓이면 감자가 부들부들 부드러워서 먹기 좋지요. 다양한 요리가 가능한 감자로 이번엔 국을 끓여보아요.

**요리재료**

**2인분**

**재료** │ 채 썬 감자(2줌), 달걀(1개), 다진 파(2), 다진 마늘(0.5), 국간장(1), 소금, 후추, 참기름 약간씩

**멸치다시마국물** │ 물(4컵), 국멸치(5마리), 다시마(5cm×5cm 2장)

**Special tip**

감자국에 쇠고기를 넣고 끓여도 좋아요. 쇠고기를 넣을 때는 미리 고기에 밑간을 해둔 후 끓이면 더욱 맛있어요.

### 엄마와 아빠를 위한 감자 느타리버섯 볶음

감자 채 써는 김에 좀 더 썰어 느타리버섯과 함께 볶아서 밑반찬으로 활용하세요.

**재료** │ 채 썬 감자(1줌), 느타리버섯(1줌), 피망(1/2개), 채 썬 당근(1줌), 채 썬 양파(1줌), 다진 마늘(1), 다진 파(1), 깨소금, 소금 약간씩, 올리브유(1), 참기름(1)

1. 준비한 재료들은 모두 채 썰어 주세요.
2. 감자는 찬물에 10분 정도 담가 녹말기를 제거한 후 볶아주고, 당근, 피망도 넣고 볶다가,
3. 2에 양파, 느타리, 다진 마늘을 넣고 볶아주세요.
4. 마지막으로 다진 파를 넣고 소금으로 간하여 참기름을 살짝 넣고 뒤적이다가 깨소금으로 마무리합니다.

## 1 재료 준비하기
감자는 채 썰어놓고, 달걀은 풀고, 대파는 다져줍니다.

## 2 멸치다시마국물 내기
멸치와 다시마를 끓이다가 끓기 시작하면 다시마를 건지고, 5분 후에 멸치도 건져내서 멸치다시마국물을 만듭니다.

## 3 감자 볶기
채 썬 감자는 찬물에 10분 정도 담가 녹말기를 제거하고 참기름을 두른 냄비에 다진 마늘과 감자를 볶아주세요.

## 4 국 끓이기
감자가 어느 정도 익으면 멸치다시마국물을 넣고 끓입니다.

## 5 달걀과 다진 파 넣기
팔팔 끓으면 달걀 풀어놓은 것을 넣어 휘젓고 다진 파를 넣어 잠시 끓입니다.

## 감기 예방에 좋은
# 쇠고기 무국

무의 달짝지근한 맛이 일품인 무국! 쇠고기를 넣고 끓여 영양만점이지요. 고기 씹는 게 아직 미숙한 유아들은 잘게 다져서 끓여주세요.

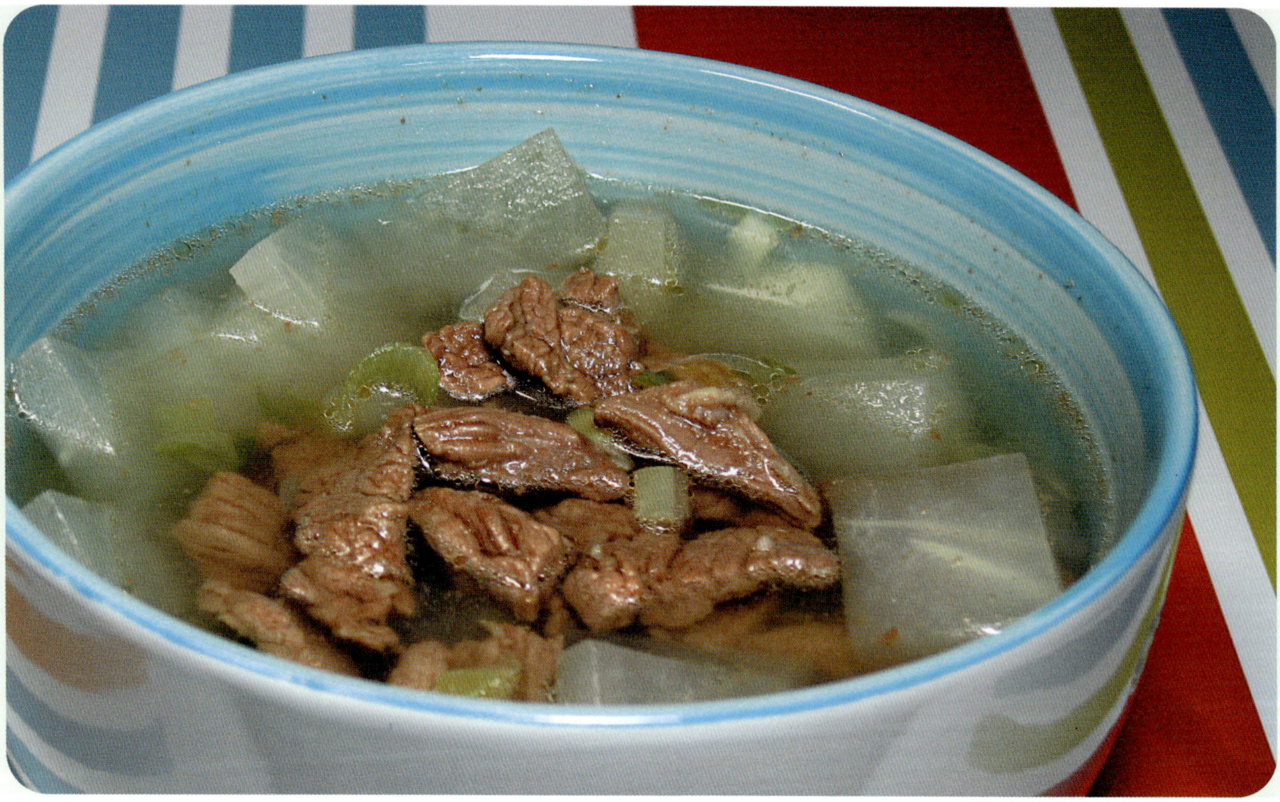

**요리재료**

**2인분**

**재료** | 쇠고기 국거리(1줌), 무(2줌), 다진 파(2), 다진 마늘(0.3), 국간장(1), 물(4컵), 소금, 참기름 약간씩

### 밤새 기침하는 아이에겐 다시마 쇠고기 무국이 좋아요.

쇠고기는 소화기를 도와주고, 기혈의 순환을 도울 뿐만 아니라 근육과 뼈를 튼튼히 하며 토하거나 설사하는 증상을 멎게도 한다고 동의보감에 나옵니다. 무는 성질이 따뜻하고 매운맛을 지녀서 소화를 돕고 가래를 삭게 하며 오래된 기침을 다스린다고 되어 있습니다. 여기에 다시마는 장이 민감할 때 대장의 기운을 풀어주는 약으로 쓰입니다. 따라서 '다시마 쇠고기 무국'은 아이들의 입맛을 돋우고 영양을 보충하면서 만성기침과 설사나 변비를 완화하는 탁월한 음식이라 할 것입니다.

## 1 재료 준비하기
쇠고기는 먹기 좋게 썰고 무도 네모지게 썰고 파는 다집니다.

## 2 쇠고기 볶기
냄비에 참기름을 두르고 다진 마늘과 쇠고기를 넣고 볶아주세요.

## 3 무 볶기
쇠고기가 익으면 무도 넣고 살짝 볶아주세요.

### 엄마와 아빠를 위한 매콤한 무 볶음

**재료** | 무(2줌), 고춧가루(1), 다진 파(2), 다진 마늘(0.3), 통깨(1), 올리브유, 참기름 약간씩, 간장(1)

1. 무는 네모지게 썰어 끓는 물에 데칩니다.
2. 달군 팬에 올리브유를 두르고 다진 마늘과 고춧가루를 볶다가 무를 넣고 볶아줍니다.
3. 2에 간장으로 간하고 다진 파와 참기름을 넣고 살짝 볶아 통깨를 뿌려 완성합니다.

## 4 국 끓이기
3에 물을 넣고 푹 끓여줍니다 거품이 생기면 걷어내면서 끓여주세요.

## 5 간하기
마지막에 다진 파를 넣고 국간장과 소금으로 간해줍니다.

국물이 끓을 때 거품이 떠오르면 바로바로 걷어내야 국물이 깨끗하고 맛이 좋습니다.

# 영양가 높은
## 콩비지찌개

두부집에 가면 가끔 덤으로 콩비지를 얻을 수 있기도 합니다. 룰루랄라~ 콩비지에 신 김치 송송 썰어 넣고 돼지고기를 넣어 끓이면, 밥도둑이 따로 없지요. 아이는 매운 김치를 먹지 못하니 배춧잎을 넣어서 끓여주세요.

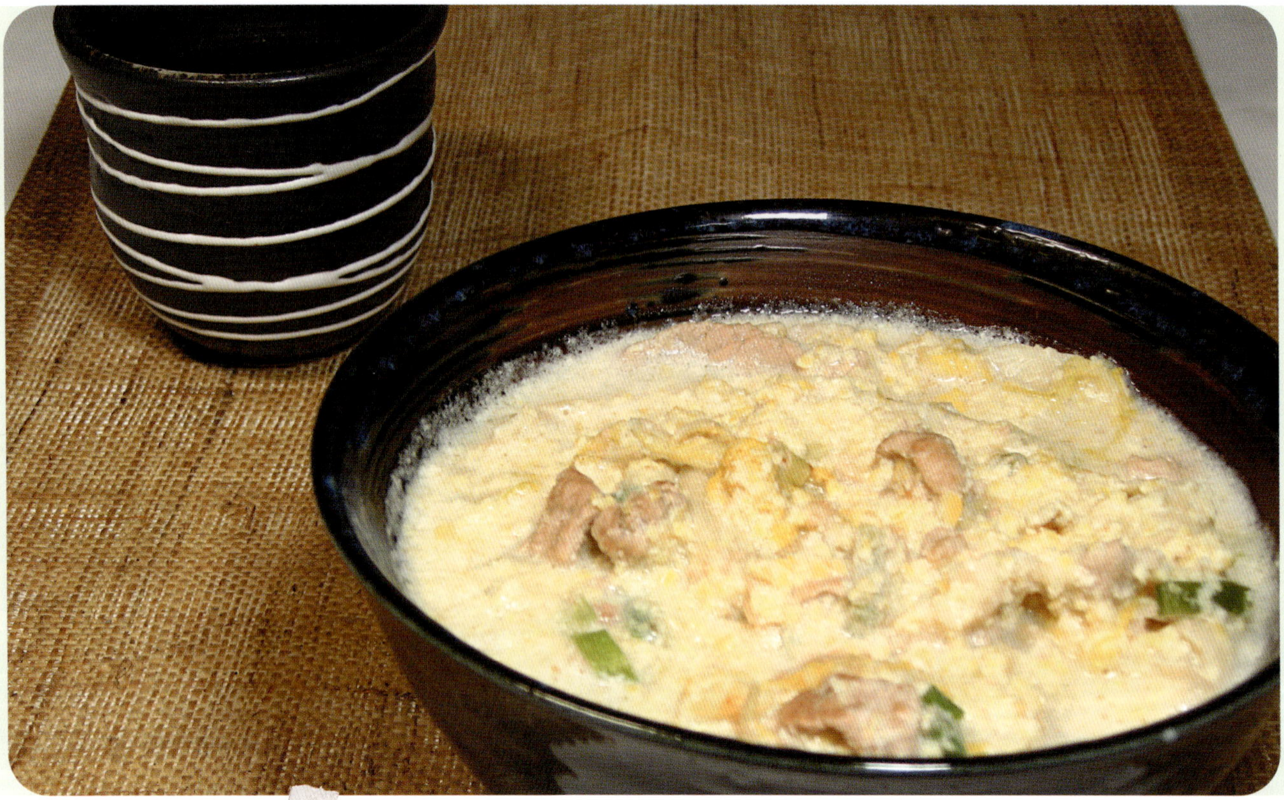

 요리재료

**2인분**

**재료** | 흰콩(1컵), 육수(1컵), 돼지고기(1줌), 배추(1줌), 참기름, 소금 약간씩

**돼지고기 양념** | 맛술(1), 다진 파(2), 다진 마늘(0.3)

### 엄마와 아빠를 위한 매콤한 콩비지찌개

매콤한 콩비지찌개 소개해 드릴께요. 만드는 방법은 똑같고 배추 대신 신 김치와 매콤한 청양고추를 썰어 넣고, 마무리할 때 고춧가루도 1큰술 정도 넣어주면 매콤한 콩비지가 되지요.

## 1 흰콩 준비하기
흰콩은 5~6시간 정도 물에 불린 후 콩이 잠길 정도의 물에 넣어 문질러 껍질을 벗겨 준비합니다.

## 2 흰콩 갈기
껍질 벗긴 콩에 물을 붓고 믹서에 되직하게 갈아주세요.

## 3 재료 준비하기
배추는 살짝 데쳐 썰고, 돼지고기도 먹기 좋게 썰어 양념해둡니다.

> 배추 대신 신 김치를 사용하면 더욱 맛있어요.

## 4 재료 볶기
냄비에 참기름을 두르고 돼지고기와 배추를 볶아주세요.

## 5 육수 넣어 끓이기
4에 육수를 붓고 끓여주세요.

## 6 콩비지 넣기
육수가 끓으면 불을 줄이고 콩비지를 넣어 은근히 끓이다가 소금으로 간 해줍니다.

비타민이 풍부한

# 콩나물국

그냥 콩나물국을 끓여도 맛이 좋지만 두부를 함께 넣어 끓이면 영양면에서 더욱 좋아요. 맛도 더 고소하답니다.

요리재료

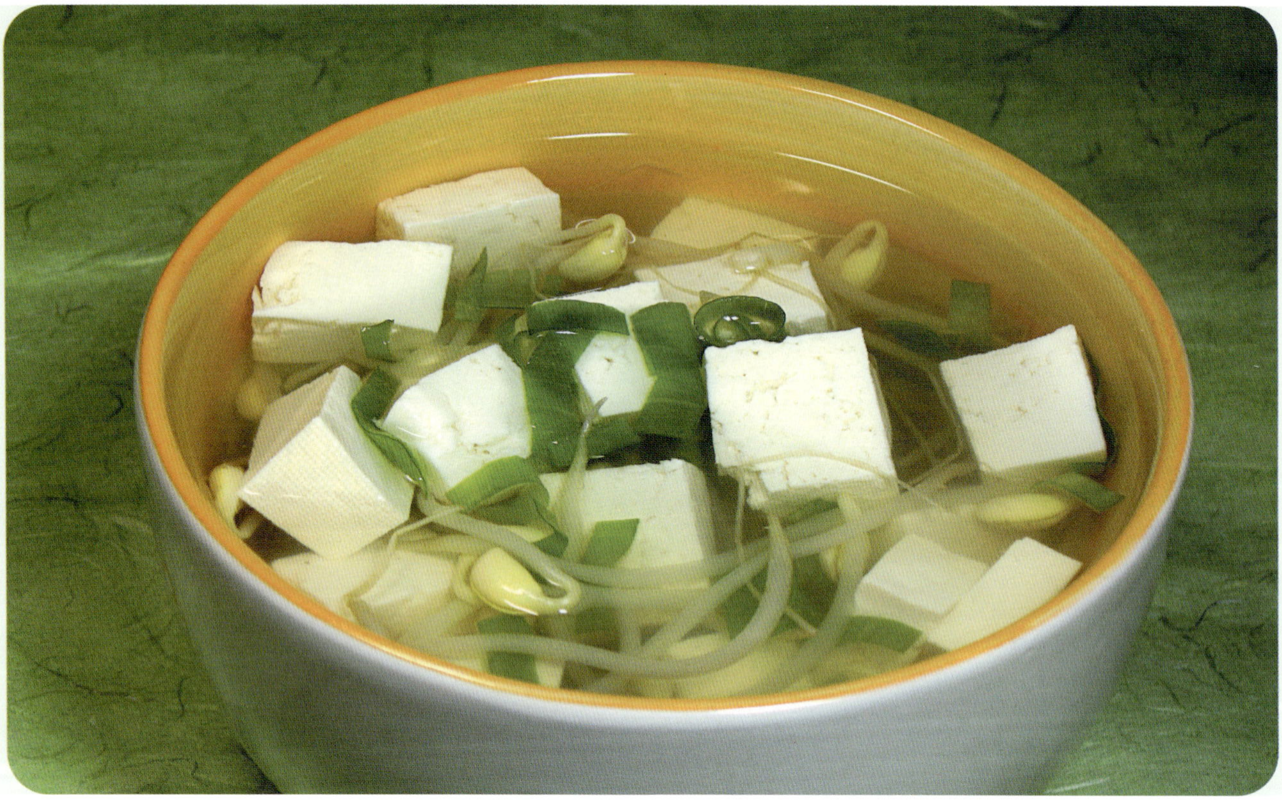

2인분

**재료** | 콩나물(2줌), 두부(1/4모), 다진 파(2), 다진 마늘(0.3), 새우젓 약간

**멸치다시마국물** | 물(4컵), 국멸치(5마리), 다시마(5cm×5cm 2장)

Special tip

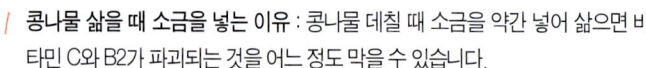

1 **콩나물 삶을 때 소금을 넣는 이유** : 콩나물 데칠 때 소금을 약간 넣어 삶으면 비타민 C와 B2가 파괴되는 것을 어느 정도 막을 수 있습니다.

2 **콩이나 콩나물이나 같은 영양소가 있다** : 콩을 콩나물로 키우면 수분은 증가하고(6% → 90%), 지방과 단백질은 계속 감소합니다. 하지만, 콩나물로 거듭 태어나면서 비타민류를 합성해서 대단히 많은 비타민을 함유하게 됩니다. 또한, 콩나물의 뿌리부분에서는 섬유소가 증가합니다. 이러한 섬유소는 소화를 촉진하고 숙변의 제거나 변비 완화에 도움이 됩니다. 기타 콩에는 없는 유익한 물질이 생성되는데 대표적으로 아미노산과 아스파트산입니다.

## 1 재료 준비하기
콩나물은 다듬고, 두부는 먹기 좋게 썰고, 파는 다집니다.

## 2 멸치다시마국물내기
멸치와 다시마를 넣고 끓이다가 끓기 시작하면 다시마를 건지고, 5분 후에 멸치도 건져냅니다.

## 3 콩나물 넣기
멸치다시마국물에 콩나물을 넣고 뚜껑을 덮은 뒤 5분 정도 더 끓여줍니다.

> 중간에 뚜껑을 열면 비린내가 나니 유의하세요.

## 4 두부 넣기
콩나물이 어느 정도 익으면 두부를 넣고 끓여줍니다.

## 5 간하기
마지막으로 다진 파, 다진 마늘을 넣고 새우젓으로 간해주세요.

### 엄마와 아빠를 위한 매콤한 콩나물 무침

**재료** | 콩나물(2줌), 다진 대파(2), 다진 마늘(0.3), 깨소금(1), 참기름(1), 고춧가루(1), 소금 약간

1 콩나물은 다듬어 냄비에 담고 물과 소금을 넣어 삶아 체에 건져 찬물에 헹굽니다.
2 1에 참기름을 먼저 버무린 후 나머지 양념을 해줍니다. 너무 간단하죠? 입맛 없을 때 얼른 무쳐서 밥에 비벼 먹으면 맛있어요.

뽀빠이 아저씨 국
# 시금치 토장국

토장국이란 쌀뜨물에 된장으로 간을 맞추고 건더기를 넣어 끓인 국을 말합니다. 쌀뜨물에는 비타민 B1, B2, 지질, 전분질이 녹아 있어 찌개나 국 국물로 활용하면 영양가도 높일 수 있고 국물 맛도 한결 구수해져 감칠맛이 더해집니다.

**요리재료**
2인분
**재료** | 시금치(2줌), 바지락(1줌), 된장(1.5), 다진 마늘(0.3), 3번째 씻은 쌀뜨물(4컵)

Special tip

**쌀뜨물 활용하기!**

1. 쌀뜨물로 세안해보세요. 쌀뜨물 속에 녹아 있는 전분이 뛰어난 수분 흡수력과 미백효능을 지니고 있어 규칙적으로 쌀뜨물로 세안해주면 여드름 치료에 좋고 피부를 탄력 있고 하얗게 해준답니다. 처음 물은 버리고 두 번째 씻은 쌀뜨물에 따뜻한 물을 약간 섞어 세안합니다.

2. 쌀뜨물을 큰 그릇에 받아 두고 설거지 할 때 그릇을 잠시 담가 두면 기름기가 말끔하게 제거되고 음식 찌꺼기도 세제가 필요없을 정도로 깨끗이 닦입니다.

## 1 재료 준비하기

시금치는 끓는 물에 소금을 약간 넣어 살짝 데쳐낸 뒤 찬물에 헹궈 물기를 짜주고, 바지락살은 연한 소금물에 씻어서 준비합니다.

*쌀뜨물로 끓여야 더욱 구수하답니다.*

## 2 된장 풀기

냄비에 쌀뜨물을 넣고 된장을 체에 걸러 풀어줍니다.

## 3 국 끓이기

된장 푼 물에 시금치와 바지락을 넣고 끓이다가,

### 엄마와 아빠를 위한 시금치 된장국

엄마와 아빠는 청양고추와 고추장을 넣어서 매콤한 시금치 된장국을 조리해 드세요.
고추장이 싫으면 고춧가루를 넣어도 되요. 고추장은 약간 텁텁한 맛이 나고 고춧가루는 칼칼한 맛을 즐길 수 있어요.

## 4 다진 마늘 넣기

마지막에 다진 마늘을 넣어 한소끔 더 끓입니다.

*마늘은 마지막 단계에서 넣어야해요. 국을 끓이다가 거품이 생기면 걸어내야 깨끗한 국이 됩니다. 마늘을 미리 넣으면 거품을 걸어내는 과정에서 버려질 수 있거든요.*

김과 달걀의 영양을 한꺼번에
# 김 달걀탕

너무너무 간단한 김 달걀탕입니다. 김은 식욕을 돋우는 독특한 향기와 맛을 가지고 있어요. 아이가 입맛이 없어 할 때 좋아하는 달걀과 함께 탕을 끓여 주면 잘 먹어요.

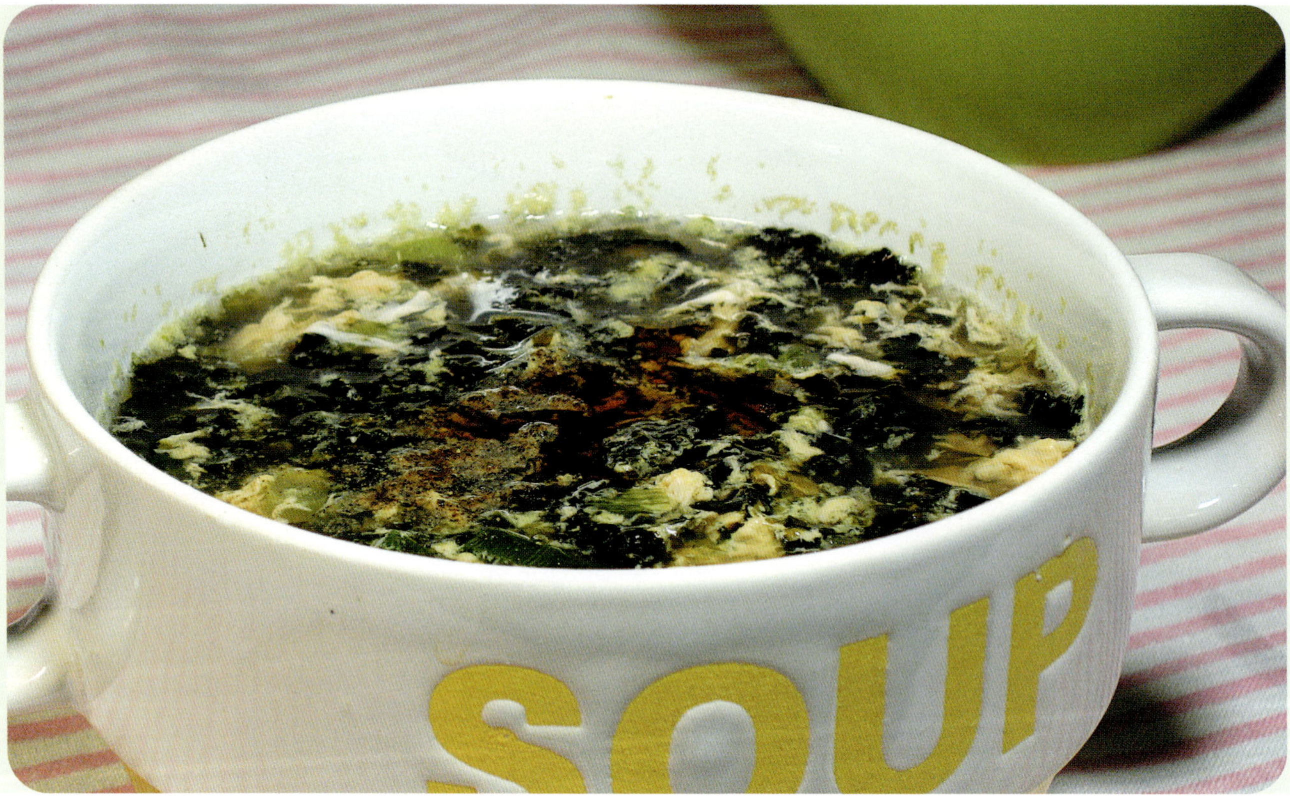

### 요리재료

**2인분**

**재료** | 달걀(1개), 김(1장), 다진 파(2), 다진 마늘(0.3), 국간장(1), 소금, 참기름 약간씩

**멸치다시마국물** | 물(4컵), 국멸치(5마리), 다시마(5cm×5cm 2장)

### 김달걀말이

어렸을 때 달걀말이 사이에 김이 들어간 게 너무나 신기해하며 맛있게 먹었었죠. 달걀을 풀어서 프라이팬에 지지고 약간 촉촉할 때 김을 얹어서 돌돌 말아주기만 하면 끝이랍니다.

> 맨김이 없다면 구운 김을 사용해도 됩니다. 이때 김에 소금간이 되어 있기 때문에 따로 소금간은 하지 않아요.

### 1 재료 준비하기
달걀은 풀어놓고 파는 다져 놓아요.

### 2 김 준비하기
김을 달군 팬에 기름을 두르지 않고 살짝 앞뒤로 구워서 부숴놓습니다.

### 3 멸치다시마국물 내기
멸치와 다시마를 넣고 끓이다가 끓기 시작하면 다시마를 건지고, 5분 후에 멸치도 건져냅니다.

### 4 김 넣기
멸치다시마국물에 김을 넣고 1~2분 정도 끓입니다.

### 5 달걀 넣기
김이 풀어지면 달걀을 돌려가며 넣고 젓가락으로 휘저어 풀이줍니다.

### 6 간하기
마지막으로 다진 파, 다진 마늘을 넣어 가해주고 먹기 직전에 참기름을 약간 넣어 고소한 맛의 풍미를 살려줍니다.

발효식품의 대표적인 국민찌개

# 된장찌개

된장은 대표적인 콩 발효식품으로 콜레스테롤이 몸 속에 쌓이는 걸 막아주며 항암효과가 탁월합니다. 된장이 가진 막강한 효능을 생각한다면 우리 아이들에게 반드시 먹여야 할 먹을거리 중 하나입니다. 가장 흔한 재료로 된장찌개를 끓여볼까요?

요리재료

**2인분**

**재료** 두부(1줌), 감자(1줌), 애호박(1줌), 팽이버섯(1줌), 다진 파(2), 다진 마늘(1), 된장(1.5), 3번째 씻은 쌀뜨물(4컵)

 Special tip

여러 가지 된장찌개

1. **달래 된장찌개** : 봄에는 향긋한 달래를 넣고 된장찌개를 끓여보세요.
2. **조개 된장찌개** : 시원한 맛이 좋아요.
3. **버섯 된장찌개** : 다양한 버섯을 넣고 끓여보세요. 물은 평소 찌개보다 적게 해서 밥에 비벼 먹으면 맛있어요.

> 된장을 체에 걸러주면 뭉치는 것이 없이 깨끗한 찌개가 됩니다.

### 1 재료 썰기
두부, 감자, 애호박은 네모지게 썰어놓고, 팽이버섯은 밑동을 잘라서 준비합니다.

### 2 된장 풀기
냄비에 쌀뜨물을 넣고 된장을 체에 걸러 풀어줍니다.

### 3 찌개 끓이기1
된장 푼 물에 감자 → 애호박 순으로 넣어 끓이고,

**엄마와 아빠를 위한 매콤한 된장찌개**

엄마와 아빠는 청양고추와 고춧가루를 넣고 끓이는 매콤한 된장찌개를 맛보세요. 된장찌개에 양파를 넣으면 양파의 단 맛 때문에 맛이 좀 떨어지게 되지요. 그리고 표고버섯 가루를 넣으면 훨씬 더 맛있답니다.

### 4 찌개 끓이기2
감자가 익으면 두부와 팽이버섯을 넣고 끓여줍니다.

### 5 다진 파 넣기
마지막으로 다진 파와 다진 마늘을 넣고 마무리해줍니다.

양질의 단백질 섭취를 위한
# 두부완자탕

아이가 두부 먹기를 꺼려할 때가 있어요. 그럴 때는 보기 좋고 먹기 편한 두부 완자를 만들어 보세요. 아이가 재미있어 하여 잘 먹는답니다.

### 요리재료

**2인분**

**재료** | 두부(1/2모), 다진 당근(2), 다진 양파(2), 다진 애호박(2), 닭 육수 또는 물(3컵), 녹말가루, 소금 약간씩

### 두부완자 케첩조림

한번 만들 때 두부완자를 넉넉하게 만들어서 케첩조림을 해보세요. 맛있는 반찬이 뚝딱 만들어집니다.

**양념** | 케첩(3), 우스터소스(1), 물(3), 설탕(0.5), 맛술(1), 다진 마늘(0.3)

완자는 끓는 물에 넣고 익혀준 후 팬에 올리브유를 두르고 양념을 넣고 끓입니다. 양념이 끓으면 익힌 완자를 넣고 버무리면 완성입니다.

## 1 두부 준비하기
두부는 으깬 후 면보에 싸서 물기 없이 짜줍니다.

## 2 야채 다지기
당근, 양파, 애호박은 잘게 다집니다. 너무 알갱이들이 크면 뭉칠 때 빠져나와요.

## 3 재료 치대기
볼에 으깬 두부와 다진 야채들을 담아 치대주세요. 오래 치댈수록 끈기가 생겨 잘 뭉쳐집니다.

## 4 완자 만들기
치댄 반죽을 동그랗게 모양을 만든 후 녹말가루에 굴려주세요.

## 5 탕 끓이기
냄비에 닭 육수를 붓고 완자를 넣어 완자가 떠오를 때까지 끓여준 후 소금으로 살짝 간을 합니다.

> 완자 만들 때는 밀가루 보다 녹말가루를 사용하는 게 모양이 덜 흐트러지게 합니다.

### 엄마표 어묵 만들기

시중에서 파는 어묵이 여러 첨가물 때문에 맛은 더 좋지만 그래도 엄마가 만들어주면 안전하잖아요.

**재료** | 생선살, 각종 야채(원하는 야채), 다진 마늘(0.5), 녹말가루(3), 찹쌀가루(2), 달걀(1개), 후추, 생강가루 약간씩

생선살과 각종 야채를 믹서에 갈아서 녹말가루와 찹쌀가루, 달걀, 후추를 넣고 끈기 있게 치대준 후 원하는 모양으로 튀겨주세요. 끈기의 정도는 반죽을 들어보았을 때 5초 정도 후에 떨어지는 정도가 좋아요. 싱겁게 만들어서 어른들은 간장에 찍어 드세요.

항암 성분의 집합체
# 모둠 버섯국

버섯은 항암 효과가 좋다고 알려진 이후 건강 식품으로 많이들 먹잖아요. 아이들은 버섯 요리 먹기를 힘들어 할 수 있어요. 이럴 때 구수한 멸치다시마국물로 국을 끓여 주면 부드러워져 잘 먹어요.

### 요리재료

**2인분**

**재료** | 채 썬 표고버섯(1줌), 느타리버섯(1줌), 팽이버섯(1줌), 채 썬 애호박(1줌), 다진 파(2), 다진 마늘(0.3), 국간장(1), 소금 약간

**멸치다시마국물** | 물(4컵), 국멸치(5마리), 다시마(5cm×5cm 2장)

### 버섯전

버섯은 빨리 먹지 않으면 쉽게 상하잖아요. 버섯찌개를 끓이고 남은 버섯들을 총집합시켜 버섯전을 만들어보세요. 각종 버섯과 집에 있는 야채들을 모아서 달걀과 부침가루를 넣고 소금, 후추로 간해서 프라이팬에 부쳐주기만 하면 완성!

### 1 재료 준비하기
느타리는 살짝 데쳐서 찢어 놓고, 표고버섯과 애호박은 채 썰고, 팽이버섯은 밑동만 잘라줍니다.

### 2 멸치다시마국물 내기
멸치와 다시마를 넣고 끓이다가 끓기 시작하면 다시마를 건지고, 5분 후에 멸치도 건져냅니다.

### 3 국 끓이기1
멸치다시마국물에 표고버섯과 느타리를 넣고 끓이다가,

### 4 국 끓이기2
3에 애호박과 팽이버섯을 넣고 끓여줍니다.

### 5 간하기
마지막에 다진 파, 다진 마늘을 넣고 국간장과 소금으로 간을 합니다.

> 뭔가 허전하다 싶으면 달걀을 풀어 넣어도 아주 맛있답니다. 아니면 일본된장을 살짝 풀어줘도 맛있어요.

**Special tip — 버섯의 종류**

1. **송이버섯**: 어떤 음식이든지 음식궁합이 잘 맞습니다. 하지만 송이버섯의 주요리에는 화학조미료를 넣으면 향이 강해지기 때문에 넣지 않는 것이 좋습니다.
2. **팽이버섯**: 함암작용 물질과 뇌개발에 좋은 성분이 있어, 암 예방과 치매 예방에 좋으며, 각종 아미노산과 비타민을 많이 함유하고 있습니다.
3. **표고버섯**: 항암성분과 간기능에 좋은 효과를 보이며, 돼지고기를 먹을 때 같이 섭취하면 음식궁합이 좋습니다.
4. **만가닥버섯**: 굵은 밑동에서 한 다발이 자라며, 씹는 촉감이 좋고, 향과 맛이 좋습니다.

단백질 섭취하는 날  반찬-육류

# 쇠고기 완자 장조림

고기가 조금만 질겨도 아기들은 쭉쭉 양념만 빨아 먹고, 결국은 입안에 덩어리로 남아 뱉어버리곤 하지요. 장조림을 할 때도 어른이 먹는 것처럼 길게 하면 잘 못 씹을 수 있어요. 그래서 고기를 갈아서 요리해주면 아주 잘 먹지요.

### 요리재료

**고민본**

**재료** | 쇠고기 장조림감(주먹 크기 1개), 메추리알(1줌), 다진 파(2), 다진 양파(2), 파 흰 부분(2대)

**쇠고기양념** | 다진 마늘(0.3), 맛술(1), 녹말가루(1), 후추 약간

**조림장** | 물(3컵), 간장(6), 맛술(2), 설탕(0.5)

### 완자 손쉽게 만들기

완자를 만들다보면 손에 다 묻고 귀찮죠? 이럴 때는 둥근 숟가락 2개만 있으면 해결된답니다. 한 숟가락으로 반죽을 뜨고 다른 숟가락으로 위를 덮어 동그랗게 만들어 튀기거나 구우면 되거든요.

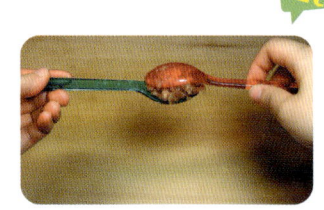

> 메추리알을 삶은 다음 찬물에 헹구고 물을 버린 후 뚜껑을 덮고 흔들어 주세요. 알에 골고루 금이 가면 다시 찬물을 부어놓고 까면 쉽게 벗길 수 있어요. 껍질을 벗긴 다음에도 잠깐 물에 담가두면 작은 껍질들도 다 벗겨져요.

### 1 재료 준비하기
쇠고기는 장조림감으로 준비하고, 메추리알은 삶아 껍질을 벗겨주세요. 파와 양파는 잘게 다져놓아요.

### 2 쇠고기 치대기
쇠고기는 곱게 갈아서 양념을 넣고 끈기가 생길 정도로 치댑니다.

### 3 완자 만들기
잘 치댄 고기를 동글동글하게 빚어요.

### 4 조림장 끓이기
팬에 조림장을 넣고 끓입니다.

### 5 완자 넣기
조림장이 끓으면 고기 완자를 넣고 조려주세요. 그래야 완자가 풀어지지 않아요.

### 6 메추리알 넣기
완자가 어느 정도 조려지면 메추리알을 넣고 더 조립니다.

진짜 고기와 밭의 고기가 만났네
# 쇠고기 두부조림

고소한 두부에 쇠고기까지 곁들여서 고단백 영양 만점인 반찬이에요. 그야말로 1+1이죠.
건강 효과는 1+1 이상이겠죠?

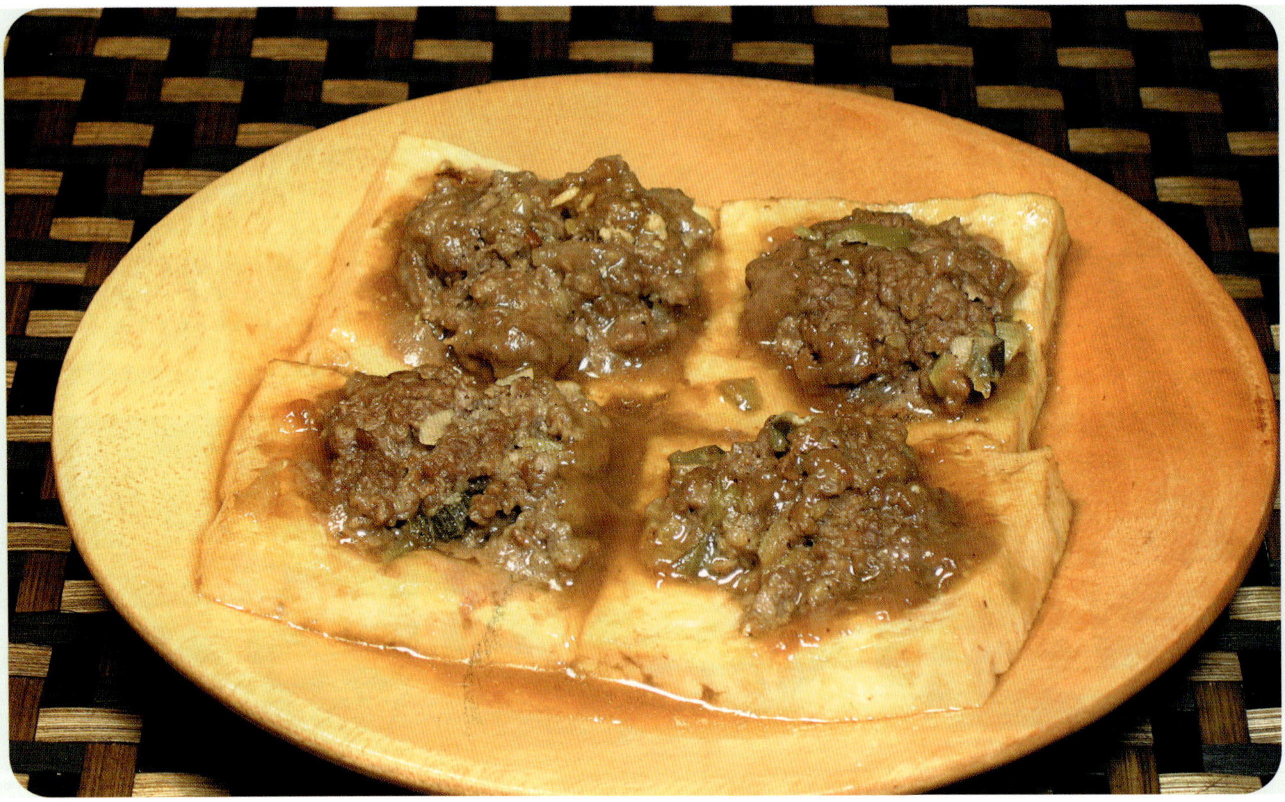

### 요리재료

**2인분**

**재료** | 두부(1/2모), 쇠고기(1줌), 올리브유, 소금, 녹말가루 약간씩

**쇠고기양념** | 다진 파(1), 다진 마늘(0.3), 맛술(1), 설탕(0.5), 깨소금, 후추 약간씩

**조림장** | 간장(2), 설탕(0.5), 다시마국물(1/2컵)

### 조림의 법칙

조림 요리는 간장의 양이 너무 많이 들어가면 짜기 때문에 간장에 물이나 다시마 우린 물을 함께 섞는 게 좋아요. 이때 간장과 물을 1:3 정도의 비율로 섞는 것이 적당해요. 생선조림은 처음부터 간을 맞춰 생선 속살까지 간이 배도록 하고, 야채류처럼 수분이 생기는 재료는 중간에 간을 한 번 더 하는 것이 좋아요. 또 조림을 하다가 태우는 경우가 많은데 조림은 처음부터 센 불에서 조리다가 중간 불, 약한 불로 줄여가는 것이 비결이에요. 생선의 경우에만 센 불에서 단시간 내에 조려야 살이 부서지지 않아요. 맛깔스러운 조림을 하고자 할 때에는 설탕의 양을 조금 줄이고 물엿을 사용하는 것이 좋아요.

### 1 두부 준비하기
두부는 도톰하게 잘라 소금을 뿌려두었다가 키친타월로 물기를 제거해줍니다.

> 조리할 때 두부는 찌개용 두부가 부서지지 않고 좋아요.

### 2 쇠고기 치대기
쇠고기는 다져서 분량의 양념을 넣고 치대줍니다.

### 3 두부 굽기
두부는 달군 팬에 올리브유를 두르고 앞뒤로 노릇하게 지져주세요.

> 두부에 녹말가루를 살짝 묻혀 지지면 부서지지 않아요.

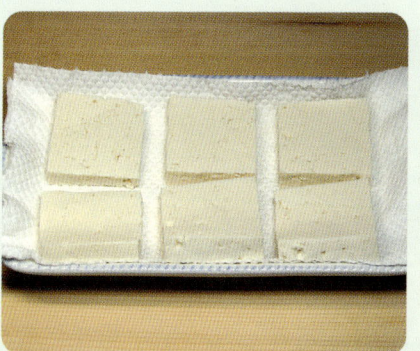

### 두부 만들기
1. 콩을 12시간 정도 불렸다가 믹서에 불렸던 물을 같이 넣어가면서 곱게 갑니다.
2. 간 콩을 면보에 걸러 콩 물만 뺍니다(남은 찌꺼기가 비지이고 여기에서 생긴 물은 두유입니다).
3. 걸러낸 콩 물을 30분 정도 끓입니다.
4. 끓인 콩 물을 한 김 빼내고 간수를 넣어가면서 저어주면 됩니다.
5. 엉겨지면 두꺼운 물건을 위에 두어 눌러주면 단단한 두부가 만들어집니다.

### 4 쇠고기 얹기
냄비에 올리브유를 두르고 두부를 얹어 그 위에 녹말가루를 얇게 펴바르고, 양념해둔 쇠고기를 올려줍니다.

### 5 조리기
냄비 가장자리에 조림장을 만들어 끼얹고 뜸불에서 은근히 조려줍니다.

> 녹말가루를 살짝 발라줘야 쇠고기가 잘 떨어지지 않아요.

맛있는 카레와 닭의 만남
# 닭 카레구이

밋밋한 닭구이만 먹이기 보다는 여기에 카레를 살짝 넣어서 식욕을 돋워주세요. 버터가 가진 고소한 향과 맛이 카레와 어울려 입 안을 풍부하게 만듭니다.

### 요리재료

**2인분**

**재료** | 닭 안심(1줌), 썬 양파(1줌), 썬 피망(1줌), 썬 당근(1줌), 버터, 후추, 소금 약간씩

**카레소스** | 우유(3), 카레가루(0.5)

**Special tip**
카레가루는 순한 맛으로 사용하고 너무 많이 넣지 마세요. 향이 너무 강해서 아이들이 싫어할 수도 있거든요.

### 1 재료 준비하기
닭 안심은 적당하게 썰어 소금, 후추로 밑간해놓고, 양파, 피망, 당근은 썰어줍니다.

### 2 재료 볶기
달군 팬에 버터를 두르고 닭고기를 굽다가 당근→양파→피망 순으로 볶아주세요.

단단한 순으로 볶아주면 되요.

### 3 카레소스 넣기
재료들을 볶다가 카레소스를 넣고 고루 섞이게 한 번 더 볶아줍니다.

과일과 함께 무쳐먹어요
# 닭고기 파인애플 무침

닭고기도 먹고 파인애플도 먹어요. 여름에는 무쳐서 냉장고에 차게 보관했다가 먹으면 시원하고 훨씬 맛있답니다.

 요리재료

**2인분**
**재료** | 닭 안심(1줌), 다진 땅콩(1), 옥수수콘(2), 파인애플(1줌), 대파(2대), 통후추 약간
**소스** | 마요네즈(6), 허니머스터드소스(1), 레몬즙(1), 설탕(0.5)

**Special tip**
요리책을 보면 레몬즙이 1큰술, 2큰술씩 쓰이는 경우가 많죠. 그때마다 레몬을 사다가 즙을 내기란 쉽지 않아요. 대형마트나 수입식품점에 가면 레몬즙을 파는데 하나 구입해두면 오랫동안 아주 유용하게 사용할 수 있어요.

**1 닭고기 삶기**
닭 안심살은 끓는 물에 대파와 통후추를 넣고 삶아줍니다.

**2 소스 만들기**
닭을 건져내 적당하게 썰어놓고 분량의 재료를 섞어 소스도 만들어주세요.

**3 재료 섞기**
큰 볼에 닭고기, 다진 땅콩, 옥수수콘, 파인애플을 넣고 잘 섞어주세요.

고구마는 팔방미인
# 닭 고구마조림

닭과 달콤한 고구마에 소스까지 곁들여서 만들어주면 아이가 밥 한 공기를 금세 비우지요.

 요리재료

2인분

**재료** | 닭 안심(1줌), 양파(1줌), 고구마(1줌), 올리브유, 참기름, 소금, 후추 약간씩

**조림장** | 케첩(2), 간장(1), 물(5), 설탕(0.5), 물엿(0.5), 맛술(1), 다진 마늘(0.3), 깨소금(1)

**Special tip**
케첩과 같은 소스를 사용할 때는 그 안에 이미 염분이 들어 있으니 간장이나 소금의 양을 평소보다 조금 줄여서 요리해주세요.

**1 닭고기 굽기**
소금, 후추로 밑간해둔 닭 안심살은 프라이팬에 구워 준비합니다.

**2 야채 볶기**
고구마는 썰어 찬물에 10분 정도 담가 녹말기를 제거한 후 볶다가 양파도 고구마의 크기로 썰어 넣고 볶아줍니다.

**3 조림장 넣어 조리기**
구운 닭고기와 조림장을 넣고 버무려가며 조려줍니다. 다 조려지면 참기름을 넣고 마무리해주세요.

부드러운 간장 소스로 만든
# 감자 제육볶음

제육볶음하면 매콤한 요리나 술안주를 으레 떠올리게 됩니다. 하지만 아이들은 매운 것을 잘 먹지 못하니 일단 간장소스로 된 제육볶음부터 먹여 보세요.

**요리재료**

**2인분**

**재료** | 돼지불고기(1줌), 채 썬 감자(1줌), 채 썬 양파(1줌), 채 썬 피망(1줌), 검은 깨, 올리브유, 참기름 약간씩

**볶음양념장** | 간장(2), 맛술(1), 설탕(0.5), 다진 파(1), 다진 마늘(0.3)

**1 야채 볶기**
감자는 채 썰어 찬물에 10분 정도 담가 녹말기를 제거한 후 볶다가 어느 정도 익으면 피망도 넣어서 볶아줍니다.

**2 고기 볶기**
피망을 살짝 볶다가 먹기 좋게 썬 돼지고기와 양파를 넣고 볶음 양념장도 넣어서 볶아주세요.

**3 마무리하기**
돼지고기가 익으면 참기름과 검은 깨를 뿌려 마무리해주세요.

돼지고기가 치즈에 둘둘 말려서
# 돼지고기 치즈 말이

고기와 야채와 치즈를 한꺼번에 먹을 수 있는 반찬이에요. 어른용으로는 한 두입 크기지만 아기들은 먹기 좋게 잘라서 주세요.

**요리재료**

2인분

**재료** | 돼지고기 넓찍한 것(4장), 아기용 치즈(4장), 채 썬 당근(2), 채 썬 양파(2), 채 썬 피망(2), 녹말가루, 밀가루, 올리브유, 맛술, 후추 약간씩

**조림장** | 간장(2), 물(3), 설탕(0.5), 물엿(1)

**Special tip**

1 아기용 치즈 대신에 모짜렐라 치즈를 넣으면 더 쫄깃하고 맛있어요.

2 **먹다 남은 치즈 보관하는 방법** : 먹다 남은 치즈의 마른 부분에 우유를 묻히고 랩에 싸서 전자레인지에 넣고 살짝 가열해 주면 맛이 되살아나고 부드러워집니다. 치즈를 오래 보관하려면 가운데 부분부터 잘라서 먹고 남은 것의 단면을 서로 붙여 랩에 싸서 보관하면 됩니다.

## 1 돼지고기 밑간하기
돼지고기를 기름이 적은 부위로 넓적하게 썰어 맛술과 후추로 잡냄새를 없애줘요.

## 2 야채 썰기
당근, 피망, 양파는 채 썰어 준비합니다.

## 3 고기 말기
밑간한 돼지고기에 녹말가루를 살짝 바르고 치즈→당근→피망→양파를 얹어서 돌돌 말아주세요.

## 4 밀가루 입히기
3의 고기를 다시 밀가루에 굴려주세요.

## 5 고기 굽기
밀가루에 굴린 돼지고기를 달군 팬에 올리브유를 두르고 노릇노릇하게 굴려가며 구워줍니다.

## 6 조리기
고기가 익으면 조림장을 넣고 끼얹어가며 조려주세요.

# 동글동글 먹기 좋은
# 동그랑땡

명절 때나 각종 집안 행사에 빠지지 않고 등장하는 음식이지요. 동글동글해서 한 입에 쏙 먹기도 편해 아이들이 참 좋아해요.

**요리재료**

**2인분**

**재료** | 갈은 돼지고기(1줌), 두부(1/4모), 다진 당근(2), 다진 양파(2), 다진 파(2), 올리브유, 밀가루 약간씩, 달걀(1개)

**양념** | 간장(0.5), 달걀(1개), 밀가루(3), 다진 마늘(0.5), 참기름, 깨소금, 소금, 후추 약간씩

**Special tip**
만약 소를 많이 만들어서 동그랑땡만 만들기 밋밋하다면 피망과 고추 속에도 넣고 깻잎으로 말기도 해서 여러 가지 전을 만들어보세요.

돼지고기도 갈아져서 판매하는 것보다는 기름기 없는 부위를 사다가 집에서 직접 갈아서 사용하면 더욱 좋겠죠?

**1 재료 섞기**
돼지고기는 갈고 두부는 으깨고 당근, 양파, 파는 다져서 모두 볼에 넣고 양념과 함께 여러번 치댑니다.

**2 재료 빚기**
치댄 재료를 동글동글하게 빚어서 밀가루에 살짝 묻히고 달걀옷을 입힌 후,

**3 지지기**
달군 팬에 올리브유를 두르고 노릇노릇하게 지져주세요.

## 아이보다 아빠가 더 좋아하는
# 베이컨 메추리알 꼬치

베이컨의 짠 맛이 있지만 메추리알과 꼬치를 해서 주니까 아이가 너무 맛있어 해요.
그런데, 옆에 있던 아빠가 더 맛있다며 좋아해요.

 **요리재료**

**2인분**
**재료** | 베이컨(6장), 메추리알(12개)
**소스** | 마요네즈(4), 허니 머스타드소스(2), 설탕(0.5), 레몬즙(1)

**Special tip**
아이들이 먹을 베이컨은 조금이라도 짠 성분을 줄이기 위해서 끓는 물에 살짝 데쳐서 사용해주세요.

**1 재료 준비하기**
메추리알은 삶아 껍질을 벗겨 준비하고, 베이컨은 반으로 잘라주세요.

**2 베이컨 굽기**
기름을 두르지 않은 달군 팬에서 베이컨을 앞뒤로 살짝 구워주고,

**3 꼬치 끼우기**
살짝 구운 베이컨에 메추리알을 넣고 돌돌 감아 꼬치에 2개씩 끼워 소스를 뿌려주면 완성이에요.

새우살이 톡톡

# 새우 스크램블

반찬-어패류

새우와 달걀이 어우러져 맛이 환상이에요~
톡톡 씹히는 새우와 부드러운 달걀을 함께 느낄 수 있어요.

요리재료

**2인분**

**재료** | 적새우살(1줌), 달걀(1개), 다진 오이(2), 다진 당근(2), 레몬즙(1), 올리브유, 소금, 후추 약간씩

**Special tip**
새우살의 냄새가 강해 싫어하는 아이들도 있어요. 그럴 때는 레몬즙을 1큰술 정도 뿌려두었다가 요리하면 좀 덜하답니다. 레몬즙이 없다면 볶을 때 버터를 이용해도 강한 냄새가 조금 덜 해지지요.

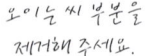
오이는 씨 부분을 제거해 주세요.

**1 야채 볶기**
오이와 당근은 다져서 달군 팬에 올리브유를 두르고 볶아주세요.

**2 새우 볶기**
오이와 당근을 볶다가 적새우살을 넣고 익을 때까지 볶아주세요.

**3 달걀 넣기**
마지막에 달걀을 풀어서 넣어 젓가락으로 휘저어가며 달걀을 익혀주고 소금과 후추로 간을 맞춥니다.

## 밥 한 그릇 뚝딱
# 참치 야채전

참치 캔과 냉장고에 있는 각종 야채들을 모아서 참치전을 만들어보세요. 밥 한 그릇 뚝딱이에요.

**요리재료**

2인분

**재료** | 참치(1/2캔), 옥수수콘(2), 맛살(1줄), 깻잎(5장), 다진 당근(2), 다진 피망(2), 다진 양파(2), 부침가루(3), 달걀(1), 후추, 올리브유 약간씩

**Special tip**

1  2의 과정에서 소금 간을 약간 하기도 하지만, 참치에 적당한 간이 되어있어 안 해도 괜찮아요.

2  맛살도 사실 많은 첨가물이 들어있는 식품 중 하나입니다. 유해성을 조금 줄이려면 뜨거운 물을 끼얹어 주거나 끓는 물에 살짝 데치면 됩니다. 그리고 꼭 익혀서 주세요.

### 1 재료 준비하기
참치는 기름기를 빼주고 옥수수콘은 뜨거운 물을 끼얹어주세요. 맛살, 깻잎, 당근, 피망, 양파는 다져줍니다.

### 2 재료 섞기
볼에 준비한 재료들을 넣고 부침가루, 달걀, 후추를 약간 넣어 치대주세요.

### 3 노릇하게 지지기
올리브유를 두른 팬에 2를 숟가락으로 떠서 노릇노릇하게 지져주면 완성입니다.

샐러드용 반찬
# 참치 마요네즈 무침

엄마가 아파서 요리를 못할 때 아빠한테 부탁해도 금세 뚝딱 만들 수 있지요.
반찬으로 먹어도 되고 밥과 함께 김에 싸서 먹으면 미니 참치김밥이 된답니다.

요리재료
2인분
**재료** | 참치(1캔), 옥수수콘(5), 마요네즈(4), 레몬즙(2), 후추 약간

**Special tip**
1 시판 마요네즈에도 염분이 있고 참치에도 염분이 있으니 소금은 넣지 않아도 되요.
2 레몬즙을 사용하면 마요네즈를 조금 덜 사용해도 되지요.

**1 참치 기름 제거하기**
참치는 체에 밭쳐 기름기를 빼주세요.

**2 재료 섞기**
볼에 기름기를 제거한 참치와 뜨거운 물을 끼얹은 옥수수콘을 넣고,

**3 버무리기**
마요네즈, 레몬즙, 후추를 넣어 버무리기만 하면 됩니다.

등푸른 생선의 영양소
# 삼치 간장 스테이크

삼치는 그냥 구워먹어도 맛있지만 달콤한 소스를 곁들이면 더 맛있어요. 살을 발라서 그냥 소스에 찍어먹어도 되요.

### 요리재료

**2인분**

**재료** | 삼치(1마리), 맛술, 후추 약간씩
**소스** | 다시마국물(1/2컵), 간장(2), 맛술(1), 설탕(0.5), 녹말물(1, 물:녹말=1:1)

**멸치다시마국물내기** *Special tip*
멸치와 다시마를 넣고 끓이다가 끓기 시작하면 다시마를 건져내고 5분 후에 멸치도 건져냅니다 (p358 참고).

**1 삼치 밑간하기**
삼치는 손질해서 맛술, 후추를 뿌려서 밑간해둡니다.

**2 소스 만들기**
다시마국물에 간장, 설탕, 맛술을 넣고 설탕이 녹을 때까지 끓이다가 녹말물을 넣어 걸쭉하게 소스를 만듭니다.

**3 삼치 굽기**
삼치를 앞뒤로 노릇노릇하게 구워 소스를 뿌려주세요.

단백질 가득 가자미 생선으로 만드는

# 토마토소스 생선찜

토마토소스로 생선을 찌면 비릿한 맛도 없고 별미를 맛볼 수 있어요. 늘 간장조림이나 구워먹던 생선을 토마토소스 외에 여러 가지 소스를 넣고 찜을 해보세요.

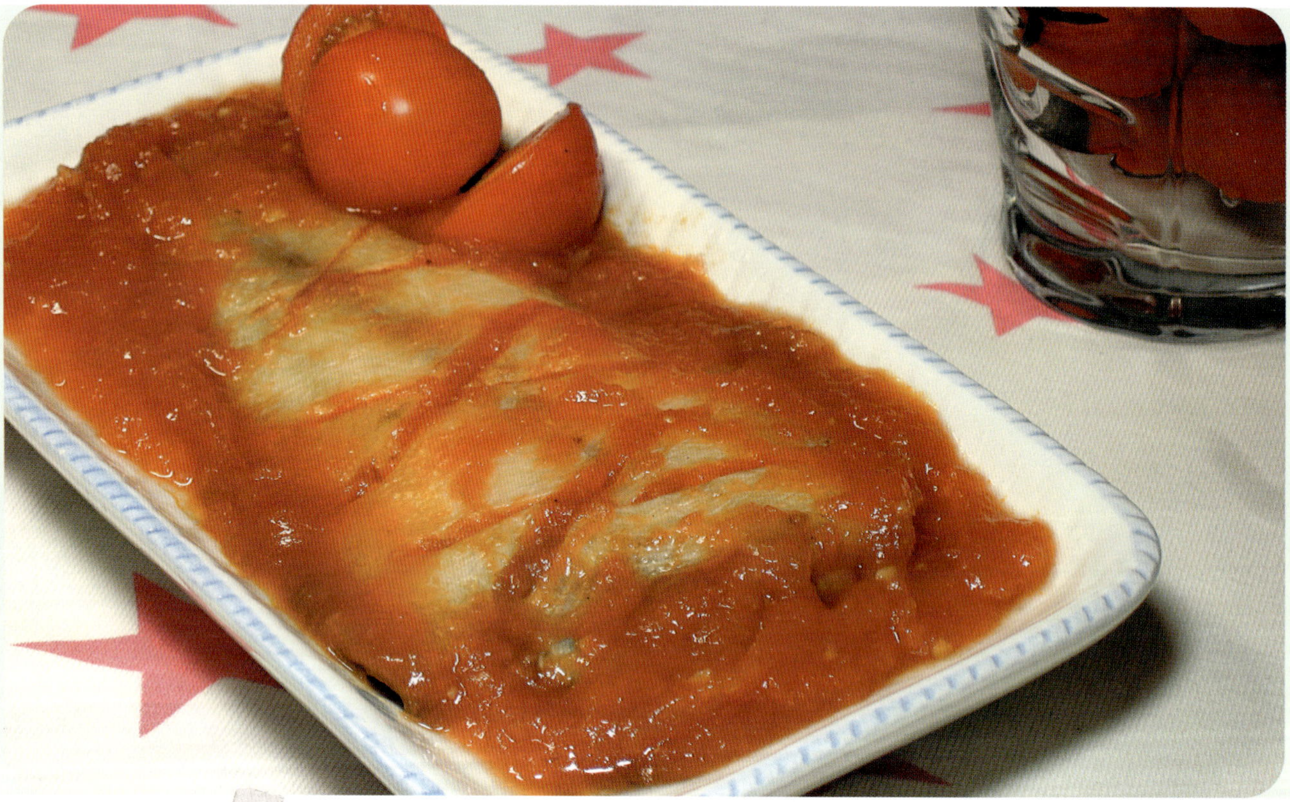

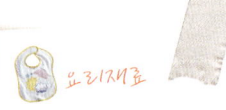

**요리재료**

**2인분**

**재료** | 가자미(1마리), 맛술 약간

**토마토소스** | 토마토(주먹 크기 1개), 월계수 잎(2장), 다진 마늘(0.5), 물(1/4컵), 올리브유(1), 다진 양파(3), 소금 약간

### 찜요리할 때 불 조절하기

생선으로 찜 요리를 할 때는 처음부터 센 불에서 재빨리 쪄내야 특유의 비린내를 없앨 수 있어요. 센 불에서 한 번 익히고 약한 불로 줄여 소스가 배어나도록 찝니다.

> 맛술에 재우면 비린내가 제거됩니다.

**1 가자미 손질하기**
가자미는 손질한 후 맛술을 뿌려 잠시 재워둡니다.

**2 토마토 손질하기**
토마토는 윗 부분에 칼로 열십자 모양을 내서 꼭지를 포크로 찍어 끓는 물에 5초만 담근 후 꺼내 바로 찬물에서 식혀 껍질을 벗겨주세요.

**3 토마토 다지기**
껍질 벗긴 토마토를 씨를 빼고 잘게 다져줍니다.

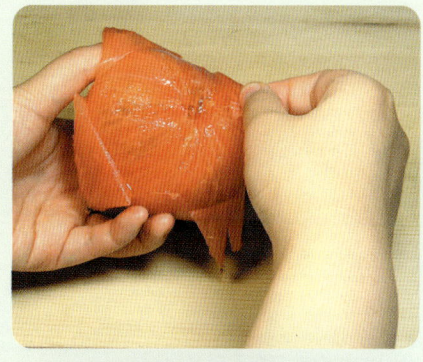
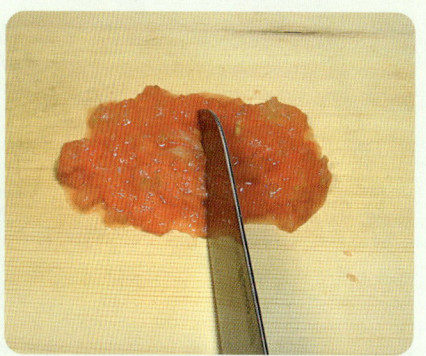

**4 소스만들기1**
팬에 올리브유를 두르고 다진 마늘과 양파를 볶다가 다진 토마토를 넣고 볶아줍니다.

**5 소스만들기2**
4에 물과 월계수 잎을 넣고 중간 불에서 2/3가 졸아들 때까지 뭉근히 끓여주세요. 소금 간도 살짝 해줍니다.

**6 가자미찌기**
냄비에 맛술에 재워 둔 가자미와 소스를 넣고 센 불에서 끓이다가 뚜껑을 열고 불을 약하게 줄여서 가자미에 소스가 잘 배도록 끼얹어주며 찝니다.

싱싱한 해산물 요리
# 바지락 볶음

바지락 볶음은 엄마들이 하나하나 살을 발라서 줘야하는 번거로움이 있지만, 아이들은 그런 엄마의 모습을 보면서 호기심에 가득 차서 흥미롭게 바라볼지도 몰라요. 아마 스스로 해보겠다며 투정을 부리기도 할걸요.

 요리재료

**2인분**

**재료** | 바지락(2줌), 썬 당근(2), 썬 양파(2), 썬 청피망(2), 다진 마늘(0.3), 다진 파(1), 통깨, 후추, 올리브유, 참기름 약간씩

**볶음 양념** | 굴소스(1), 맛술(2), 레몬즙(2), 설탕(0.5), 소금 약간

엄마와 아빠 요리로는 볶음 양념에 두반장 2큰술 정도와 청양고추를 다져서 넣으면 매콤한 바지락 볶음을 맛볼 수 있어요. 바지락 대신 홍합을 사용해서 좀 더 매콤하게 요리하면 사천식 홍합 볶음이 된답니다.

1 바지락 해감하기
바지락은 연한 소금물에 1시간쯤 담가 해감시킵니다.

2 야채 준비하기
당근, 양파, 청피망은 네모지게 썰어 준비하세요.

3 야채 볶기
달군 팬에 올리브유를 두르고 다진 마늘을 볶아 향을 내다가 당근→피망→양파 순으로 볶아주세요.

4 바지락 볶기
야채가 어느 정도 익으면 바지락을 넣어 볶다가 바지락 입이 벌어지면 후추를 뿌려주고,

5 볶음 양념 넣기
4에 볶음 양념을 넣고 버무려 주세요.

6 다진 파와 통깨 넣기
마무리로 다진 파와 통깨를 넣으면 완성입니다.

엄마의 단골 도시락 반찬이었던

# 어묵 야채 볶음

어묵은 반찬 중에서도 단골 메뉴입니다. 하지만 예전에 뉴스에서 어묵을 썩은 생선으로 만든 걸 접하면서 너무나 놀랐었어요. 요즘은 안전한 매장에서도 어묵을 판매하니 그것을 사서 요리하거나 그래도 마음이 안 놓인다면 엄마가 직접 만들어 주는 것도 좋을 것 같아요.

**요리재료**

**2인분**

**재료** | 어묵(2줌), 썬 청피망(2), 썬 당근(2), 참기름, 통깨, 올리브유 약간씩
**볶음 양념** | 굴소스(1), 물엿(0.5), 다진 마늘(0.3)

**Special tip**
엄마표 어묵 만들기(p 209 참고).

**1 재료 준비하기**
어묵은 끓는 물에 데쳐서 먹기 좋게 썰고, 당근과 피망도 네모지게 썰어줍니다.

**2 재료 볶기**
달군 팬에 올리브유를 두르고 당근, 피망을 볶다가 어묵을 넣고 볶아주세요.

**3 볶음 양념 넣기**
볶은 재료에 볶음 양념을 넣고 볶다가 참기름, 통깨를 뿌려서 완성합니다.

장조림의 색다른 변신
# 오징어 조림

오독오독 씹히는 오징어와 스르르 녹는 감자가 생각보다 잘 어울려요. 국물을 자작자작하게 남겨두어 밥에 비벼 먹여도 아주 잘 먹어요.

**요리재료**
2인분
**재료** | 오징어(1줌), 감자(1줌), 참기름 약간
**조림장** | 다시마국물(1/2컵), 맛술(1), 간장(1), 굴소스(1), 설탕(0.5)

**Special tip**
생물 오징어가 없다면 급한대로 마른 오징어를 물에 불려서 끓는 물에 충분히 삶아주면 됩니다.

오징어 껍질은 마른 행주나 굵은 소금을 사용해서 벗기면 쉽게 벗길 수 있어요.

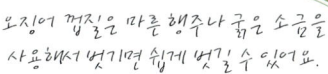

**1 재료 준비하기**
오징어는 껍질을 벗겨 칼집을 내준 후 먹기 좋게 썰고, 감자도 썰어주세요.

**2 조림장 끓이기**
냄비에 조림장을 넣어서 끓이다가 끓기 시작하면 오징어와 감자를 넣어주세요.

**3 참기름 넣기**
오징어와 감자를 조림장이 자작해질 때까지 조려준 후 마지막에 참기름을 뿌려줍니다.

칼슘 보충의 왕
# 잔멸치 볶음

멸치볶음은 아주 든든한 밑반찬이지요. 달콤한 양념장에 바삭바삭 과자처럼 볶아주세요.

**요리재료**
2인분
**재료** | 멸치(1컵), 올리브유, 참기름 약간씩
**볶음 양념장** | 설탕(0.5), 물엿(1), 맛술(1), 물(2)

### 멸치 주먹밥

멸치볶음이 3일 이상 냉장고에 그대로 있다면 주먹밥을 만들어보세요.

**재료** | 멸치볶음, 밥, 재워 놓은 김

1 재워 놓은 김을 봉지에 넣고 부숴주세요.
2 밥에 김과 멸치볶음을 넣고 섞어준 후 동글동글하게 빚기만 하면 됩니다.

**1 멸치 준비하기**
멸치는 기름을 두르지 않은 팬에서 먼저 볶아 체에 걸러서 이물질을 제거해주세요(비린내를 줄일 수 있어요).

**2 볶음 양념장 넣기**
달군 팬에 올리브유를 두르고 멸치를 볶다가 볶음 양념장을 넣고,

**3 참기름 넣기**
멸치가 노릇노릇해질 때까지 볶고 참기름을 넣어 마무리합니다.

## 고등어를 맛있게 먹이기
# 고등어 카레구이

고등어는 자칫하면 비린내 때문에 아이들이 안 먹을 수 있어요. 그럴 때는 카레가루를 넣어 비린내를 덜 나게 한다면 잘 먹는답니다.

**요리재료**
2인분
**재료** | 고등어(1마리), 카레가루(1), 밀가루(2), 올리브유, 맛술 약간씩

 엄마와 아빠를 위한 고갈비

고등어를 구워준 후 양념을 발라서 살짝 더 구워주면 완성 됩니다. 완성된 후 다진 파와 깨소금을 뿌려주세요~

**양념** | 고추장(0.5), 고춧가루(1), 맛술(1), 물엿(0.5), 다진 마늘(0.5), 후추, 참기름 약간씩

**1 고등어 손질하기**
고등어는 손질 후 맛술을 뿌려 잠시 재워둡니다.

**2 밀가루 입히기**
카레가루와 밀가루를 섞어서 손질한 고등어에 골고루 묻혀준 후,

**3 고등어굽기**
팬에 올리브유를 두르고 노릇노릇하게 구워주세요.

새까만 콩에 영양이 듬뿍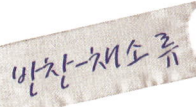

# 콩장

도시락 반찬 메뉴로 빠지지 않는 콩장! 제가 제일 싫어했던 반찬 중 하나였어요. 그래서 거의 해 먹지 않았는데, 밭에서 나는 쇠고기라 할 정도로 몸에 좋은 콩을 엄마가 싫어한다고 아이에게 안 먹일 수 있나요?

 요리재료

**2인분**
**재료** | 검은 콩(1컵), 물(1컵), 물엿(1), 참기름 약간
**조림장** | 진간장(1/3컵), 설탕(1), 맛술(1), 올리브유(3)

**Special tip**
1 물엿을 처음부터 많이 넣으면 딱딱해지므로 마지막에 넣어 주는 게 부드러워요.
2 조림장에서 어른용은 간장을 1/2컵 정도 사용하세요.

**1 검은 콩 삶기**
검은 콩은 반나절 이상 물에 불려 냄비에 담고 물을 부어 푹 삶아주세요.

**2 조림장 끓이기**
삶은 콩에 조림장을 넣고 한번 끓으면 제일 약한 불로 줄여 은근히 졸여줍니다.

**3 물엿과 참기름 넣기**
조림장이 거의 졸아들면 물엿과 참기름을 넣고 휘저어주면 완성입니다.

두루두루 영양가 있는 호박 요리
# 애호박나물

집에 웬만하면 애호박 하나씩은 다 있죠. 된장찌개도 끓여 먹고 전을 부쳐서 먹기도 하지요.
새우젓으로 간해서 볶아주면 아주 잘 먹어요. 반찬 없을 때는 이거에 달걀프라이 하나 해서 비벼줘도 잘 먹는답니다.

**요리재료**
2인분
**재료** | 애호박(1/2개), 소금(0.3), 새우젓(0.3), 다진 마늘(0.3), 올리브유, 참기름 약간씩

**Special tip**
엄마와 아빠를 위한
**애호박 볶음**

애호박을 돌려깎기 해놓으면 속 알맹이는 남게 되는데 버리기 아깝잖아요. 알맹이는 썰어 다진 마늘을 넣고 볶아서 새우젓으로 간한 다음 김가루와 통깨를 넣고 버무려서 드세요. 고소하고 맛있어요.

**1 애호박 준비하기**
애호박은 돌려깎기한 후 반달모양으로 썰어 소금에 절입니다.

**2 애호박 볶기**
소금에 절인 애호박을 꼭 짜서 달군 팬에 올리브유를 두르고 다진 마늘과 함께 볶아주세요.

**3 간하기**
마지막에 새우젓으로 간하고 참기름을 뿌려주면 완성입니다.

감자만 볶으면 심심해서
# 감자 베이컨 볶음

베이컨은 짜기 때문에 잘 먹이지 않는데, 입맛 없어 할 때는 가끔씩 먹이면 효과를 톡톡히 보지요. 아무래도 싱거운 음식보다는 짭조름한 음식을 더 잘 먹으니까요. 그래도 어릴 때부터 싱겁게 먹는 습관을 들이도록 노력해야 한다는 걸 명심하시구요.

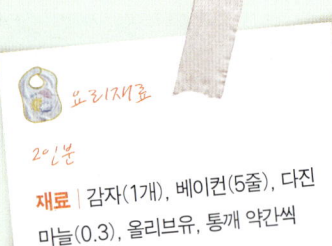

**요리재료**

**2인분**

**재료** | 감자(1개), 베이컨(5줄), 다진 마늘(0.3), 올리브유, 통깨 약간씩

**Special tip**

베이컨 대신 쇠고기를 양념해서 함께 볶아줘도 좋아요. 베이컨보다는 간이 덜 되어 있으니 간 조절을 잘 하세요.

**1 재료 준비하기**
감자는 채 썰어 찬물에 담가 녹말기를 제거해주고, 베이컨은 끓는 물에 살짝 데쳐 채 썰어줍니다.

**2 감자 볶기**
달군 팬에 올리브유를 두르고 다진 마늘과 감자를 넣고 볶아주다가,

**3 베이컨 볶기**
감자가 익으면 베이컨을 넣고 살짝 더 볶아 통깨를 뿌려 마무리합니다.

맛있는 버섯반찬
# 표고버섯 부추 볶음

부추에는 몸의 보온효과가 있어서 감기예방에도 좋은 식품입니다. 표고버섯에 부추와 양파를 곁들여 한입 쏙 넣어주면 영양만점 반찬이지요.

**요리재료**

**2인분**

**재료** | 표고버섯(1줌), 썬 부추(1줌), 채 썬 양파(1줌), 올리브유 약간

**표고버섯 양념** | 간장(1), 다진 마늘(0.3), 설탕(0.3), 참기름, 후추, 깨소금 약간씩

**Special tip**
부추 대신 깻잎을 넣어줘도 향긋하고 맛있어요.

양파를 차게 한 다음에 썰면 맵지 않아요.

**1 재료 준비하기**
표고버섯은 기둥을 떼어내 썰고, 부추도 썰어놓고, 양파는 채 썰어주세요.

**2 표고버섯 볶기**
표고버섯은 양념을 한 후 달군 팬에 올리브유를 두르고 볶아주세요.

**3 야채 볶기**
표고버섯을 볶다가 부추와 양파를 넣고 볶아주세요.

## 밥을 비벼 먹으면 더 맛있는
# 무나물

무나물이 달짝지근해서인지 무척이나 잘 먹더라고요. 무 한통을 사서 엄마와 아빠를 위한 무생채를, 아이를 위해서는 담백한 무나물을 만들어서 온 가족이 맛보세요.

  요리재료

**2인분**
**재료** | 무(2줌), 올리브유, 참기름, 소금, 통깨 약간씩

### 엄마와 아빠를 위한 무생채

**재료** | 무(2줌), 설탕(1.5), 식초(1.5), 다진 마늘(0.5), 고춧가루(1), 소금(1), 다진 파(2), 참기름, 통깨 약간씩

무는 채 썰어 소금을 넣고 버무려 잠시 절인 후 물기를 제거해 준 다음 설탕, 식초, 고춧가루를 넣고 버무리다가 물이 들면, 다진 마늘, 다진 파, 참기름, 통깨를 넣어 한번 더 버무려주세요.

### 1 무 채 썰기
무는 채 썰어 준비합니다.

### 2 무 데치기
채 썬 무를 살짝 데쳐 체에 올려 물기를 빼줍니다. 무의 매운 맛도 없어지고 살짝 익혀준 후 볶아주면 더 살강살강 해지거든요.

### 3 무 볶기
달군 팬에 올리브유를 두르고 데친 무를 볶아주세요. 무가 익으면 소금 간하고, 참기름을 넣어 통깨로 마무리합니다.

## 두뇌 발달의 최고봉
# 견과류조림

견과류는 두뇌발달에 도움이 되는 식품이죠. 쿠키나 빵 만들 때 주로 사용하지만 하루에 조금씩 간식처럼 먹어도 좋아요. 가끔 조려서 반찬으로 먹어도 별미구요.

**요리재료**

**2인분**

**재료** | 호두(1줌), 땅콩(1/2줌), 잣(3), 참기름 약간
**조림장** | 다시마국물(1/2컵), 간장(2), 물엿(1), 설탕(1), 맛술(1)

**Special tip**

견과류를 볶을 때는 기름을 사용하지 않아요. 왜냐하면 견과류에도 지방이 높은데 기름까지 사용하면 지방섭취가 너무 많아지거든요. 반면에 칼슘이 풍부한 식품과 함께 섭취하면 영양이 높아집니다.

### 1 견과류 볶기
견과류들을 달군 팬에 살짝 볶아주세요.

### 2 조림장 넣기
볶은 견과류에 조림장을 넣고 보글보글 끓으면 불을 약한 불로 줄여 조려주세요.

### 3 참기름 넣기
조림장이 거의 다 조려지면 참기름을 넣고 한번 휘저어주세요.

## 설사와 감기에 좋은
# 연근조림

연근조림은 예성이 친구 집에 갔다가 먹였는데 생각보다 너무 잘 먹더군요. 오독오독 어찌나 잘 먹는지, 작게 잘라서 밥 위에 올려주는데 어떨 때는 큰 것을 통째로 들고서는 야금야금 돌려가며 먹는 모습이 너무 귀여워요.

**2인분**

**재료** | 연근(2줌), 맛술(1)
**식초물** | 식초(1), 물(2컵)
**조림장** | 물(1컵), 간장(1.5), 설탕(0.5), 물엿(0.5), 참기름 약간

**Special tip**
껍질을 필러로 얇게 벗긴 뒤 연근 구멍 속의 불순물을 흐르는 물에 씻으면서 젓가락으로 끌어내줍니다. 연근을 자른 뒤 바로 식초물(물 2컵 + 식초(1))에 담가주세요. 연근의 변색을 막을 수 있고, 특유의 아린 맛을 제거할 수 있습니다.

**1 연근 손질하기**
연근은 손질 후 썰어 식초물에 1시간 정도 담갔다가 팔팔 끓는 물에 삶아 찬물에 바로 헹궈 물기를 빼줍니다.

**2 조림장 넣기**
조림장을 끓이다 끓기 시작하면 연근을 넣고 센 불에서 끓입니다. 색이 배어들면 약한 불로 줄여 맛술을 넣고 조림장을 끼얹어가며 조립니다.

**3 참기름 넣기**
완전히 조림장이 졸아들면 참기름을 넣고 휘저어주세요.

## 두부를 더 맛있게 만든
# 두부조림

어른들은 두부를 그냥 구워도 잘 먹지만 아이들은 밍밍해서 잘 먹지 않죠. 이럴 땐 간장을 넣고 조려보세요. 평소보다 간이 되어 있어서 더 잘 먹을 거예요.

**요리재료**

**2인분**

**재료** | 두부(1/2모), 올리브유, 참기름, 통깨 약간씩

**조림장** | 물(3), 간장(1), 설탕(0.3), 물엿(0.5)

### 엄마와 아빠를 위한 매운 두부조림

방법은 똑같고 조림장만 달라요.

**매콤한 조림장** | 고춧가루(2), 간장(2), 다진 파(1), 다진 마늘(0.5), 다진 청양고추(1), 물(4), 설탕(0.5), 물엿(0.5)

**1 두부 준비하기**
두부는 두툼하게 썰어 키친타월로 물기를 제거해주세요.

**2 두부 부치기**
두부를 노릇노릇하게 앞뒤로 지져줍니다. 단단한 두부를 사용해야 부서지지 않아요.

**3 조림장 넣기**
지진 두부에 조림장을 넣고 약한 불에서 조려주세요. 거의 조려지면 참기름과 통깨를 넣어주세요.

아이와 엄마 피부를 위해서 가끔
# 오이볶음

오이를 쇠고기와 함께 볶아서 주세요. 아삭아삭한 오이와 쇠고기를 같이 먹일 수 있어요.
쇠고기가 없을 때는 그냥 오이만 볶아서 호두가루나 땅콩가루를 뿌려서 먹어도 고소하고 맛있어요.

### 엄마와 아빠를 위한 오이생채

**재료** | 오이(1개), 설탕(0.5), 소금(0.5), 고춧가루(1), 식초(0.5), 다진 파(1), 다진 마늘(0.5), 깨소금, 참기름 약간씩

1. 오이는 얇게 썰어 소금을 넣고 절여준 후 면보에 싸 물기를 빼줍니다.
2. 1을 설탕, 고춧가루, 식초를 넣고 버무려준 후,
3. 다진 마늘, 다진 파, 참기름, 통깨를 넣고 한 번 더 버무려주세요.

### 요리재료

**2인분**

**재료** | 오이(1개), 다진 쇠고기(1/2줌), 소금, 참기름, 깨소금, 올리브유 약간씩

**쇠고기 밑간** | 간장(0.5), 설탕(0.3), 맛술(0.5), 다진 파(1), 다진 마늘(0.3), 참기름, 후추, 깨소금 약간씩

**1 오이 준비하기**
오이는 얇게 썰어 소금에 절여준 후 면보에 싸 물기를 짜줍니다.

**2 쇠고기 볶기**
달군 팬에 밑간한 쇠고기를 볶아주세요.

**3 오이 볶기**
쇠고기가 익으면 오이를 넣고 볶다가 참기름, 깨소금을 넣고 마무리해주세요.

치즈가 녹아있는
# 야채 치즈 달걀말이

단골 반찬이긴 하지만 생각보다 모양내기가 쉽지 않죠. 요즘은 달걀말이 전용 팬도 나왔으니 한번 장만해 사용해 보는 것도 좋을 것 같아요. 잘만 사용하면 10년을 쓰니까요.

**요리재료**

**2인분**
**재료** | 달걀(2개), 다진 당근(2), 다진 파(2), 다진 양파(2), 치즈(2장), 올리브유, 소금 약간씩

**Special tip**
달걀 말이에 넣는 재료는 무궁무진하죠. 쇠고기를 갈아서 볶아준 후 넣어줘도 맛있어요.

김발을 사용해서 말면 쉽게 말 수 있어요.

**1 달걀 풀기**
달걀을 풀어 체에 한번 내려서 당근, 파, 양파 다진 것과 소금을 넣고 섞어 주세요.

**2 달걀 부치기**
달군 팬에 올리브유를 두르고 달걀물에 야채섞은 물을 부어줍니다. 반쯤 익으면 치즈를 얹어주세요.

**3 돌돌 말기**
끝부터 돌돌 말아주세요.

엄마, 김치 주세요
# 백김치

*아이 김치*

김치를 언제 처음 먹일까 고민이 많았지요. 그러다 예성이는 돌을 지나서 먹이기 시작했어요. 생각보다 너무 잘 먹어서 백김치를 잘 담그시는 시어머님께 배워서 먹이기 시작했지요. 어른 백김치 담그는 재료와 똑같고, 아이에게 먹일 거라서 소금의 양만 줄여서 만들었어요.

**요리재료**

**재료** | 유기농 배추(1포기), 무(중간 크기 1/4개), 밤(4알), 대추(4알), 쪽파(1줌), 배(1개), 사과(1개), 마늘(2알), 생강(마늘의 1/2 크기), 사골국물(5컵), 생수(2+1/2컵), 볶은 소금(3), 설탕 약간

**Special tip**

1. 소금의 양을 줄이는 대신 사골국물을 넣어주면 좋은데 만약 없다면 묽게 쑨 찹쌀 풀을 넣어주면 되요.

2. 저민 마늘과 생강을 넣으면 주머니가 마땅치 않다면 집에 있는 면보를 잘라 실로 꿰매 작은 주머니를 만들어 사용하세요. 시중에 파는 다시 팩이라는 국물우려 낼 때 쓰는 주머니가 있는데 그걸 사용해도 좋아요.

## 1 배추 절이기
배추는 누런 겉잎은 떼어 내고 4등분 한 뒤 생수에 볶은 소금(2)을 넣고 소금물을 만들어 7~8시간 정도 절여주세요.

## 2 배추 물기빼기
절인 배추는 물을 바꾸어 가며 여러번 헹궈 체에 받쳐 물기를 빼줍니다.

## 3 재료 준비하기
배와 사과는 껍질과 씨를 제거하고 반은 즙을 내고 반은 채 썰어 준비해주세요. 무와 밤도 채 썰고 대추도 물에 불려 먼지를 씻어 돌려깎아 얇게 채 썰고 쪽파도 2cm 길이로 잘라줍니다.

## 4 김치 소 만들기
준비한 재료들을 모두 담고 버무린 후 볶은 소금(1)과 설탕을 약간 넣어 간을 맞춰줍니다.

## 5 소넣기
절인 배추 사이에 소를 켜켜이 넣어주세요.

## 6 저장하기
5를 가장 바깥쪽 잎으로 잘 감싸 김치통에 담고 사골국물을 부어 마늘과 생강을 저며 면주머니에 싸 한쪽에 넣고 익혀줍니다.

# 색이 너무 고와 더 좋아하는
## 비트 물김치

산전체조 모임에서 예성이 친구 엄마가 비트 물김치를 많이 담았다며 모임 전체 동기들에게 나눠 준 적이 있어 감사히 잘 먹은 기억이 있네요. 그 후로 배워서 해주는데 아이들이 생각보다 김치를 무척 잘 먹는 것 같아요. 그냥 물김치도 좋지만 비트를 넣어 담가주면 색깔이 아주 예쁩답니다.

**요리재료**

**재료** | 사과(1/2개), 배(1/2개), 비트, 무(사과의 1/4개 크기 1개)씩, 물(2컵), 소금(0.5), 설탕(0.2)

**Special tip**
한번에 많이 담지 말고 조금씩 자주 담아서 먹이세요.

**1 재료 준비하기**
사과, 비트, 무, 배는 1cm×1cm로 납작하게 썰어 준비합니다.

**2 재료 절이기**
사과와 배는 설탕을, 비트와 무는 소금을 약간 넣고 절이다가 물(1컵)씩을 부어줍니다.

**3 저장하기**
2를 병에 함께 담아 소금과 설탕으로 간하고 익혀서 냉장보관합니다.

## 이제 제법 양념된 김치도 먹어요
# 유아 깍두기

언젠가는 고춧가루가 들어간 음식들을 섭취하게 될 텐데 김치도 백김치나 물김치만 먹다가 어느 날 갑자기 매운 김치를 줄 수는 없지요. 그래서 깍두기를 담아봤어요. 조금씩 고춧가루의 양을 늘려주세요.

**요리재료**

**재료** | 무(중간 크기 1/3개), 양파(1/4개), 잘게 썬 쪽파(2), 설탕(1), 소금(0.5)
**양념** | 사과즙(2), 고춧가루(0.5), 다진 마늘(0.3)

**Special tip**
고춧가루에 과일즙을 넣어주면 단 맛이 더해져서 덜 자극적이게 됩니다. 고춧가루를 처음에는 반큰술만 넣다가 점차 늘려줍니다.

**1 무 절이기**
무는 1cm×1cm 크기로 깍둑썰기 하여 소금과 설탕을 넣고 절인 후 체에 밭쳐 물기를 빼줍니다.

**2 재료 썰기**
양파도 무와 비슷한 크기로 썰고 쪽파도 짧게 썰어 준비합니다.

**3 버무리기**
양념장을 만들어 재료들을 모두 넣고 버무린 후 밀폐용기에 담아 익으면 냉장고에 넣어 보관합니다.

# 새콤 달콤한 오이피클

예성이는 식초가 들어간 음식을 잘 먹는데 그 중에서도 식초를 넣고 절인 피클이나 무를 잘 먹어요. 새콤한 맛을 즐기는 것 같아요. 물론 시중에 판매하는 피클이 훨씬 더 맛있지만 그래도 엄마가 만들어 먹이는 게 안심하고 먹을 수 있잖아요.

 **요리재료**

**재료** | 피클용 오이(4개), 양파(1개)
**배합초재료** | 물(2컵), 식초(1컵), 설탕(1/2컵), 소금(1), 월계수 잎(2장)

**Special tip**
1. 월계수 잎은 없으면 안 넣어도 되는데 넣으면 향이 더 좋아요.
2. 오이피클을 병에 담은 후 뜨거운 물이 기포가 올라올 때쯤 중탕하듯이 뚜껑을 열고 1분 정도 담갔다가 빼고, 다시 뚜껑을 닫고 거꾸로 뚜껑부분이 물에 잠기도록 1분 정도 두세요. 1주일 후에 뚜껑을 열면 새로 산 제품처럼 뻥하는 소리가 나지요.

*뜨거울 때 부으면 오이 색깔이 변하거든요.*

**1 재료 준비하기**
오이는 깨끗이 씻어놓고 양파는 4등분합니다. 오이는 먹기 편하게 썰어 절여도 되고, 통째로 절여도 됩니다.

**2 배합초 끓이기**
배합초를 팔팔 끓여 식혀줍니다.

**3 저장하기**
병에 오이와 양파를 담고 식힌 배합초를 부어 밀폐시킨 후 상온에서 1주일 정도 보관하여 먹이세요.

## 치킨과 단짝인
# 절임무

예성이가 통닭을 시키면 주는 절임무를 달라고 계속 손짓을 하는 거예요. 그런데 이런 절임무에는 빙초산과 뉴슈가가 들어 있어서 맛있는 거라고 하더군요. 뉴슈가의 구성 성분 중 5% 정도가 사카린이 들어 있어 아이에게 먹이기는 안 좋을 것 같아 피클처럼 절였다가 주곤 하지요.

요리재료

2~3인분

**재료** | 무(중간 크기 1/2개), 소금(1)
**배합초재료** | 다시마국물(2컵), 설탕(5), 식초(4)

**Special tip**

무 대신 비트를 넣고 절여도 좋고, 반반씩 섞어서 만들어도 좋아요. 색도 아주 예쁘답니다.

### 1. 무 절이기
무는 1cm×1cm 정도로 깍둑썰기해서 물과 소금을 넣고 1시간 정도 절여놓습니다.

### 2. 배합초 끓이기
다시마국물, 설탕, 식초를 섞어 끓인 후 한 김 식혀 놓습니다.

### 3. 저장하기
절여진 무를 병에 담고 식힌 배합초를 부어 익혀서 먹입니다.

# 우리아이의 건강한식습관을 위한음식

어른도 똑같은 밥만 매일 먹으면 지겹잖아요. 아이들도 마찬가지인 것 같아요.
잘 먹다가도 한번씩 안 먹을 때면 정말 속상하지요.
이럴 때는 한눈에 반하는 요리를 만들어줘 보세요.
새로운 맛에 폭 빠진답니다.

PART 2

한입에 쏘옥~ *밥류*

# 꼬마김밥

어른들 김밥크기는 아이들이 먹기에는 좀 부담스럽죠. 한입 크기로 만들어 주면 오며가며 하나씩 집어먹어 어느새 다 먹고 없는 빈 그릇을 보게 된답니다. 제 스스로 먹겠다며 하나씩 집어먹으니 엄마도 편한 요리랍니다.

### 요리재료
**2인분**

**재료** | 밥(2공기), 김(3장), 각종 김밥 속 재료, 참기름(1), 식초(0.5), 깨소금(1)

### 김밥 속재료 간단 조리법 *Special tip*

1. 달걀은 두껍게 부쳐서 길게 썰어 사용해도 좋지만 얇게 지단을 부쳐서 전체적으로 깔아 말아줘도 좋아요.
2. 시금치는 끓는 물에 데쳐 다진 마늘과 참기름 넣고 볶아주면 맛있어요.
3. 맛살, 어묵, 햄 등은 끓는 물에 데친 후 볶아서 사용합니다.

참치는 기름을 꼭 짜서 마요네즈를 섞어 깻잎에 싸서 말면 더욱 맛있고요.

**1 밥 버무리기**
따뜻한 밥에 참기름, 식초, 깨소금을 넣고 섞어주세요.

**2 속재료 준비하기**
원하는 각종 김밥 속을 준비합니다. 맛살, 햄, 당근, 시금치, 달걀지단, 깻잎과 참치를 준비했습니다.

**3 김밥 말기**
김은 달군 팬에 살짝 구운 후 4등분 해준 후 밥과 재료를 넣고 돌돌 말아줍니다. 이때 재료는 1~2가지만 넣어야 터지지 않습니다.

달걀로 말아주세요
# 달걀말이밥

이름 그대로 밥을 달걀지단으로 돌돌 말아서 만든 음식입니다. 하나씩 쏙쏙 집어먹기 딱 좋죠.
만약 실패해서 달걀이 풀어진다면 이쑤시개 같은 것으로 고정시켜 주세요.

**요리재료**

**2인분**
**재료** | 밥(1공기), 달걀(1개), 다진 표고버섯(1), 다진 당근(1), 다진 애호박(1), 참기름, 올리브유, 깨소금, 소금 약간씩

**Special tip**
달걀말이를 예쁘게 모양을 내고 싶을 때는 완성한 후 김발에 올려서 모양을 잡아보세요. 쉽게 원하는 모양을 만들 수 있습니다.

**1 야채 볶기**
표고버섯, 당근, 애호박은 잘게 다진 후 볶아주세요.

**2 밥 섞기**
밥에 잘게 다진 야채를 넣고 참기름, 깨소금을 섞어 버무린 후 기다랗게 모양을 만들어줍니다.

**3 달걀 말기**
달군 팬에 올리브유를 살짝 두르고 달걀에 소금 간을 한 후 지단을 부쳐줍니다. 반쯤 익으면 2의 밥을 올리고 돌돌 말아주세요.

## 아삭아삭하고 몸에 좋은
# 콩나물밥

반찬이 없을 때 해 먹으면 좋아요. 아이들에겐 긴 콩나물을 적당하게 잘라서 주세요. 보통은 쇠고기를 많이 사용하지만 돼지고기를 넣어도 고소하고 맛있어요.

**요리재료**

2인분

**재료** | 쌀(2컵), 콩나물(1줌), 돼지고기(1줌), 물(1컵)
**돼지고기 양념** | 국간장(1), 다진 파(2), 다진 마늘(0.3), 맛술(1), 참기름, 후추 약간씩

> **Special tip**
> 콩나물에서 수분이 나오기 때문에 밥물은 평소보다 조금 적게 잡아야 밥이 질게 되지 않아요. 그리고 처음부터 콩나물을 쌀과 함께 넣고 끓이는 것보다는 중간쯤 넣고 끓이는 것이 콩나물이 덜 질겨집니다.

## 1 재료 준비하기
콩나물은 깨끗이 씻어 다듬고 돼지고기는 밑간해두세요.

## 2 쌀 불리기
쌀은 씻어 30분 정도 불려서 준비합니다.

## 3 돼지고기 볶기
> 돼지고기가 하얗게 될 때까지 볶아주세요.

돼지고기는 갈아서 밑간해둔 것을 팬에 볶아주세요.

## 4 밥 짓기
솥에 쌀을 넣고 뚜껑을 닫아 끓이다가 한번 끓기 시작하면 콩나물과 돼지고기를 넣고 중간 불로 끓여줍니다. 이때 뚜껑을 열면 비린내가 나므로 뚜껑은 열지 마세요.

## 5 뜸 들이기
밥물이 잦아들면 뚜껑을 열고 밥을 전체적으로 한번 섞어준 후 약한 불에서 뜸을 들입니다.

### Special tip — 집에서 콩나물 기르기
음료수 마시고 남은 페트병과 콩으로 간단하고 손쉽게 무공해 콩나물을 집에서 키워보세요.

1. 페트병을 반으로 잘라 밑부분을 물이 잘 빠지도록 구멍을 냅니다.
2. 콩은 물에서 1시간 정도 불린 후 페트병에 넣습니다.
3. 검은 비닐 봉지로 페트병을 감싸거나, 헝겊을 콩위로 덮어줍니다.
4. 아침, 저녁으로 2번씩 물을 주면 4일이 지난 후부터 먹을 수 있습니다.

**tip**
꼬불꼬불한 콩나물을 키우고 싶다면 자라는 도중 뒤집어서 흔들어주면 됩니다.

과일과 밥이 만나서
# 키위주먹밥

새콤달콤한 과일주먹밥입니다. 과일은 늘 밥 먹고 나서 후식으로 먹곤 했지만 이렇게 주먹밥을 만들면 색다른 맛을 맛볼 수 있어요. 아이들도 신기하고 재미있어 할 거에요.

요리재료
2인분
**재료** | 밥(1+1/2공기), 키위(1개), 소금, 검은 깨 약간씩

**Special tip**
키위 외에도 딸기나 바나나 등 다른 과일을 넣어도 맛있어요.

**1** 재료 준비하기
밥은 고슬고슬하게 짓고 키위는 껍질을 벗긴 후 작게 썰어 준비합니다.

**2** 밥 버무리기
밥에 검은 깨와 소금을 약간 넣고 고루 섞어줍니다.

**3** 밥 뭉치기
깨와 소금을 섞은 밥에 키위를 넣고 꼭꼭 뭉쳐주세요.

못생겼지만 맛있는

# 김 주먹밥

김가루가 예쁘지 않게 달라붙어서 언뜻 보면 지저분해보일 수 있기 때문에 이름을 '못생긴 김 주먹밥'이라 붙여봤어요. 보기엔 못생겼지만 맛은 좋아요. 예성이가 김을 무척 좋아하는데 이렇게 해주면 평소보다 2배는 더 잘 먹어요.

**요리재료**

**2인분재료준비**

**재료** | 밥(1+1/2공기), 쇠고기(1/2줌), 김(3장), 깨소금 약간

**쇠고기 밑간** | 간장(0.5), 설탕(0.3), 참기름 약간

**Special tip**

생 김을 구워서 부순 것도 좋지만 집에 눅눅한 김이 있다면 전자레인지에 살짝 돌려서 바삭하게 한 후 부숴서 사용해도 좋아요.

**1 쇠고기 볶기**
쇠고기는 잘게 다져서 밑간한 후 달달 볶아주세요.

**2 밥 버무리기**
밥에 참기름과 깨소금을 넣고 고루 섞어줍니다.

**3 밥 뭉치기**
볶은 쇠고기와 양념한 밥을 섞은 후 동그랗게 뭉쳐서 부숴둔 김가루에 굴려가며 묻혀줍니다.

## 우동을 케첩에 볶아서
# 우동 케첩 볶음

 면류

어쩌다 면 요리를 줄 때면 아이가 아주 좋아해요. 손으로 먹겠다며 투정을 부리고 얼굴이며 옷이며, 다 묻혀가며 온몸으로 먹는다는 표현이 딱 맞을 거예요. 하지만 어느 때보다 먹는데 열중하는 모습이 귀엽답니다.

**요리재료**

**2인분**

**재료** | 우동면(1봉지), 팽이버섯(1줌), 채 썬 피망(2), 채 썬 당근(2), 올리브유 약간

**케첩 소스** | 케첩(4), 물(3), 굴소스(0.5), 물엿(1)

**Special tip**

면을 먹을 때는 평소 밥이나 이유식을 먹을 때 사용하지 않던 감각을 사용하게 됩니다. 엄지와 검지 또는 손 전체로 면발을 집어서 먹기도 하고 입술로 후루룩 면을 빨아 먹기도 하지요. 이런 행동들은 뇌를 자극해 평소 사용하지 않던 감각을 깨우게 된답니다.

**1 우동면 준비하기**
우동면은 끓는 물에 데친 후 찬물에 헹궈 체에 받쳐 물기를 빼주세요. 이때 가위로 먹기 좋게 잘라주세요.

**2 야채 볶기**
모든 야채를 채 썰어 당근 → 피망 → 팽이버섯 순으로 야채들을 볶아주세요.

**3 소스 넣기**
야채를 볶다가 우동면을 넣고 살짝 볶은 후 케첩 소스를 넣어 고루 배도록 볶아줍니다.

## 맵지 않게 야채를 듬뿍 얹어
# 야채 비빔국수

비빔국수하면 보통 매콤한 비빔국수가 떠오릅니다. 하지만 아이들은 매운 것을 잘 먹지 못하니 간장소스로 비벼 줘봤어요. 역시나 면요리는 항상 인기만점이라니까요~

### 요리재료
**2인분**

**재료** | 국수(1줌), 채 썬 애호박(2), 채 썬 양파(2), 채 썬 표고버섯(2), 참기름, 깨소금 약간씩

**표고버섯 밑간** | 간장(0.3), 설탕(0.1), 참기름, 다진 마늘, 후추 약간씩

**국수 간장소스** | 간장(3), 설탕(0.3), 참기름, 깨소금 약간씩

### Special tip — 국수 맛있게 삶기
국수를 삶을 때는 물이 팔팔 끓을 때 소금을 적당히 넣고 국수를 부채꼴 모양으로 쫙 펴서 서로 달라붙지 않게 물에 넣고 젓가락으로 저어주면서 삶아주세요.

### 1 재료 준비하기
준비한 야채들은 채 썰고, 국수는 삶아 찬물에 헹군 뒤 체에 밭쳐 물기를 제거합니다.

어른들 국수보다 조금 더 부드럽게 삶아주세요.

### 2 재료 볶기
애호박, 양파, 표고버섯을 채 썰어 볶아주세요. 표고버섯은 미리 밑간해 두면 더욱 맛있어요.

### 3 버무리기
볼에 국수와 2를 넣고 준비한 간장소스로 조물조물 버무려 그릇에 담습니다.

면으로 만든 영양만점
# 닭 칼국수

닭 칼국수를 아이 먹인다고 만들면서 사실 신나는 건 엄마와 아빠입니다. 닭도 작은 걸로 사면 될 것을 큰 녀석으로 사다가 살을 발라주면서 엄마 입속으로 들어가는 것도 제법 많거든요. 그런 재미로 만들어 먹이는 것 아니겠어요?

### 요리재료
4인분

**재료** | 닭(1마리), 감자(1개), 애호박(1/3개), 당근 (1/4개), 대파, 다진 마늘, 국간장, 양파, 통후추, 소금, 닭 육수 약간씩

**닭살 무침양념** | 다진 파(0.5), 다진 마늘(0.3), 소금, 후추, 깨소금, 참기름 약간씩

**칼국수 반죽** | 밀가루(5컵), 소금 약간, 물(1컵), 올리브유(1), 달걀(1), 갈은 검은 깨(1/3컵)

### 엄마와 아빠를 위한 얼큰한 칼국수 양념

우리 부부는 매운 음식을 너무 좋아해서 칼국수도 이렇듯 양념장을 만들어서 넣어 먹곤 한답니다. 끓일때 넣고 끓여도 되지만 아이 때문에 그러지 못하고 완성된 후에 넣어서 먹지요.

**양념장** | 육수(5), 고추장(1), 된장(1), 고춧가루(2), 다진 마늘(1), 국간장(1), 다진 청양고추(0.5)

> 칼국수 반죽을 그때그때 하는 건 너무 힘들잖아요. 한번 반죽할 때 많이 해서 먹을 만큼 랩으로 싸서 냉동해두면 아주 편하고 좋아요.

### 1 닭 삶기
냄비에 닭과 대파, 양파, 통후추를 넣고 30~40분 정도 삶아주세요.

### 2 칼국수 반죽하기
칼국수는 반죽해서 상온에서 1시간 정도 숙성시켜주세요. 반죽할 때 올리브유와 같이 기름을 조금 넣으면 썰 때 달라붙지 않고 맛도 더 좋답니다.

### 3 닭살 무치기
삶은 닭은 건져 살만 발라서 먹기 좋게 결대로 찢은 후 양념에 무쳐둡니다. 살을 바르고 난 뼈는 1~2시간 정도 물을 보충하여 끓여서 육수를 내줍니다.

### 4 면 준비하기
칼국수 반죽을 밀대로 민 후 접어서 썰어주고, 살짝 데쳐서 체에 밭쳐놓습니다.

### 5 야채 익히기
푹 우려낸 닭육수에 감자, 애호박, 당근을 채 썰어 넣고 끓여주세요.

### 6 면 삶기
야채가 어느 정도 익으면 면을 넣어 한 번 더 끓이고 국간장과 소금으로 간해주세요. 완성되면 그릇에 담고 닭살 부침을 올려서 냅니다.

배달할거 있나요?
# 자장면

자장면을 집에서 만들어먹기는 힘들 것 같다고들 생각하지만 한번 해보면 그다지 어렵지 않아요. 아이가 자장면을 먹고 나면 얼굴이 완전 꼬질꼬질해지는데 그 모습이 엄마를 웃게 합니다. 요리도 하고 아이와 즐겁게 웃는 시간도 가지세요.

 요리재료

**2인분**

**재료** | 쌀생면(2인분), 돼지고기(1줌), 감자(1줌), 양파(2줌), 애호박(1줌), 춘장(1/2컵), 설탕(0.5), 물엿(1), 올리브유(1/2컵)

**물녹말** | 물(2), 녹말(2)

**돼지고기 밑간** | 맛술(1), 소금, 후추 약간씩

 Special tip

1. 어른이 먹기에는 쫄면도 괜찮은데 아이가 먹기엔 질기죠. 시중에 파는 쌀생면을 사용해보세요. 부드럽고 맛있어요.
2. 춘장은 자장 만들 때 외에도 떡볶이 할 때 넣어보세요. 신당동 떡볶이에도 춘장이 들어간다고 하더군요. 신당동 떡볶이와 비슷한 맛이 나면서 고추장만 넣는 것보다 훨씬 맛있는 떡볶이가 완성되지요.

## 1 재료 준비하기

감자는 썰어 찬물에 담가 녹말기를 빼주고, 돼지고기는 밑간해두고, 애호박과 양파는 썰어 준비합니다.

## 2 춘장 볶기

춘장은 올리브유에 스펀지처럼 폭신폭신해 질때까지 볶아서 체에 밭쳐 기름기를 빼줍니다. 이 부분이 제일 중요한데 주걱으로 눌러보았을 때 폭폭 소리가 날 때까지 볶아줍니다.

## 3 야채 볶기

팬에 올리브유를 넉넉하게 두르고 고기를 먼저 볶고 감자, 호박, 양파를 넣어 볶아줍니다.

## 4 소스만들기

3에 물, 설탕, 물엿을 넣고 감자가 익을 때까지 끓여주세요.

## 5 소스만들기 2

감자가 익으면 물녹말을 넣어가며 걸쭉한 자장소스를 만들어줍니다.

## 6 면삶기

면은 삶아 찬물에 헹군 후 그릇에 담아 자장소스를 부워줍니다.

### 자장밥

자장을 만들 때 조금 더 만들어 다음날에는 밥에 비벼주세요. 그러면 반찬 할 필요 없이 한끼가 해결되지요.

꼬불꼬불 라면이 좋아서
# 치즈 볶음라면

라면은 꼬불꼬불해서 아이들이 특히나 좋아합니다. 그렇다고 맵고 짜고 자극적인 수프를 넣고 끓여줄 수는 없어서, 면만 삶아 다른 소스를 이용해서 요리해 보았습니다.

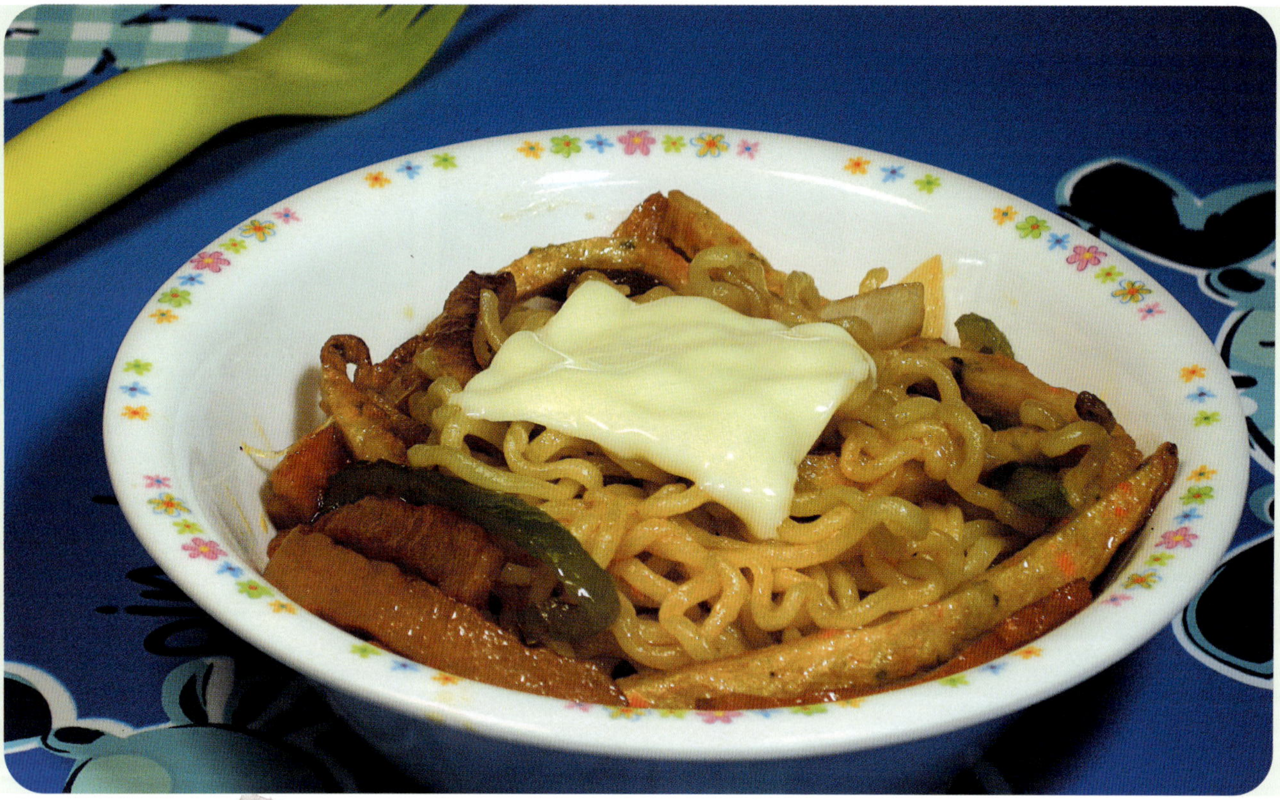

 요리재료

2인분

**재료** | 라면(1개), 치즈(1장), 채 썬 양파(2), 채 썬 피망(2), 채 썬 햄(2), 채 썬 어묵(2), 올리브유 약간

**소스** | 굴소스(1.5), 케첩(1), 설탕(0.3)

먹다 남은 햄을 보관할 때는 잘라낸 자리에 식초를 묻힌 뒤 랩으로 싸두면 좋습니다. 살균효과도 있고 또 맛이 변하지 않아요.

> 어른들이 먹기엔 사실 좀 느끼하거든요. 그럴때는 라면수프를 반쯤 넣어주면 느끼한 맛이 덜하답니다.

### 1 라면 삶기
라면은 끓는 물에 삶아 찬물에 헹궈 물기를 빼줍니다.

### 2 야채 볶기
야채들은 채 썰고, 햄과 어묵은 끓는 물에 살짝 데친 후 채 썰어, 달군 팬에 올리브유를 두르고 볶아주세요.

### 3 라면 볶기
야채를 볶다가 라면을 넣고 볶다가 소스도 넣고 휘저어주며 완성된 후 접시에 옮겨 담고 뜨거울 때 치즈를 올려줍니다.

## 엄마와 아빠를 위한 라볶이

엄마와 아빠는 매콤한 라볶이가 어떠세요? 소스에 라면수프도 약간 추가하면 더 맛있어요.

**재료** | 라면(1개), 어묵(1줌), 달걀(1개), 가래떡(1줌), 깻잎, 양배추, 파 적당량씩

**소스** | 고추장(2), 물엿(2), 설탕(0.5), 간장(1), 고춧가루(1), 후추 약간

1. 라볶이에 들어가는 떡은 떡볶이 떡보다는 얇게 썬 가래떡이 더 맛있어요. 가래떡은 찬물에 살짝 담가두고 달걀도 미리 삶아 놓아요.
2. 끓는 물에 소스를 넣고 끓이다가 끓기 시작하면,
3. 떡을 넣어 졸여주고 떡에 양념이 배면 어묵과 야채들을 넣고 졸여주세요.

# 엄마가 더 좋아하는
## 닭 꼬치

육류

아파트에 장이 서는 날이면 떡볶이나 순대 등 군것질을 하게 되는데 하루는 닭 꼬치를 보면서 예성이가 어찌나 달라고 하는지 살짝 떼어서 줬더니 야금야금 너무 잘 먹더라고요. 꼬치음식을 먹일 때는 꼭 식탁의자에 앉혀서 먹이고 아이에게서 눈을 떼면 안 되요.

요리재료

**2인분**

**재료** | 닭다리 살(1줌), 브로콜리(1줌), 떡(1줌)
**밑간** | 맛술(1), 소금, 후추 약간씩
**양념장** | 케첩(4), 육수(3), 굴소스(1), 다진 양파(1), 핫소스(0.5), 식초(0.5), 설탕(1), 다진 마늘(0.3)

### 떡 꼬치

소스를 많이 만들어 두었다가 떡 꼬치에도 활용해보세요. 닭 꼬치와 마찬가지로 떡 꼬치도 꼬치에 떡을 끼워 살짝 구운 후 소스를 발라가며 구워주면 됩니다.

브로콜리는 소금으로 씻은 후 두꺼운 심부분을 제거하고 송이송이 잘라주세요.

### 1 닭고기 밑간하기
닭다리 살은 기름과 껍질을 제거해준 후 먹기 좋은 크기로 썰어 맛술, 소금, 후추로 밑간해둡니다.

### 2 재료 준비하기
브로콜리와 떡은 살짝 데쳐서 먹기 좋게 썰어 준비해 주세요.

### 3 꼬치에 끼우기
꼬치에 떡, 브로콜리, 닭을 꽂아주세요.

### 4 양념장 만들기
분량대로 양념장을 만들어 팬에 담아 설탕이 녹을 때까지 살짝 끓여주세요.

### 5 닭꼬치 굽기
닭 꼬치를 노릇노릇하게 구워주세요.

### 6 소스 바르기
소스를 발라가며 살짝 구워줍니다.

먹기 편한 뼈 없는

# 양념치킨

아이들은 뼈가 있으면 먹기 힘들어하잖아요. 엄마들이 하나하나 손으로 발라주는 것도 힘들고. 순살로만 치킨을 만들면 잘라서 주면 되니까 엄마도 편하고 아이도 편하지요.

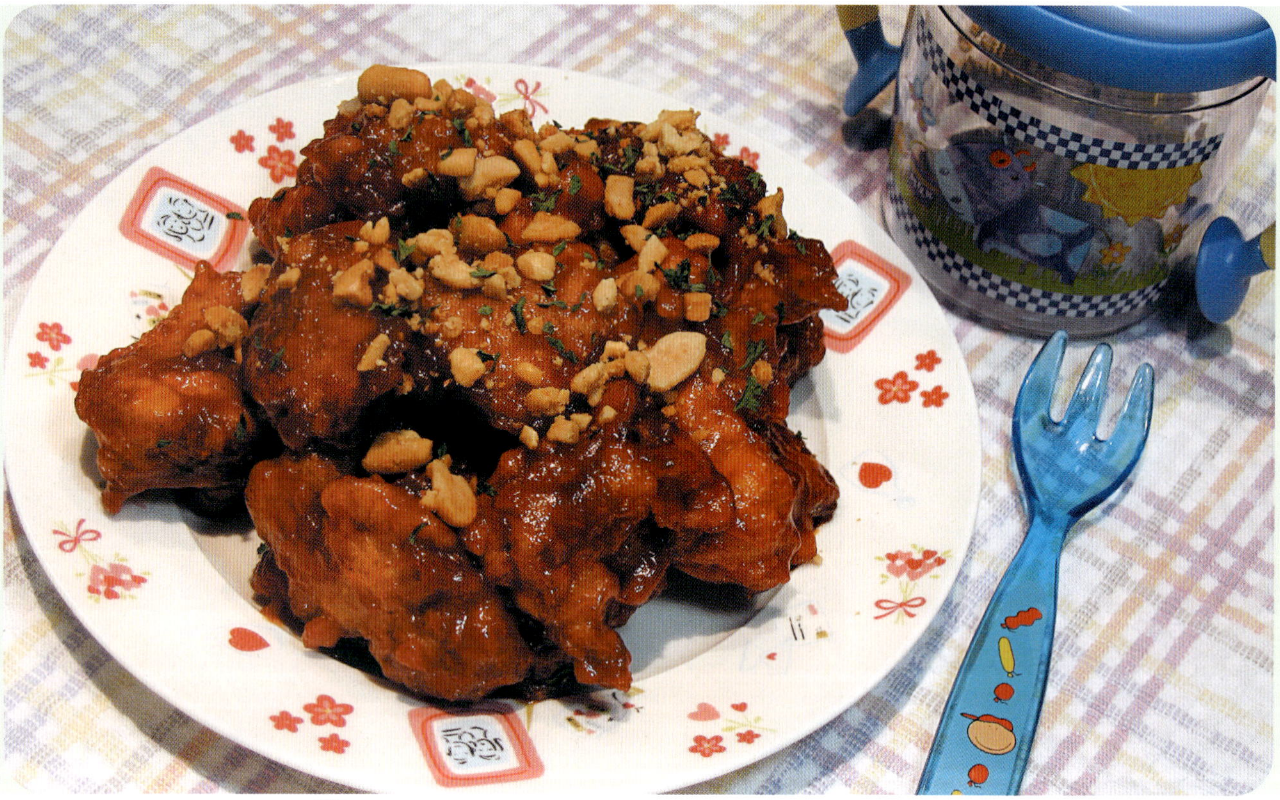

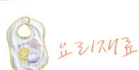

요리재료

4인분

**재료** | 닭다리 살(3줌), 다진 땅콩(2)

**밑간** | 맛술(2), 소금, 후추 약간씩

**튀김 옷** | 물(1/2컵), 달걀(1개), 카레가루(1), 튀김가루(1컵), 녹말(2)

**양념장** | 케첩(2/3컵), 다진 양파(2), 다진 마늘(1), 우스터소스(2), 마요네즈(2), 물엿(2), 설탕(1)

Special tip

양념장에 고추장이나 핫소스를 넣어주면 매콤한 양념이 되고, 딸기잼을 조금 넣어주면 아주 달콤한 양념장이 된답니다.

> 튀김요리를 할 때 기름에 떨어뜨린 튀김 옷이 곧 떠오르면 기름이 180℃ 정도입니다.

### 1 닭고기 밑간하기
닭다리 살은 적당한 크기로 잘라 밑간한 후 30분 정도 재워둡니다.

### 2 튀김 옷 만들기
튀김 옷을 만들어 재워 둔 닭을 담가 잠시 재워둡니다.

### 3 닭 튀기기
튀김 옷을 입힌 닭을 180℃에서 튀겨줍니다.

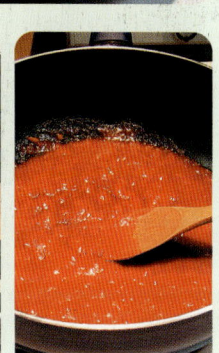

### 4 닭 기름 빼기
두번 튀겨서 키친타월에 얹어 기름기를 빼줍니다.

> 두번 튀겨야 바삭해요.

### 5 양념장 만들기
팬에 올리브유를 두르고 다진 양파와 마늘을 넣고 볶다가 나머지 양념장을 넣어 끓여줍니다.

### 6 양념장 조리기
양념장에 튀긴 닭을 넣고 양념장이 끓으면 제일 약한 불로 줄여 고루 섞어가며 조립니다. 완성 후 다진 땅콩을 뿌려주세요.

## 잔칫날 빠지면 섭섭하죠
# 탕수육

너무 유명해서 설명이 필요 없는 메뉴입니다. 예성이는 소스에 발라주는 것보다 그냥 튀김자체를 좋아하더군요. 소스를 만드는 사이 까치발을 하고는 조리대 위로 손을 뻗어 튀겨놓은 고기를 들고 좋아해하며 먹어요. 이럴 때마다 아이에게 요리를 해주는 기쁨이 생겨요.

 **요리재료**

- **재료** | 돼지등심(2줌), 파인애플(2줌), 오이(1줌), 양파(1줌), 홍피망(1줌)
- **밑간** | 맛술(2), 소금, 후추 약간씩
- **튀김 옷** | 녹말(1/2컵), 카레가루(1), 달걀(1개), 물(1/2컵)
- **소스** | 다시마국물(1컵), 간장(1), 설탕(2), 소금(0.3), 굴소스(0.5), 식초(4), 케첩(3)
- **물녹말** | 녹말(3), 물(3)

### 탕수만두

탕수소스만 있으면 어떤 튀김요리에도 다 잘 어울려요. 저희 집 식구는 만두귀신들이라 늘 냉동고에 만두가 있지요. 만두를 튀겨서 탕수소스에 버무려 먹어도 아주 맛있어요.

1 돼지고기 밑간하기
돼지고기는 밑간을 해둡니다.

2 재료 썰기
파인애플, 오이, 양파, 홍피망은 먹기 좋게 썰어 준비합니다.

3 튀김옷 만들기
튀김 옷을 만들어 밑간해둔 고기를 잠시 재워두세요.

4 돼지고기 튀기기
180℃ 온도에서 튀긴 후 기름을 빼주세요.

*튀김 옷을 떨어뜨렸을 때 떠오르면 180℃입니다.*

5 한 번 더 튀기기
한 번 튀겨낸 돼지고기를 높은 온도의 기름에서 살짝 한 번 더 튀겨줍니다.

6 소스 끓이기
소스를 끓이다가 준비해둔 야채들을 넣고 익혀주세요. 야채가 익으면 물녹말을 넣어 걸쭉하게 농도를 맞춰준 후 튀긴 고기에 부어주세요.

레스토랑 안 부러워요
# 햄버거 스테이크

고기를 갈아서 만든 햄버거 스테이크는 부드러워 아이들이 아주 잘 먹어요.
크기를 작게 만들어서 냉동해두었다가 하나씩 꺼내서 간식으로 줘도 되고, 소스를 넣고 밥에 비벼줘도 되지요.

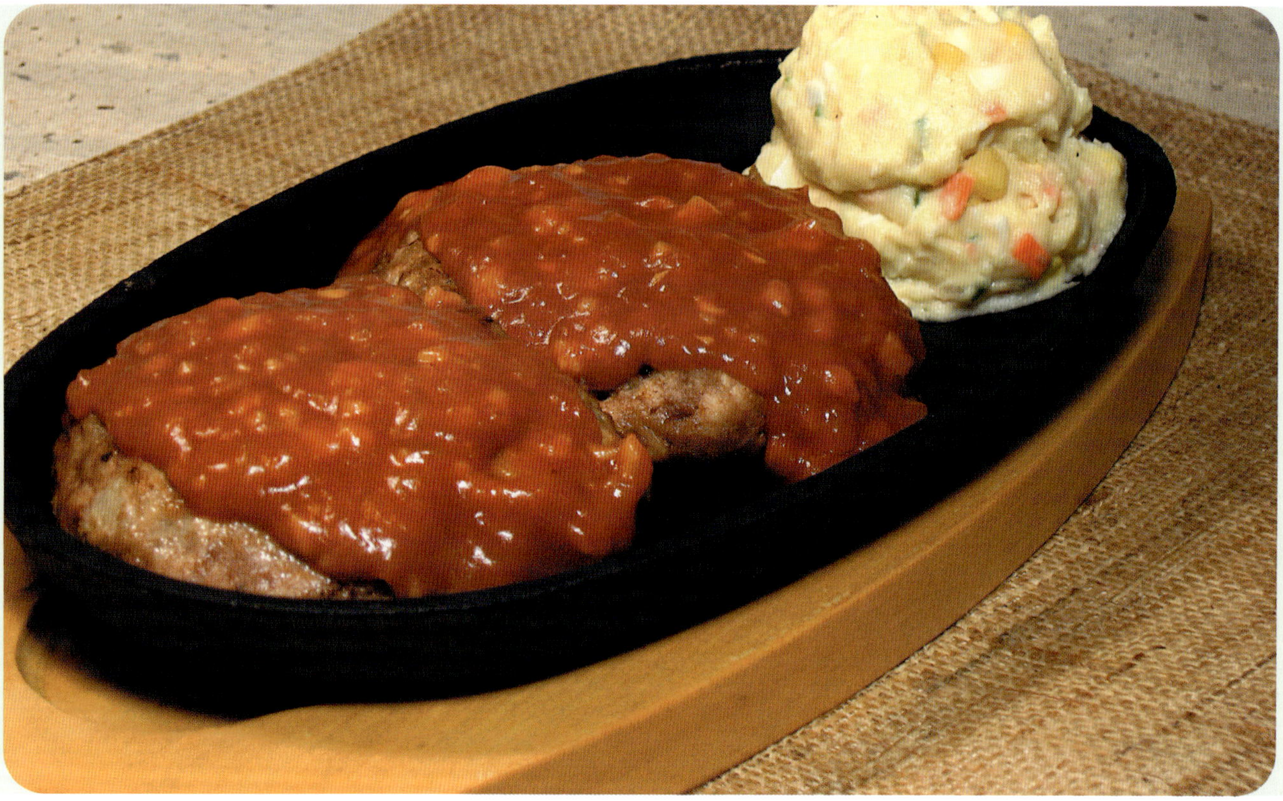

**2인분**

**재료** | 쇠고기(1줌), 돼지고기(1줌), 양파(1/2개), 빵가루(1컵), 달걀(1개), 소금, 후추, 올리브유 약간씩

**소스** | 밀가루(2), 버터(2), 다진 양파(2), 다진 마늘(0.3), 케첩(4), 우스터소스(2), 육수(1/2컵), 후추 약간

### 감자샐러드

햄버거 스테이크에 볶음밥이나 수프에도 잘 어울리지만 감자 샐러드도 좋아요.
삶아 으깬 감자에 오이피클, 당근, 삶은 달걀을 다져 넣고 옥수수콘, 설탕, 마요네즈를 넣어 버무려서 먹으면 되지요. 마카로니가 있다면 삶아서 같이 줘도 좋아요.

### 1 재료 준비하기
쇠고기와 돼지고기는 갈아놓고 양파는 잘게 다져 준비합니다.

### 2 양파 볶기
다진 양파는 투명해질 때까지 팬에 볶아준 후 식혀놓습니다.

### 3 고기 치대기
갈은 고기와 볶은 양파, 빵가루, 소금, 후추, 달걀을 넣고 끈기가 생길 때까지 치대줍니다.

### 4 고기 익히기
치대 놓은 반죽을 원하는 크기로 만든 후 익혀주세요.

> 가운데가 들어가게 모양을 잡아주세요.

### 5 소스 끓이기
팬에 버터를 두르고 밀가루를 볶다가 다진 양파와 마늘을 넣고 볶은 후 나머지 재료를 넣고 끓여줍니다.

### 6
익힌 고기는 접시에 담아 소스를 위에 뿌려줍니다. 감자샐러드를 만들어 곁들여 주면 좋아요.

소스가 더 맛있는

# 대구 커틀릿

생선튀김도 맛있지만 타르타르소스 때문에 더욱더 맛있게 느껴지는 것 같아요. 예성이는 생선튀김을 먹기 좋게 잘라 소스에 섞어주면 눈 깜짝할 새 다 먹어버려요. 가시도 없고 소스도 상큼하니 맛있어 아주 좋아하지요.

**요리재료**

2인분

**재료** | 대구살(2포), 밀가루(1컵), 카레가루(1), 빵가루(1컵), 올리브유 약간

**타르타르소스** | 마요네즈(4), 다진 피클(1), 다진 양파(1), 다진 삶은 달걀(1), 레몬즙(1), 후추 약간

**Special tip**

4까지의 과정을 해서 냉동실에 얼려놓으면 언제든 꺼내서 튀기기만 하면 됩니다. 한번 할 때 많이 만들어서 얼려두면 편리하겠죠?

1 대구살 밑간하기
대구살은 소금, 후추에 밑간해둡니다.

2 가루 섞기
밀가루에 카레가루를 섞어놓고,

3 재료 준비하기
달걀물과 식빵을 갈아놓은 빵가루를 준비합니다.

4 튀김옷 입히기
대구살을 섞어놓은 가루에 묻혀 달걀물에 푹 담가 빵가루를 꾹꾹 눌러 묻힙니다.

5 대구 튀기기
튀김 옷 입힌 대구를 170℃에서 튀겨주세요. 약간 노릇노릇할 때 건져야 예쁜 색이 나옵니다.

6 타르타르소스 만들기
타르타르소스를 만들어 곁들여 냅니다.

치즈가 쭈욱~
# 치즈 돈가스

안에 치즈를 넣으려다보니 고기가 두 장이 되어 두툼합니다. 한번 잘라주면 예성이가 씹기에는 두꺼워 한번 자른 후 다시 반으로 갈라 치즈와 감자를 고루 섞어 결국은 한 조각씩 먹게 되요. 치즈가 뜨거우니 호호 불어가며 식혀서 주세요.

**요리재료**

**2인분**

**재료** | 돼지등심(4장), 삶아 으깬 감자(4), 우유(2), 달걀(1개), 피자치즈, 밀가루, 빵가루, 올리브유 적당량씩

**돼지등심 밑간** | 맛술(2), 소금, 후추 약간씩

Special tip

삶은 감자를 넣으면 맛이 담백한데 너무 밍밍하다 싶으면 야채들을 다진 후 넣어줘도 맛있답니다.

**빵가루 만들기**

식빵을 냉동실에 얼려서 보관하면 오랫동안 먹을 수 있어요. 이 얼린 식빵을 믹서에 갈면 부드러운 빵가루로 변신하지요. 너무 쉽죠?

**1 돼지고기 밑간하기**
돼지고기는 밑간해두고 감자는 찐 후 뜨거울 때 으깨서 우유를 넣고 섞어줍니다.

**2 돈가스 만들기**
돼지고기 한 면에 밀가루를 바르고 그 위에 으깬 감자를 바른 후 피자치즈를 얹어 다른 고기로 덮어 가장자리를 꼭꼭 눌러줍니다. 전체적으로 밀가루를 발라줍니다.

**3 튀김옷 입히기**
2를 달걀물에 담갔다가 빵가루를 묻힌 후,

> 빵가루를 묻힐때 꾹꾹 눌러주면 입자가 숨이 죽어요. 빵가루를 입힐때는 고기를 빵가루에 놓고 덮어준 후 한 쪽만 지그시 눌러주세요.

**4 튀기기**
170℃ 기름에 넣고 불을 줄여 속까지 익도록 튀겨줍니다.

**치즈의 종류**

1. **모짜렐라 치즈** : 이태리에서 만들어진 치즈로 세계적으로 가장 많이 먹고 있는 치즈입니다. 다른 치즈와 달리 늘어나는 성질이 있는데 이것은 제조 과정 중에 스트레칭이라는 것을 함으로써 생기게 되는 것입니다. 수분의 함유량이 많아서 매우 연해요. 냉동실에서 얼렸다가 녹이면 맛과 조직감이 나빠지기 때문에 맛이 떨어집니다.

2. **체더 치즈** : 우유로 만든 경질(硬質) 치즈입니다. 모짜렐라와 반대로 수분의 함량이 적은 천연치즈로 남서부 체더(Cheddar) 마을의 이름을 따서 지었다고 합니다. 원료인 우유를 치즈 배트(cheese vat)에 넣고 30℃에서 약 1시간 정도 발효시켜 굳힌 뒤 커드(curd) 입자만을 모아 일정한 형틀에 넣고 압착시켜 지름 30~37cm, 높이 30cm, 무게 약 35kg의 원통형 또는 직육면체 치즈가 만들어지는데 이렇게 만들어진 생 치즈에 피리긴을 입혀 4~15℃에서 5~6개월간 숙성시킵니다. 숙성 과정에서 젖산균 등 미생물의 단백질 분해효소나 지방 분해효소에 의해 아미노산 같은 수용성 질소화합물과 유리지방산 등이 생겨 치즈 특유의 풍미를 지니게 됩니다.

3. **크림 치즈** : 크림과 우유를 섞어 만든 치즈입니다. 보통 빵에 많이 발라먹죠. 숙성이 되어 있지 않아 맛이 부드럽고 매끄럽습니다. 일반 치즈와는 달리 짠 맛보다는 약간의 신 맛이 나고 끝 맛이 고소합니다. 수분 함량이 높고 지방이 45% 이상 들어 있는데, 지방 함량이 65%를 넘으면 더블크림치즈라고 합니다. 쉽게 상하기 때문에 빨리 먹어야 합니다.

기타

골라먹는 재미가 있는

# 삼색수제비

보기좋은 떡이 먹기도 좋다고들 하잖아요. 그냥 하얀 수제비보다 색을 낸 수제비를 보면 더 맛있게 느껴지는 것 같아요. 지금은 예성이가 어려서 해주는 것만 먹지만 좀더 커서 함께 반죽하면 너무 재미있을 것 같아요.

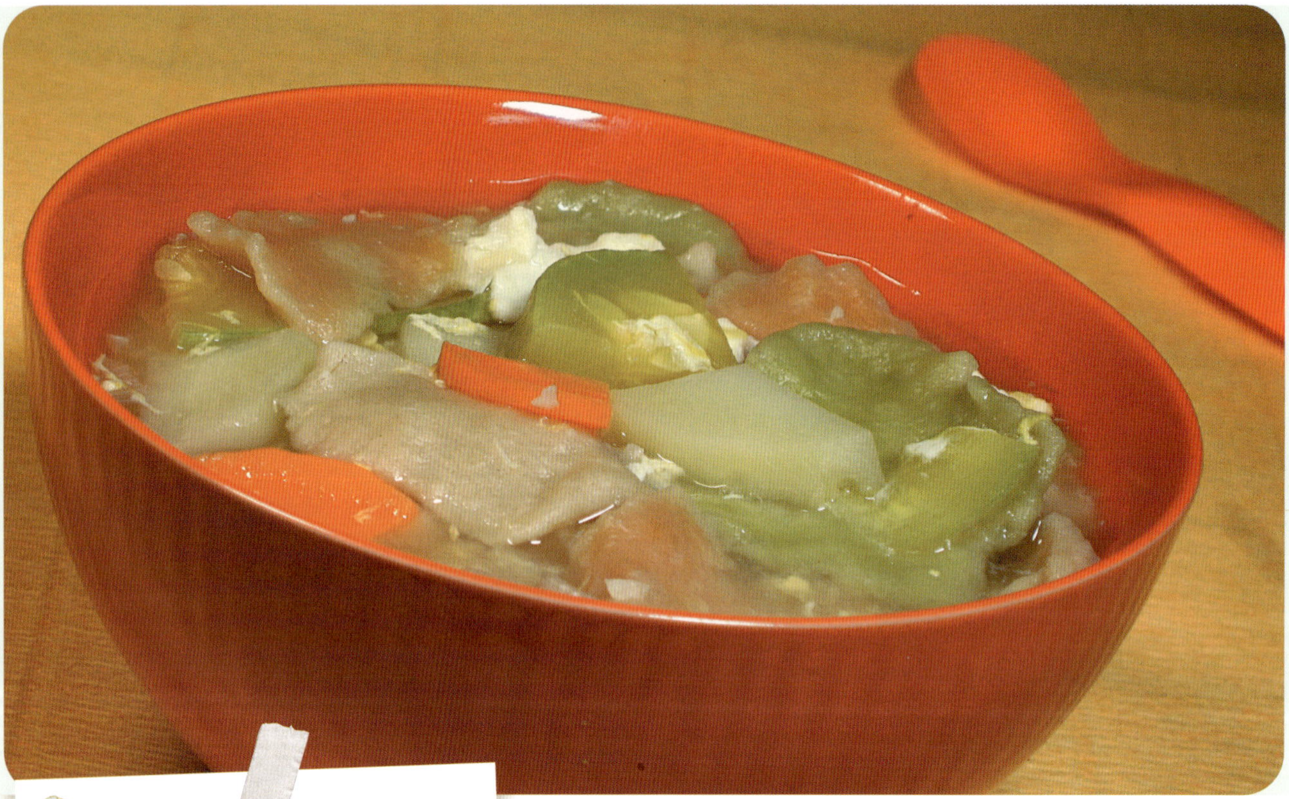

요리재료

4인분

**재료** | 당근(2줌), 애호박(2줌), 감자(2줌), 달걀(1개), 국간장, 소금, 다진 마늘 약간씩

**흰 반죽** | 밀가루(1컵), 물(1/2컵), 올리브유(1)

**빨간 반죽** | 밀가루(1컵), 비트즙(1/2컵), 올리브유(1)

**초록 반죽** | 밀가루(1컵), 시금치즙(1/2컵), 올리브유(1)

**멸치다시마국물** | 국멸치(10마리), 다시마(5cm×5cm 2장)

Special tip

반죽은 미리 많이 해두었다가 냉동실에 얼려서 보관하면 편해요. 당근, 치자, 검은깨, 녹차가루, 쑥, 백련초 등을 이용하여 다양한 색을 내보세요.

> 반죽을 냉장고에 숙성시키면 더욱 쫄깃해요.

### 1 반죽하기
비트와 시금치는 각각 물을 붓고 믹서에 갈아 면보에 걸러 즙을 내준 후 반죽해서 비닐 팩에 넣어 냉장고에서 1시간 정도 숙성시켜 줍니다.

### 2 멸치다시마 국물내기
냄비에 멸치와 다시마를 넣고 물이 끓으면 다시마를 건지고 멸치는 10분 정도 더 끓여 건져냅니다.

> 감자는 찬물에 담가 녹말기를 빼주세요. 국물이 걸쭉해질 수 있으니까요.

### 3 야채썰기
당근, 애호박, 감자는 먹기 좋게 썰어 준비합니다.

### 4 반죽 뜯어넣기
멸치다시마국물에 반죽을 뜯어 넣고,

### 5 야채넣기
썰어놓은 야채들을 넣고 끓여줍니다.

### 6 간하기
5가 한소끔 끓으면 다진 마늘을 넣고 국간장과 소금으로 간하여 달걀을 풀어서 휘저어 끓입니다.

설날에만 먹나요?
# 떡만두국

만두귀신이라 할 정도로 저희부부는 만두를 무지 좋아해요. 일주일 내내 만두만 먹어도 살 정도로 말이죠. 그래서인지 예성이도 만두를 너무 좋아해요. 주먹만한 왕만두를 3~4개나 먹는답니다.

### 요리재료

**4인분**

- **재료 | 만두소** | 다진 돼지고기(2줌), 두부(1/2모), 불린 당면(1줌), 부추(1/2줌), 당근(1/4개), 다진 파(3), 다진 마늘(0.5), 간장(0.5), 후추, 소금, 참기름 약간씩, 달걀(1개)
- **만두피** | 밀가루(1컵), 물(1/3컵), 올리브유(1)
- **멸치다시마국물** | 국멸치(10마리), 다시마(5cm×5cm 2장), 물(10컵), 조랭이 떡(1줌)

### 색깔만두 *Special tip*

삼색 수제비와 마찬가지로 만두피 역시 색색별로 만들어서 만두를 빚으면 골라먹는 재미가 있죠.

만두피는 반죽 후 비닐 팩에 넣어 실온에서 30분 정도 숙성시킨 후 밀대로 밀어 서로 붙지 않게 사이사이에 밀가루를 뿌려두세요.

> 하루 날을 잡아 만두를 넉넉히 만들어 두었다가 찐 후 서로 붙지 않게 냉동하여 비닐 팩에 넣어 보관하면 든든하지요. 만두 소가 많이 남았다면 고추 속에 넣어서 튀김을 만들어도 좋고 각종 전으로 활용해보세요.

### 1 만두 소 만들기
다진 돼지고기, 물기를 뺀 두부, 그 외 재료들을 넣고 섞은 후 달걀을 넣어 끈기가 생기도록 치대서 만두소를 만들어줍니다.

### 2 만두 빚기
만두피에 소를 넣고 만두를 빚어주세요.

### 3 멸치다시마국물 내기
멸치와 다시마를 끓이다 물이 끓으면 다시마는 건져내고, 10분 후 멸치도 건져냅니다.

### 4 떡 넣기
멸치다시마국물에 조랭이 떡을 넣고 끓여주세요.

### 5 만두 넣기
떡을 넣고 끓이다가 만두를 넣고 만두가 떠오를 때까지 끓여줍니다.

### 6 간하기
국간장과 소금으로 간하고 대파를 넣고 살짝 더 끓여 원하는 고명을 얹어냅니다.

임금님이 드셨던
# 궁중 떡볶이

예성이는 매운 떡볶이를 아직 못 먹기 때문에 궁중 떡볶이를 해 줬는데 생각보다 너무 잘 먹었어요. 처음에는 포크를 들고 먹기 시작하지만 어느새 손으로 집어서 먹어요. 역시나 아이들은 온몸으로 먹는답니다.

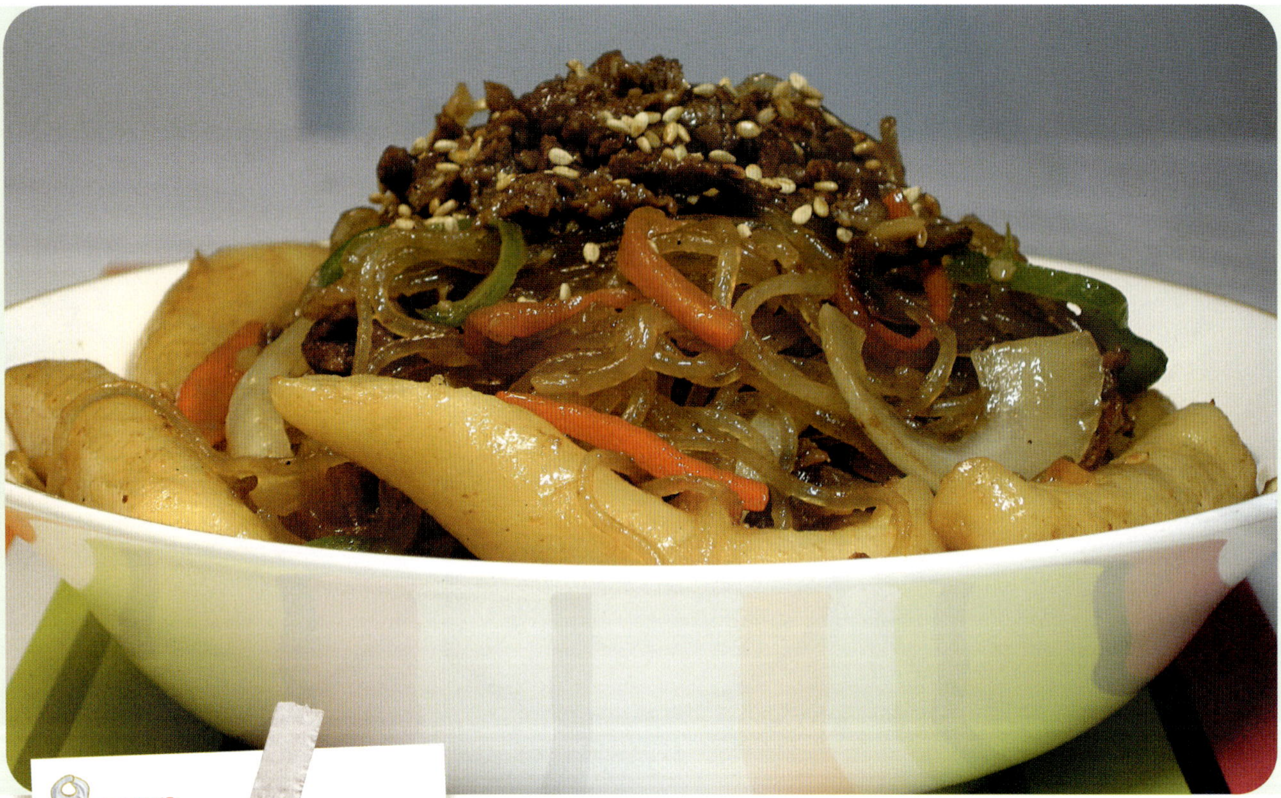

### 요리재료

**2인분**

**재료** | 떡볶이 떡(2줌), 쇠고기(1줌), 채 썬 피망(2), 채 썬 당근(2), 채 썬 양파(2), 당면(1줌), 올리브유, 다진 마늘, 참기름 약간씩

**쇠고기 밑간** | 간장(1), 맛술(1), 다진 마늘(0.3), 후추, 참기름 약간씩

**양념장** | 간장(2), 굴소스(1), 설탕(0.5), 물엿(1), 참기름, 후추 약간씩

### 여러 가지 떡볶이 소스들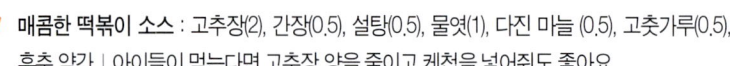

1. **매콤한 떡볶이 소스** : 고추장(2), 간장(0.5), 설탕(0.5), 물엿(1), 다진 마늘(0.5), 고춧가루(0.5), 후추 약간 | 아이들이 먹는다면 고추장 양을 줄이고 케첩을 넣어줘도 좋아요.

2. **자장 떡볶이 소스** : 고추장(0.5), 물엿(1), 흑설탕(0.5), 맛술(1), 육수(1/2컵), 후추 약간 | 춘장(2)을 동량의 기름을 넣고 볶다가 체에 밭쳐 기름을 빼고 볶은 춘장과 위의 양념을 섞어줍니다.

3. **카레 떡볶이 소스** : 카레가루(4), 우유(1/3컵) | 일반 카레랑 똑같은데 떡볶이 재료에 카레가루를 풀어 넣으면 되요.

## 1. 쇠고기 밑간하기
쇠고기는 밑간해 두고 당면은 불려 준비합니다.

## 2. 재료 준비하기
떡은 살짝 데쳐서 서로 달라 붙지 않게 참기름을 발라두고 당근, 피망, 양파는 채 썰어 준비합니다.

## 3. 재료 볶아주기
팬에 올리브유를 두르고 다진 마늘과 당근을 볶다가 양념장을 넣고 떡도 넣어 간이 배이도록 저어줍니다.

## 4. 쇠고기 볶아주기
떡에 간이 배면 쇠고기도 넣어 볶아주세요.

## 5. 재료 볶아주기 2
쇠고기가 익으면 피망, 양파를 넣고 볶다가 불려놓은 당면을 넣어 참기름으로 마무리해줍니다.

### Special tip
**엄마와 아빠를 위한 해물궁중떡볶이**

**재료** | 가래떡(300g), 홍합(5개), 미니 주황 파프리카(4개), 브로콜리(30g), 마늘(3쪽), 올리브오일(1), 칵테일새우(5마리), 화이트와인 약간
**소스** | 간장(2), 물엿(1.5), 맛술(1), 참기름(0.3), 후추 약간

1. 가래떡은 먹기 좋은 크기로 썰고 홍합은 깨끗하게 씻은 후 화이트와인을 조금 넣은 물에 살짝 삶아 알맹이만 떼어냅니다.
2. 파프리카는 반으로 가르고, 브로콜리는 소금물에 살짝 데치고 마늘은 얇게 저며 썹니다.
3. 팬에 올리브오일을 두르고 마늘을 볶은 후 홍합과 칵테일새우를 함께 넣고 볶습니다.
4. 3에 가래떡을 넣어 볶다가 분량의 재료를 섞어 만든 소스를 부어 볶은 다음 파프리카, 브로콜리를 넣어 함께 볶아냅니다.

달콤하고 부드러운
# 단호박수프

부드럽게 넘어가는 수프는 간식으로 해주면 한 그릇 금방 비워요. 생크림에 설탕이 들어가니 따로 설탕을 넣지 않아도 달고 맛나거든요. 생크림으로 유치하지만 하트도 그려보면서 엄마의 사랑을 전한답니다.

**요리재료**
2인분
**재료** | 삶아 으깬 단호박(1컵), 삶아 으깬 고구마(1/2컵), 우유(1컵), 생크림, 소금 약간씩, 버터(2), 밀가루(1)

### 단호박

단호박은 비타민 C가 풍부해서 면역력을 높여주고 이뇨와 해독작용을 해 간이 안 좋고 냉한 체질인 사람에게 좋아요. 닭과 함께 먹으면 자양강장의 효과를 배가시켜 주고요. 단호박은 탄수화물과 비타민 A가 많아 새우처럼 단백질만 많은 재료와 함께 먹으면 서로 부족한 영양소를 보충할 수 있습니다.

## 1 재료 준비하기
단호박과 고구마는 삶아서 뜨거울 때 으깨고 우유를 부어 함께 믹서에 곱게 갈아줍니다.

## 2 화이트 루 만들기
팬에 버터를 두르고 버터가 녹으면 밀가루를 넣어 갈색이 나도록 볶아줍니다.

## 3 수프 끓이기
만든 루에 곱게 간 고구마와 단호박을 넣고 중간 불에서 끓이다 소금을 약간 넣어 간해주고 생크림으로 마무리해줘요.

### 단호박경단
삶아 으깬 단호박과 고구마로 다른 간식을 만들어볼까요? 쫀득쫀득 맛있는 경단이에요.

**재료** | 삶아 으깬 단호박과 고구마(1컵)씩, 찹쌀가루(5컵), 설탕(2), 소금 약간, 카스텔라 가루 적당량

1. 볼에 삶아 으깬 단호박과 고구마를 넣고 찹쌀가루를 넣어가며 부드러워질 때까지 반죽해줍니다.
2. 반죽을 조금씩 떼어 동그랗게 빚어 놓고,
3. 끓는 물에 경단을 넣어 둥둥 떠오르면 10초 정도 더 두었다가 건져 바로 찬물에 헹궈 물기를 제거합니다.
4. 카스텔라는 위의 갈색 부분은 잘라내고 노란 부분만 체에 거르거나 믹서로 갈아 가루로 만들어 경단을 굴려 완성시킵니다.

# 밥잘안먹는아이를위한
# 맛있는밥요리

아이가 밥을 정말 안 먹는 시기가 한번쯤은 오게 될 겁니다. 물론 안 오면 좋지만요.
예성이 같은 경우도 언제부턴가 아예 밥을 안 먹으려고 했던 적이 있었어요.
밥이 주식인데 밥을 안 먹으려 해서 마치 간식처럼 밥을 만들어주었지요.
소스가 들어간 요리들은 정말 잘 먹어요. 한번 시도해 보세요.

PART3

떡 꼬치의 변신
# 밥 꼬치

아이가 밥 먹기 싫어할 때 밥 꼬치를 달콤한 소스에 굴려서 만들어 주면 잘 먹을 거예요.
쉬운 재료로 만들기도 간단하고 야외 나갈 때도 간편한 메뉴에요.

 요리재료

**2인분**

**재료** | 밥(1공기), 참치(1/2캔), 검은 깨(2), 녹말가루, 올리브유, 소금 약간씩

**소스** | 토마토케첩(2), 굴소스(1), 다진 양파(2), 맛술(1), 물엿(1), 설탕(0.5)

**Special tip**

1  녹말가루에 살짝 굴려서 구워야 모양이 흐트러지지 않아요.
2  매운 것을 잘 먹는 시기가 되면 케첩 양을 줄이고 고추장을 넣어줘도 됩니다.

### 1 밥 뭉치기
밥, 검은 깨, 소금을 넣고 끈기가 생기게 섞어가며 주물러 조금씩 떼어내 가운데에 기름 뺀 참치를 넣고 동그랗게 경단모양으로 만들어줍니다.

### 2 밥 굽기
밥 경단에 녹말가루를 살짝 묻혀 달군 팬에 올리브유를 넉넉하게 두르고 튀기듯 구워줍니다.

### 3 소스 넣고 버무리기
팬에 다진 양파를 볶다가 나머지 소스 재료를 넣어 소스를 만든 뒤 튀김 경단을 굴려가며 버무려주세요.

식빵 속에 밥이 들었어요
# 밥 식빵 롤

예성이는 엄마를 닮아서 그런지 빵을 많이 좋아해요. 특히나 식빵을요. 그래서 밥을 안 먹을 때는 토스트를 자주 해줬는데, 하루는 밥을 너무 안 먹어서 아예 밥을 넣고 말아서 구워줬더니 하나하나 잘 먹더군요.

**요리재료**

**2인분**

**재료** | 식빵(2장), 밥(2/3공기), 슬라이스 햄(2장), 치즈(2장), 버터 약간

**Special tip**

1. 일반 식빵 보다 우리 밀로 된 식빵이나 잡곡 식빵을 사용하면 더욱 좋겠죠?
2. 밥을 빼고 햄이랑 치즈만 넣어서 말아줘도 괜찮아요.
3. 한쪽 끝 부분은 비워두면 나중에 말았을 때 그 부분을 꼭꼭 꼬집어주면 잘 붙어있어요.

### 1 식빵 손질하기
식빵은 가장자리를 잘라서 밀대로 한번 살짝 눌러서 밀어주면 두껍지 않아서 잘 말려요.

### 2 식빵 말기
준비한 식빵에 살짝 데친 햄을 깔고, 그 위에 밥을 얇게 깔아 치즈를 얹어서 돌돌 말아주세요.

### 3 식빵 굽기
팬에 버터를 두르고 돌돌만 식빵을 굴려가며 익혀주세요.

넌 핫도그, 난 미니

# 밥 도그

핫도그를 작게 축소해놓은 듯이 보이는 밥 도그에요. 이건 예성이보다 오히려 아빠가 좋아하는 메뉴중 하나에요. 잔뜩 만들어 놓으면 아빠랑 둘이서 언제 먹었는지 모르게 다 먹어버린답니다.

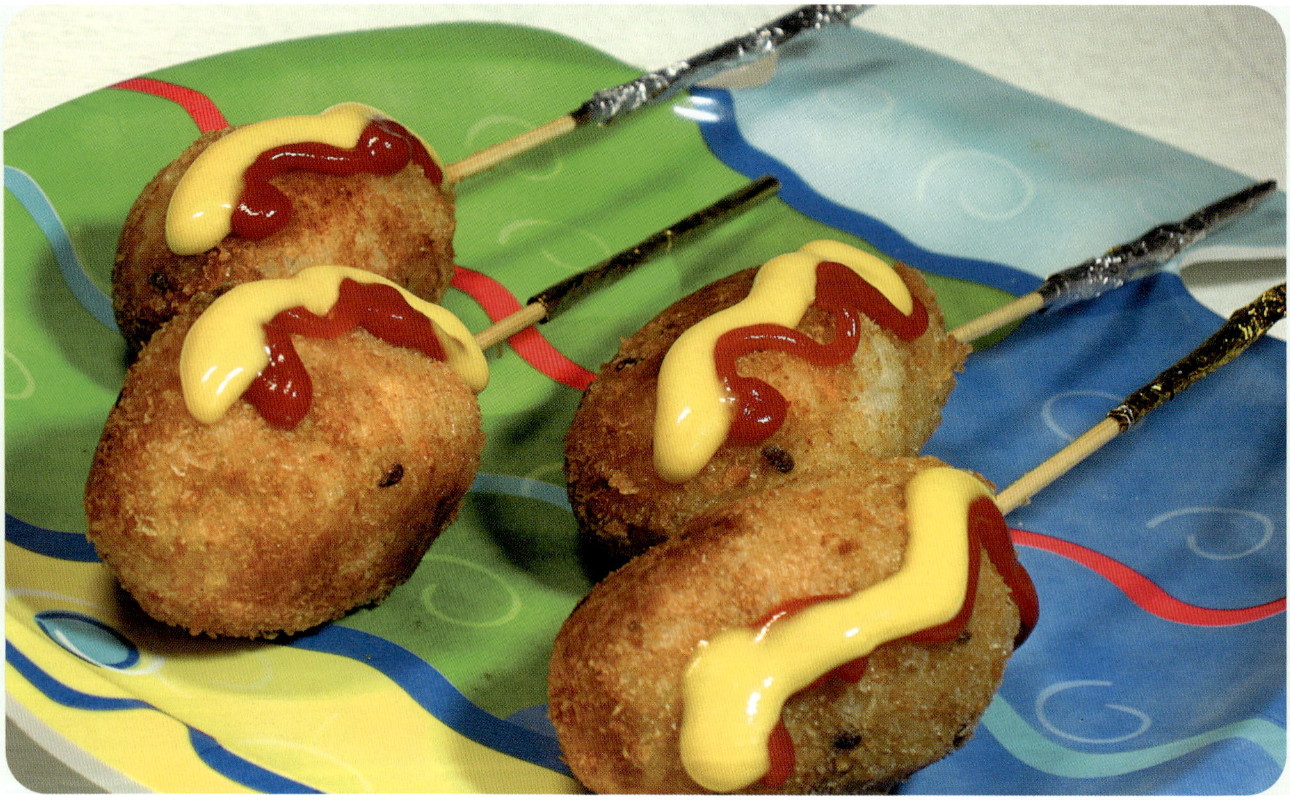

요리재료

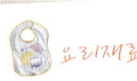

2인분

**재료** | 줄줄이 소시지(6개), 밥(1공기), 다진 양파(1), 다진 당근(1), 다진 애호박(1), 밀가루(1컵), 달걀 (1개), 빵가루(2컵), 소금, 올리브유 약간씩

요리속의 요리

핫도그

**재료** | 밀가루(3) + 핫케이크가루(1컵) + 우유(7)

꼬치에 소시지를 꽂아 핫케이크가루에 돌돌 말듯이 반죽을 묻혀 튀겨주면 됩니다. 일반 밀가루보다 핫케이크가루를 이용하면 더 부드럽고 맛있어요.

💬 기름을 많이 두르면 밥이 잘 뭉쳐지지 않아요.

## 1 재료 준비하기
당근, 애호박, 양파는 잘게 다지고 소시지는 살짝 데친 후 꼬치에 끼워 준비합니다.

## 2 야채밥 만들기
팬에 올리브유를 살짝 두르고 야채를 볶아서 밥에 섞어줍니다. 이때 소금 간을 약간 해줍니다.

## 3 꼬치에 밥 뭉치기
소시지 위에 밀가루를 살짝 바르고 만들어 놓은 야채밥을 눌러가며 뭉쳐주세요.

**Special tip**
묵은 쌀에서 나는 냄새 제거에는 식초가 좋아요. 우선 저녁에 식초 한 방울을 떨어뜨린 물에 쌀을 담갔다가 씻어서 물기를 빼놓고 다음날 밥을 지을 때 한 번 더 미지근한 물로 헹군 뒤 밥을 지으면 냄새가 나지 않습니다.

## 4 튀김옷 입히기
3을 밀가루에 묻히고 달걀물에 담갔다가 빵가루를 꼼꼼이 묻혀주세요.

## 5 튀기기
빵가루를 살살 털어내 170℃에서 노릇노릇하게 튀겨줍니다

햄버거만 버거냐~ 나도 버거다
# 밥 버거

패스트푸드점에서 파는 햄버거는 고칼로리에다 건강에도 안좋잖아요. 그래서 밥을 이용해서 버거를 만들어 주었어요. 좀 크고 두껍지만 완성한 후 잘라서 야채와 밥 튀긴 것을 섞어 포크로 꽂아주면 아주 잘 먹어요.

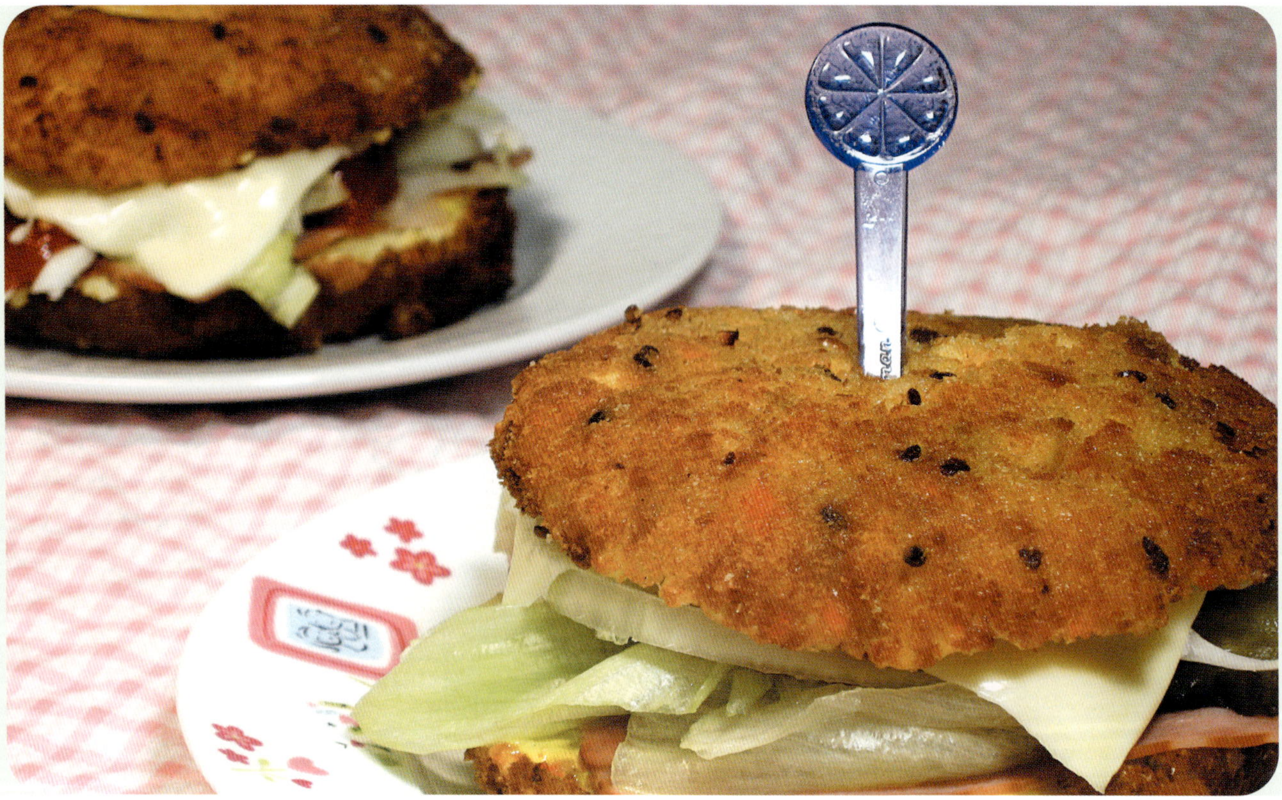

요리재료

2인분

**재료** | 밥(1공기), 두부(1/4모), 다진 당근(2), 다진 애호박(2), 슬라이스 햄(2장), 치즈(2장), 양상추(1줌), 양배추(1줌), 피클(1/2줌), 링 모양 양파(6개), 녹말가루(2), 밀가루(1), 빵가루(2컵), 소금 약간

4까지의 과정만 했다면 밥 고로케가 되죠. 햄버거로 만드는게 귀찮다면 밥 반죽 크기를 작게 만들어 튀겨서 원하는 소스에 찍어 먹어도 좋아요.

## 1 재료 준비하기
양배추와 양상추, 피클은 먹기 좋게 썰고 양파는 링 모양으로 썰어주세요. 햄은 끓는 물에 살짝 데쳐 놓아요.

## 2 야채밥 만들기
밥에 당근과 애호박을 다져 넣고 두부는 으깬 후 면보에 물기를 짜서 넣어주세요. 소금 간을 약간 하고 녹말가루와 밀가루를 넣어 치대줍니다.

## 3 야채밥 빚기
**2**를 도톰하고 동그랗게 빚어서 밀가루를 묻히고 달걀물을 입혀서 빵가루에 꼭꼭 눌러가며 묻혀주세요.

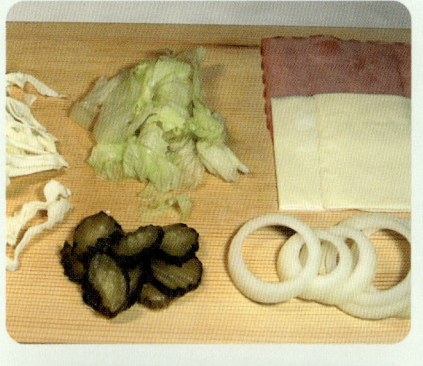

## 4 야채밥 튀기기
빚어 놓은 야채밥을 180℃ 온도에서 노릇노릇하게 튀겨줍니다.

## 5 소스 바르기
튀긴 야채밥을 반 갈라서 원하는 소스를 발라주세요

## 6 속 넣기
소스를 바른 위에 야채와 햄, 치즈를 얹고 소스를 한 번 더 뿌려줍니다.

비 오는 날 생각나요
# 밥 야채전

비오는 날엔 왠지 부침개나 전 생각이 나잖아요. 냉장고속 야채들을 모두 집합시켜 밥과 섞어서 전을 부쳐주곤 해요.
밥에 반찬을 올려 먹여줄 필요도 없고, 잘라주면 스스로 흘리지도 않고 먹으니 엄마한테는 너무 편한 메뉴중 하나에요.

요리재료

**2인분**
재료 | 밥(1공기), 달걀(1개), 다진 햄(2), 다진 당근(2), 다진 피망(2), 다진 양파(2), 녹말가루(2), 부침가루(1), 올리브유, 소금 약간씩

**Special tip**
야채는 어떤 재료라도 상관없어요. 참치랑 깻잎을 넣어줘도 맛이 좋아요. 완성 후에 좋아하는 소스를 발라주면 더욱 잘 먹어요.

### 1 재료 준비하기
당근, 피망, 양파는 다지고 햄은 끓는 물에 살짝 데친 후 다져줍니다.

### 2 재료 섞기
밥에 다진 야채와 햄, 녹말, 부침가루, 달걀을 넣고 소금으로 간을 해서 섞으세요.

### 3 밥전 부치기
달군 팬에 올리브유를 두르고 2를 숟가락으로 떠서 부쳐주면 완성입니다.

색색이 예뻐서 먹기 아까운
# 삼색 꼬마 주먹밥 꼬치

예성이는 아직 어려서 색깔이름은 모르지만 이렇게 알록달록한 걸 보면 좋아해요. 여러 색깔들을 접해 보는 것이 아이들 감성에도 좋아요. 음식 하나에도 아이들을 생각해서 여러 가지 색깔을 고루 섞어 해주면 더 좋습니다.

**요리재료**

**2인분**
재료 | 밥(1+1/2공기), 달걀노른자(1+1/2개), 맛살(1+1/2줄), 다진 애호박(2), 참기름, 소금 약간씩

**Special tip**
이 외에도 김가루나 쇠고기를 섞어도 좋고, 잔멸치 볶음에 섞어줘도 좋아요. 콩자반을 다져서 섞어줘도 잘 먹는답니다. 멸치와 콩은 아이들 영양적인 면에서도 좋으니 다양한 재료로 활용해서 만들어주세요.

**1 재료 준비하기**
달걀은 삶아 노른자를 체에 내려주고 맛살은 살짝 데친 후 다져주세요. 애호박도 다진 후 기름을 살짝 두르고 볶아서 준비하세요.

**2 재료 섞기**
밥에 참기름을 넣고 소금 간을 한 후 3등분해서 애호박, 노른자, 맛살을 각각 넣고 고루 섞어줍니다.

**3 꼬치에 꽂기**
2를 동그랗게 뭉쳐서 꼬치에 꽂아주면 완성입니다.

밥 위에 콩가루를 뿌려서
# 밥 인절미

시중에서 파는 인절미는 너무 쫄깃해서 아이들은 먹기 힘들어해요. 밥을 좀 질게해서 밥 인절미를 만들어주면 아이가 아주 잘 먹어요. 콩가루가 없다면 견과류들을 가루 내어 묻혀줘도 좋아요.

**요리재료**
2인분
**재료** | 밥(2공기), 콩가루(1컵), 소금 약간

**Special tip**

**콩가루**
콩가루는 시판되는게 맛있긴 하지만 그래도 집에서 만들어본다면
1. 콩은 찬물에 깨끗이 씻고 물 위에 떠오르는 콩은 제거해줍니다.
2. 체에 건져 물기를 빼내고 그늘에서 말립니다.
3. 달군 팬에 살짝 볶은 후 믹서에 갈아주세요.
4. 콩가루는 밀폐용기나 비닐 팩에 담아 냉동 보관하면 됩니다.

> 한입 크기로 동글동글 빚어주세요.
> 이때 손에 소금물을 바르며 빚으면 손에 달라 붙지 않아요.

**1 밥 빻기**
밥은 질게 해서 소금을 약간 넣고 방망이로 끈기가 나도록 빻아주세요.

**2 밥 빚기**
손에 소금물을 발라가며 한입 크기로 동글동글 빚어줍니다.

**3 콩가루에 굴려주기**
2를 콩가루에 굴려주면 완성입니다.

한입 깨물면 달콤함과 쫀득함이 쏙~
# 단호박 밥 고로케

달콤한 밥 고로케에요. 길게 고로케를 만들어 좋아하는 소스하나 옆에 놔주면 야금야금 찍어가며 잘 먹어요.
찹쌀가루가 없다면 녹말가루를 사용해도 되지만 찹쌀가루를 넣으면 더 쫀득하니 맛이 난답니다.

**요리재료**

**2인분**

**재료** | 밥(1공기), 다진 당근(1), 양파(1), 삶아 으깬 단호박(1컵), 찹쌀가루(2), 밀가루(2), 달걀(1개), 빵가루(1+1/2컵), 소금 약간

**Special tip**

뭉칠 때 너무 묽으면 잘 뭉쳐지지 않으니 약간 되직하게 치대주세요.
단호박 대신 고구마를 사용해도 좋고, 아이가 좋아하는 재료를 넣어서 만들어주면 되지요.
치즈를 좋아한다면 밥 속에 모짜렐라 치즈를 넣고 튀겨줘도 좋습니다.

**1 재료 섞기**
당근과 양파는 다지고, 단호박은 삶아 뜨거울 때 으깨 밥에 섞어 소금 간을 하여 찹쌀가루와 밀가루를 넣고 치대줍니다.

**2 튀김옷 입히기**
1을 길게 뭉쳐서 밀가루를 살짝 묻히고 달걀물에 담근 후 빵가루를 묻혀줍니다.

**3 튀기기**
빵가루를 묻힌 밥을 170℃에서 노릇노릇하게 튀겨주세요.

고구마만 맛탕이냐~ 나도 맛탕이다

# 밥 완자 맛탕

달콤한 맛의 유혹은 성공을 했지요. 달게 먹는 것이 걱정이 되긴 하지만 그래도 입이 짧은 예성이가 제법 집어먹기에 가끔 해준답니다.

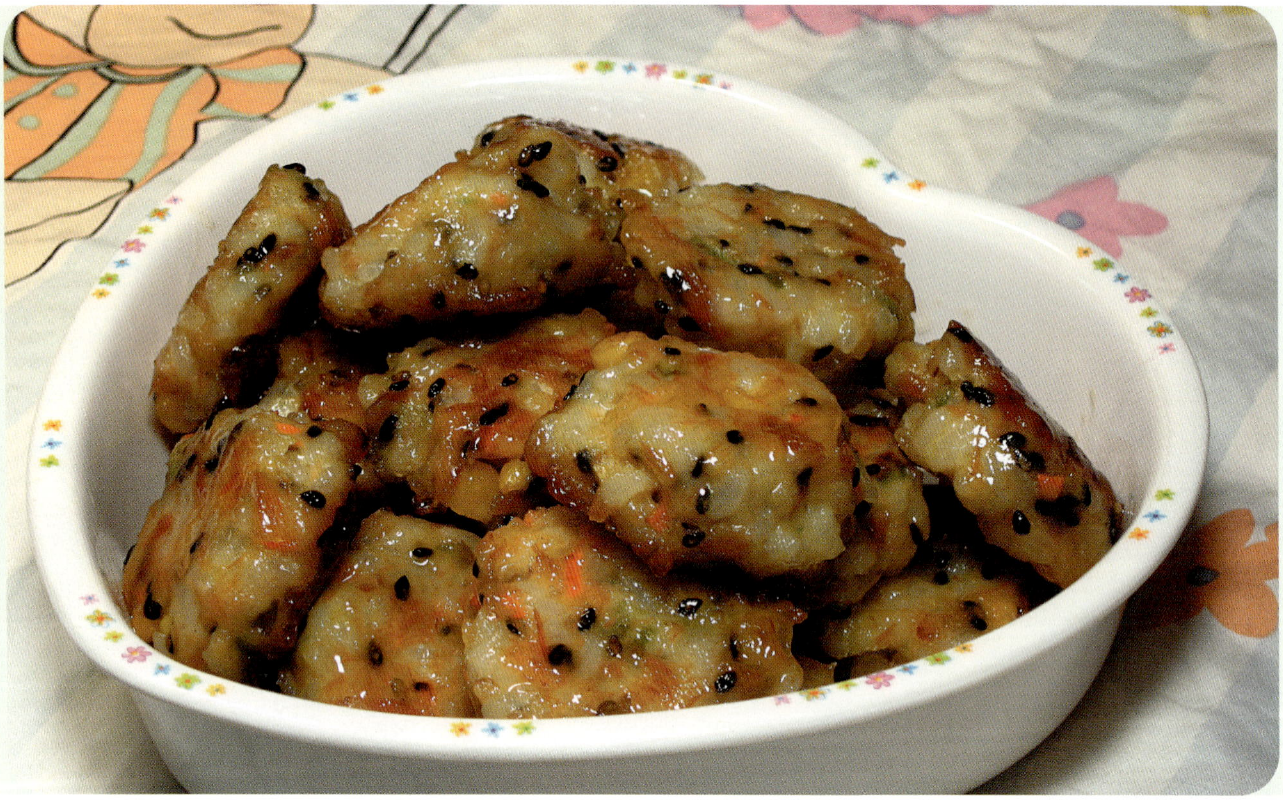

요리재료

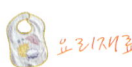

2인분

**재료** | 밥(1공기), 달걀(1개), 참치(2), 옥수수콘(3), 다진 양파(1), 다진 당근(1), 다진 피망(1), 녹말가루(1), 부침가루(3), 소금, 올리브유 약간씩

**시럽** | 물(1), 설탕(3), 올리브유(2), 물엿(1)

Special tip

외출용 음식으로 만들어 가지고 나가면 요긴하게 먹을 수 있답니다. 한 입에 쏙 먹기도 편하고 데울 필요도 없으니까요.

## 1 재료 준비하기
참치는 기름을 제거하고, 옥수수콘은 뜨거운 물을 부어 물기를 빼줍니다.

## 2 야채 다지기
당근, 양파, 피망은 잘게 다져놓습니다.

## 3 재료 섞기
밥에 1과 2를 넣고 녹말, 부침가루, 달걀을 넣은 후 소금 간을 하여 치대줍니다.

## 4 밥 부치기
달군 팬에 올리브유를 두르고 치대놓은 밥을 숟가락으로 떠서 노릇노릇하게 부쳐주세요.

## 5 시럽 만들기
분량대로 시럽을 만들어줍니다. 이때 젓지 말고 설탕이 녹을 때까지 끓여주세요.

## 6 버무리기
시럽에 부친 전을 넣고 버무려 줍니다.

바삭바삭
# 밥 춘권 스틱

춘권은 흔히 'Spring Roll'이라 부르며, 밀가루나 쌀가루를 전병처럼 만들어 소를 넣고 말아 튀긴 음식을 말합니다. 볶음밥을 넣고 만들어 튀겨주면 과자처럼 바삭바삭해서인지 더 잘 먹는 것 같아요.

**요리재료**

**2인분**

**재료** | 밥(1공기), 다진 당근(2), 다진 양파(2), 다진 애호박(2), 다진 표고버섯(2), 춘권피(6장), 올리브유, 소금, 참기름 약간씩

대형마트에서 판매하는 라이스페이퍼를 사용해도 됩니다. 라이스페이퍼는 이름 그대로 쌀로 만든 것이고, 춘권피는 밀가루로 만든 것이라서 약간 맛이 달라요.

**1 볶음밥 만들기**
야채는 다져서 볶다가 밥을 넣은 후 소금 간을 하여 참기름을 넣고 볶음밥을 만들어주세요.

**2 춘권피 말기**
춘권피를 마름모꼴로 놓고 가운데 조금 아래 부분에 볶음밥을 얹습니다. 아래서 위로 접은 후 양 옆을 접어서 돌돌 말아주세요.

**3 튀기기**
170℃에서 노릇노릇하게 튀겨주세요.

밥 들었는지 몰랐지롱~
# 밥 만두 튀김

이맘때쯤 아이들은 밥을 먹여주는 것을 싫어하고 스스로 먹고 싶어 해요. 하지만 그냥 밥에 반찬을 주면 흘리는게 너무 많아서 할 수 없이 손으로 들고 먹을 수 있는 것을 만들어 주다보니 뭐든지 싸서 튀기거나 돌돌 말거나 한답니다.

**요리재료**

**2인분**

**재료** | 밥(1공기), 다진 표고버섯(2), 다진 부추(3), 다진 양파(2), 만두피(8장), 소금, 참기름, 올리브유 약간씩

**Special tip**
엄마와 아빠는 매콤한 김치볶음밥을 넣어서 만들어보세요. 생각보다 고소하고 맛있답니다.

포크로 눌러주게 되면 접착력도 좋아지고 모양도 예뻐져요.

**1 볶음밥 만들기**
표고버섯, 부추, 양파를 다져 넣어 볶음밥을 만들어주세요.

**2 밥만두 만들기**
만두피에 볶음밥을 올리고 가장자리에 물을 묻힌 후 그 위에 만두피 한 장을 겹쳐서 포크로 가장자리를 꾹꾹 눌러주세요.

**3 튀기기**
170℃에서 노릇노릇하게 튀겨주세요.

밥으로 꽉 채운 어묵!

# 어묵 속 밥

구멍 뚫린 어묵에 밥을 꼭꼭 눌러 넣어 지진 요리에요. 예성이가 밥을 한참 안 먹을 때 밑반찬 하려고 어묵을 썰다가 문득 어묵 속에 밥을 넣어주면 어떨까하는 생각이 들어 부랴부랴 밥을 넣고 계란옷 입혀서 지져주었지요. 적중했습니다. 대박 났지요~

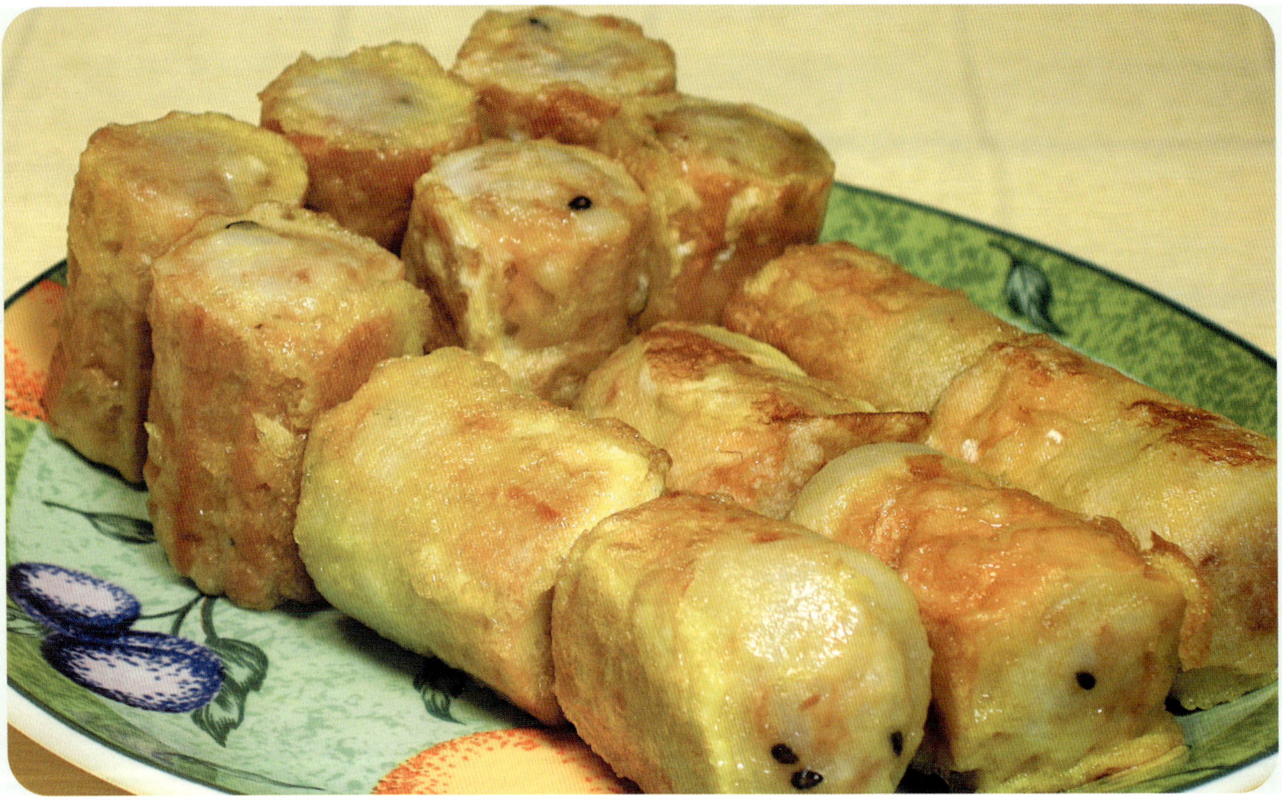

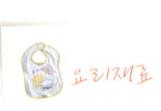

요리재료

2인분

**재료** | 밥(1/3공기), 검은 깨(1), 참치(2), 구멍 뚫린 긴 어묵(3개), 달걀(1개), 밀가루, 올리브유 약간씩

Special tip

어묵 안에 남은 잡채가 있다면 넣어서 똑같이 만들어 주면 색다른 간식이 됩니다.

> 참치가 짭짤하니 소금 간은 따로 하지 않습니다.

### 1 밥 섞기
참치는 기름을 빼고 검은 깨와 같이 밥에 섞습니다.

### 2 어묵 준비하기
어묵은 끓는 물에 데쳐서 4등분합니다.

### 3 밥 담기
준비한 어묵 속에 밥을 작은 티스푼으로 꼭꼭 눌러가며 넣어줍니다.

### 4 달걀물 입히기
밥을 채워 넣은 어묵에 밀가루를 골고루 입혀주고 달걀물에 넣어주세요. 특히 양 옆 부위를 잘 묻혀줘야 밥이 튀어나오지 않습니다.

### 5 지지기
달군 팬에 올리브유를 두르고 달걀을 입힌 어묵을 노릇노릇하게 지져줍니다.

**Special tip**

**어묵 맛있게 끓이기**
어떻게해도 포장마차나 분식점의 어묵 맛이 나질 않는다면 이렇게 한번 해 보세요.

**재료** | 어묵(400g), 무(1/2개), 다시마(10cm 2개), 멸치(20마리), 양파(1/2개), 진간장(3), 청주(2), 마늘(1/3컵), 고춧가루, 김 가루, 파, 소금 약간씩

1. 먼저, 끓는 물에 어묵을 한번 삶아내 나쁜 기름기를 빼내 준비해 둡니다.
2. 찬물에 큼직큼직하게 썬 무를 넣고 팔팔 끓입니다. 그동안 면 주머니에 멸치, 다시마, 양파를 넉넉히 넣고 묶어둡니다(면 주머니가 없으면 그냥 냄비에 넣어 끓이다가 건져내세요).
3. 무가 한소끔 끓으면 면 주머니를 넣고 진간장으로 색깔을 내줍니다(이때 소주나 청주를 약간 넣어주면 비린내와 잡내가 말끔히 없어집니다).
4. 간은 소금으로 맞추고 다진 마늘을 마지막에 조금 넣습니다.
5. 완성되면 그릇에 어묵을 먼저 담고, 국물을 부은 다음 그 위에 고춧가루, 김 가루, 송송 썬 파를 띄웁니다. 국수를 말아먹어도 좋습니다.

케이크야 부침개야?
# 감자 밥 팬케이크

감자로는 감자전도 만들어 먹고 감자국도 끓여먹고 다양하게 먹잖아요. 감자와 밥을 활용할 고민을 하다가 으깬 감자랑 밀가루를 섞어서 부쳐 먹었더니 생각보다 맛있어요. 이것이 바로 감자 밥 팬케이크였답니다.

2인분

  | 밥(1/2공기), 삶아 으깬 감자(1컵), 박력분(1/2컵), 우유(1/2컵), 버터(3), 슬라이스 햄(3장), 달걀(1개), 치즈가루, 소금 약간씩

**Special tip**

1. 슬라이스 햄 대신 베이컨을 감자 대신 고구마를 넣어주면 더욱 맛이 나요.
2. 감자만 넣고 할 때는 설탕도 조금 넣어 주지만 밥을 넣을 때는 설탕을 넣는 것보다는 잘라서 소스에 찍어 먹이는 게 더 잘 먹는 것 같아요. 취향껏 하세요.

### 1 감자 으깨기
> 뜨거울 때 으깨야 잘 으깨집니다.

감자는 삶아 뜨거울 때 으깨서 준비합니다. 이때 소금 간을 약간 해주세요.

### 2 재료 섞기 1
> 체에 밭쳐 달걀을 풀면 뭉치는 것이 없어요.

달걀을 풀고 녹인 버터(2)를 넣어 체에 친 박력분을 섞어줍니다.

### 3 재료 섞기 2
2에 밥과 우유를 넣고 섞어줍니다.

### 4 굽기
달군 팬에 버터(1)를 녹여 3을 국자로 떠서 붓습니다. 그 위에 잘라놓은 슬라이스 햄을 얹어서 앞뒤로 노릇하게 구워줍니다.

### 5 치즈가루 뿌리기
구운 감자밥 케이크에 치즈가루를 뿌려주세요.

#### Special tip — 감자 이야기

서양 밥상에는 육식이 오르므로 곁들여 먹는 식물성 음식으로 흔히 감자가 나옵니다. 튀겨낸 "프라이드 포테이토", 삶아서 으깬 "매쉬드 포테이토"는 서양 식사의 필수품인데 까닭은 육식으로 산성화되는 체액의 균형을 감자의 알칼리성이 맞추어 주기 때문입니다. 또한, 감자가 고혈압을 예방하는 식품이라는 이유는 감자의 칼륨이 체내의 나트륨을 체외로 배출하는 역할을 하여 혈압을 정상적으로 유지시키기 때문입니다. 감자의 섬유질은 정정 효과가 있어 변비의 예방과 치료에도 좋은 식품입니다.

이런 감자를 고를 때는 껍질 색이 얼룩얼룩하거나 검은 반점이 있거나 상처가 있는 것, 주름이 많은 것, 지나치게 큰 것, 녹색이 있고 볕에 탄 듯한 것은 피해야 합니다. 특히 그중에서도 녹색 싹이 나 있는 것은 그 부분에 솔라닌이라는 독소가 있어 위장 장애나 설사 같은 중독 증상을 일으키니 그런 감자를 먹으려면 꼭 칼끝으로 싹이나 패인 부분을 도려내고 조리하도록 주의합니다.

볶음밥을 말아서 만든
# 볶음밥 크레이프

엄마와 아빠가 트위스터를 엄청 좋아해요. 외출해서 파는 곳을 발견하면 꼭 사먹고 집에서도 냉동해 둔 또띠아에 출출할 때면 해먹기도 하구요. 평소 해먹는 트위스터에 예성이것은 볶음밥을 만들어 넣어줬어요.
이건 잘라줘도 먹기 지저분해지니 한입씩 베어 먹도록 엄마가 들고 있어줘야 해요.

**요리재료**

2인분

**재료** | 맛살(2개), 닭 안심(2쪽), 슬라이스 햄(2장), 길게 썬 오이 또는 오이 피클(4개), 양상추(1줌), 머스터드소스, 마요네즈, 소금, 후추 약간씩

**볶음밥 재료** | 밥(2/3공기), 다진 당근(1), 다진 애호박(1), 다진 양파(1)

**크레이프 반죽** | 달걀(1개), 우유(1/2컵), 박력분(1/2컵), 버터(1), 설탕(1)

**또띠아 만들기**

**재료** | 밀가루(4컵), 올리브유 또는 버터(2), 따뜻한 물(1/2컵), 베이킹파우더(1), 소금(0.5)

1. 밀가루, 올리브유, 베이킹파우더, 소금을 분량대로 섞어줍니다.
2. 따뜻한 물을 조금씩 부으면서 반죽해주세요.
3. 원하는 크기로 잘라서 밀대로 밀어 기름을 두르지 않은 팬에 넣고 구워주면 됩니다.

> 또띠아 하나만 냉동실에 넣어놓으면 피자도우 대신 사용해도 좋고, 돌돌 말아 트위스터를 해먹어도 되고 아주 요긴하답니다. 사이즈별로 판매하니 용도에 맞게 구입하면 될 것 같아요. 집에서 또띠아를 만들어 먹어도 좋아요.

### 1 재료 준비하기
닭 안심은 소금, 후추로 밑간한 후 반으로 갈라 노릇노릇하게 구워주세요. 햄과 맛살은 살짝 데친 후 익혀 놓고 오이는 길게 썰고 양상추도 준비합니다.

### 2 반죽 만들기
달걀을 풀어 설탕과 체 친 박력분을 넣고 섞은 뒤 녹인 버터와 우유를 넣고 섞어서 랩을 씌워 냉장고에서 1시간 정도 숙성시킵니다.

### 3 크레이프 부치기
숙성시킨 반죽을 약한 불에서 얇게 부쳐서 식혀놓습니다.

### 4 볶음밥 만들기
다진 야채들을 넣고 볶음밥을 만들어주세요.

### 5 재료 얹기
크레이프 위에 양상추 → 볶음밥 → 햄 → 고기 → 야채 순으로 올리고,

### 6 돌돌 말기
머스타드소스와 마요네즈를 뿌리고 돌돌 말아주세요.

달콤하고 맛있는

# 고구마 밥 피자

피자 도우 대신에 밥을 사용해봤어요. 고구마를 좋아하는 예성이는 고구마 덕분인지 매우 잘 먹었답니다. 간식으로도 좋고 한 끼 식사로도 아주 좋아요.

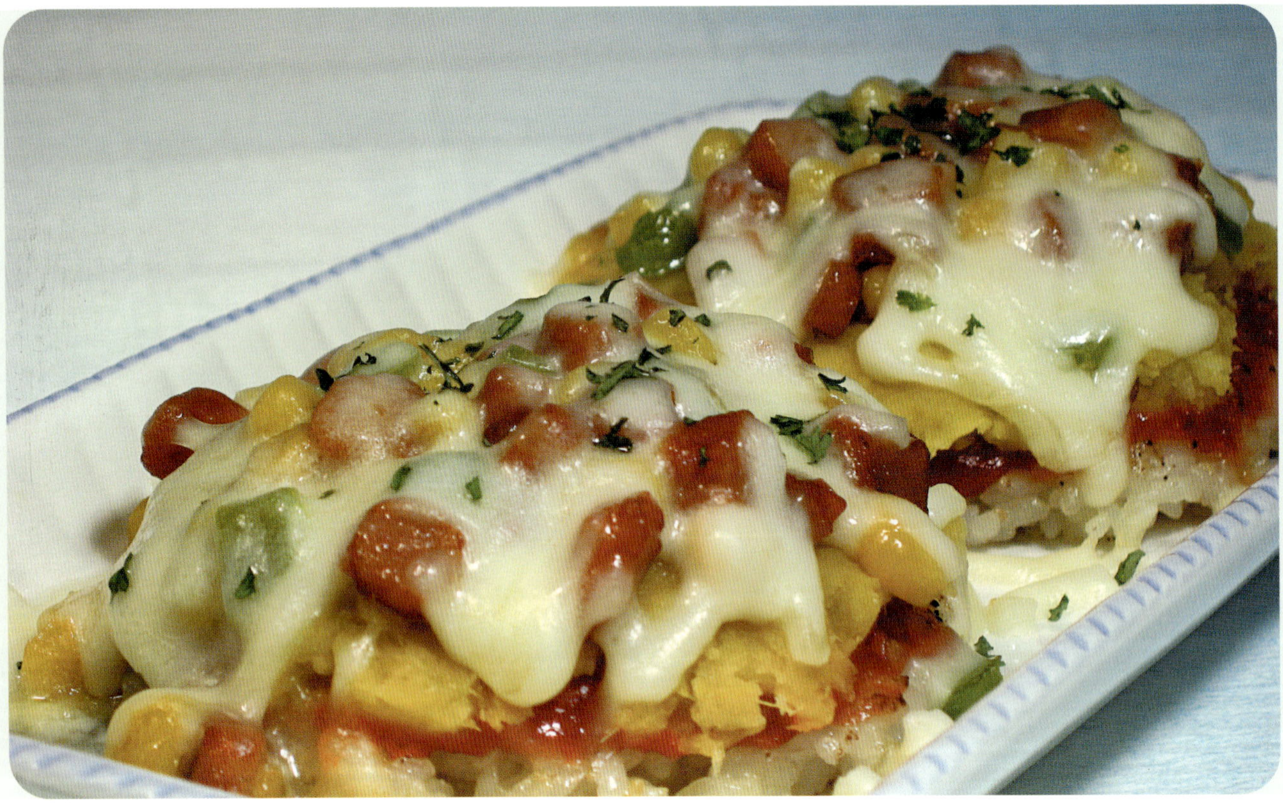

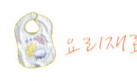

요리재료

2인분

**재료** | 밥(1공기), 삶아 으깬 고구마(1컵), 다진 햄(2), 다진 피망(2), 옥수수콘(2), 피자치즈, 피자소스, 올리브유 약간씩

**Special tip**

밥 위에 고구마와 야채 대신 불고기와 피자치즈를 얹으면 근사한 불고기 밥 피자가 되지요. 여러 가지 재료로 응용해보면 좋을 것 같아요.

### 1 재료 준비하기
고구마는 삶아 뜨거울 때 으깨 놓고, 햄은 끓는 물에 데쳐 다지고, 피망도 다져주고, 옥수수콘은 뜨거운 물을 부어 체에 밭쳐 준비합니다.

### 2 재료 볶기
밥은 동그랗게 뭉쳐 앞뒤로 노릇노릇하게 구워놓고 야채들은 볶아줍니다.

### 3 재료 얹기
밥 위에 피자소스와 고구마 순서로 펴 바르고 야채와 피자치즈를 얹어 전자레인지에서 치즈가 녹을 때까지 돌려주세요.

## 고구마 링 도넛
찹쌀가루를 넣지 않고 밀가루만 넣어 링 도넛도 만들어보세요.

**재료** | 으깬 고구마(1컵), 밀가루(2컵), 설탕(4), 달걀(1), 버터(2), 베이킹파우더(0.5)

1 볼에 달걀을 넣고 설탕을 조금씩 넣어가며 저어줍니다.
2 1에 실온에서 녹인 버터를 넣고 고루 섞이게 잘 저어주세요.
3 2에 삶아 으깬 고구마를 넣고 섞다가
4 체에 쳐 둔 베이킹파우더와 밀가루를 넣고 반죽해줍니다.
5 반죽을 밀대로 밀고 크기가 다른 뚜껑으로 모양을 찍어
6 170℃에서 노릇노릇하게 튀겨주세요. 너무 오래 튀기면 빵이 딱딱해집니다.
7 뜨거울 때 설탕을 뿌려주면 완성입니다.

# 우리아이 총명해지는
# 특별간식

요즘은 정말 먹을 것이 넘쳐나는 세상입니다.
제가 어렸을 때는 지금으로 보면 흔히 말하는 일명 '불량식품'들이 많았어요.
지금은 그런 불량식품은 없어지고 종류는 더 많아졌지만 설탕이나 첨가물들이 많이 들어있는
간식류들은 여전히 어린 아이들이 먹어서 좋을 건 없을 것 같아요.
집에서 만들어주면 안심도 되고 엄마의 사랑도 전할 수 있어 좋은 엄마표 간식에 도전해 보세요.

**PART 4**

## 모락모락 김이 나는
# 단호박 찐빵

*빵 & 떡*

아이들은 보통 빵종류를 좋아하지요. 그래서 고구마 찐빵이나 단호박 찐빵처럼 여러 가지 있는 재료로 찐빵을 자주 만들어 줘요.

**요리재료**
2~3인분
**재료** | 썰어 놓은 단호박(2/3컵), 강력분(1컵), 베이킹파우더(0.5), 달걀(1개), 건포도(2), 버터(2), 설탕(4), 우유(1/3컵)

### 팥 찐빵

**재료** | 중력분(300g), 탈지분유(2), 드라이 이스트(0.6), 설탕(1), 물(1/2컵), 설탕(3), 우유(1/2컵)
**소** | 삶은 팥(1컵), 설탕(6), 소금 약간

1. 밀가루와 탈지분유는 섞어 체에 내리고 40℃ 정도로 따뜻하게 데운 물에 드라이 이스트와 설탕을 넣어 이스트가 발효되도록 둡니다.
2. 체 친 가루에 발효된 이스트와 따뜻하게 데운 우유를 넣고 반죽을 섞어요. 끈기가 생기도록 오래 치댄 다음 따뜻한 곳에 두어 발효시킵니다.
3. 팥은 물을 충분히 넣고 삶아 팥이 무르게 익으면 대충 으깨어 설탕과 소금을 넣고 섞어 소를 만듭니다.
4. 다시 반죽이 부풀어오르면 손으로 치댄 후 조금씩 떼어 넓적하게 만든 다음 가운데 소를 얹고 둥글게 모양을 만들어 줍니다.
5. 유산지를 깔고 만든 찐빵을 얹어 젖은 면보를 덮어 30분 정도 두어 2차 발효시킵니다.
6. 김이 오른 찜통에 팥 찐빵을 넣어 20~25분 정도 쪄내면 됩니다.

## 1 재료 준비하기
단호박은 씨를 제거하고 껍질을 벗긴 후 깍둑썰기를 해줍니다. 건포도도 같이 준비해 둡니다.

## 2 가루 체치기
강력분과 베이킹파우더는 한 번 체에 내려주세요.

> 체에 내려주면 가루가 골고루 섞입니다.

## 3 반죽 만들기
볼에 달걀과 녹인 버터, 설탕을 넣고 젓다가 우유를 붓고 잘 섞어주세요.

## 4 반죽 만들기 2
만든 반죽에 체에 내린 밀가루를 고루 섞어줍니다.

## 5 재료 섞기
완성된 반죽에 단호박과 건포도를 넣고 섞어주세요.

## 6 찐빵 찌기
유산지를 깔고 반죽을 올린 후 김이 오른 찜통에서 20분~30분 정도 찝니다.

> 먹기 편하게 유산지를 깔았는데 없으면 컵에 반죽을 넣고 쪄도 됩니다.

## 쫀득쫀득하고 달콤한
# 고구마 찹쌀도넛

찹쌀도넛하면 으레 팥소가 들어간 도넛이 생각나지요. 손쉽게 만들 수 있는 고구마소를 넣고 도넛을 만들어보세요.
작은 양손에 도넛을 들고 먹으면서 엄마도 한입 먹어 보라며 손을 뻗는 모습이 너무도 사랑스러워요.

**요리재료**

2-3인분

**재료** | 찹쌀가루(3+1/2컵), 밀가루(4), 베이킹파우더(0.5), 설탕(5), 물(1컵)

**고구마 소** | 으갠 고구마(1/2컵), 설탕(1), 계피가루 약간

### 찹쌀가루 만들기

**Special tip**

저는 찹쌀가루를 집에서 만들어 쓰거든요. 찹쌀가루마다 물을 먹고 있는 게 달라서 반죽할 때 물을 조금씩 넣어가며 농도를 맞춰주어야 합니다.

1. 찹쌀을 깨끗하게 씻어 하루 정도 물에 불려놓아요.
2. 1을 체에 밭쳐 물기를 빼주고 체에 밭친 채로 냉장고에 넣어 하루반나절 이상 둡니다. 상온에 두면 쉴 수 있으니 냉장고에 두거든요. 손으로 만져보아 물기가 안 만져지면 됩니다.
3. 물기를 뺀 불린 찹쌀을 믹서에 갈아줍니다.
4. 갈아 놓은 찹쌀을 체에 걸러주세요. 알갱이들이 체에 남아 있어요. 최대한 알갱이들이 안 남을 때까지 반복해줍니다. 이렇게 만들어서 냉동보관해 두었다가 사용하기 1시간 전쯤 꺼내놓았다 사용하면 편해요. 만들기 귀찮으면 쌀만 불려 방앗간에 가져가면 공임비를 받고 가루로 빻아주기도 합니다.

## 1 고구마 소 만들기
고구마는 찐 후 뜨거울 때 으깨서 설탕과 계피가루를 넣고 소를 만들어 놓습니다.

## 2 가루 체치기
찹쌀가루, 밀가루, 베이킹파우더는 체에 내려주세요.

## 3 반죽하기
냄비에 설탕과 물을 끓여 설탕이 녹으면 불을 끄고 설탕물을 체에 내린 가루를 넣어가며 반죽해주세요. 조금씩 넣어가며 농도를 맞추면서 매끈해질 때까지 치대면서 반죽해줍니다.

## 4 도넛 만들기
반죽을 조금씩 떼어 가운데 고구마 소를 넣어서 다시 동그랗게 모양을 만들어줍니다.

## 5 도넛 튀기기
도넛을 160℃ 기름에서 노릇노릇하게 튀겨주세요. 그냥 반죽을 넣기만 하면 납작해지니 처음에 굴려가면서 동그랗게 모양을 다시 잡아주어야 해요.

## 6 설탕 묻히기
뜨거울 때 설탕이 들어있는 비닐팩에 넣고 흔들어주세요. 설탕이 골고루 잘 묻어나옵니다.

## 먹기 좋게 만든
# 미니 토스트

샌드위치를 만들어주면 흘리는 게 반이라 토스트를 해줍니다. 간단하면서도 든든한 간식이에요.

**요리재료**
2~3인분
**재료** | 식빵(3장), 다진 당근(1), 다진 양파(1), 다진 애호박(1), 달걀(2개), 설탕(0.5), 버터 약간

**Special tip**
잡곡 식빵 같은 기능성 식빵으로 해주면 더욱 좋겠죠?

**1 식빵 썰기**
식빵은 먹기 좋은 크기로 썰어놓아요.

**2 재료 섞기**
달걀을 풀어 설탕과 다진 야채들을 넣고 고루 섞어줍니다.

**3 식빵 굽기**
2에 식빵을 담갔다가 버터를 두른 팬에 노릇노릇하게 구워주세요.

파는 케이크 안 부러워요
# 고구마 카스텔라 미니 케이크

카스텔라만 있으면 멋진 고구마 케이크를 만들 수 있어요. 시중에서 파는 것 못지않게 맛있답니다.

**요리재료**
2인분
**재료** | 으깬 고구마(1컵), 생크림(1/2컵), 설탕(2), 카스텔라(1개)

**Special tip**
바로 먹거나 냉장고에 살짝 넣어둔 후 먹어도 맛있답니다.

**1 재료 준비하기**
고구마는 찐 후 뜨거울 때 으깨놓고, 생크림에 설탕을 넣어 휘핑해 준 후 고구마와 섞어주세요.

**2 카스텔라 준비하기**
갈색이 나는 카스텔라 윗 부분은 잘라내고 빵은 두 부분으로 나눠 반은 핸드믹서나 체에 내려 가루로 만들어주고, 나머지 반은 또 두 부분으로 다시 나눠 놓습니다.

**3 고구마크림 얹기**
빵과 빵 사이에 고구마크림을 넣고 맨 위에도 고구마 크림을 발라주세요. 다 바른 후 카스텔라 가루를 골고루 뿌려 묻혀줍니다.

무슨 잼을 넣어 만들어줄까?
# 잼 크림치즈 롤

좋아하는 잼을 넣고 돌돌 말아서 주면 너무 좋아해요. 저는 블루베리 잼을 좋아해서 그 잼을 사용했습니다. 어떤 잼이든 상관없이 넣어주기만 하면 부드럽고 달콤한 롤빵이 되지요.

**요리재료**
2~3인분
**재료** : 강력분(1+1/2컵), 베이킹파우더(0.5), 설탕(4), 버터(4), 크림치즈(6), 달걀(2개), 우유(1/3컵), 잼(6)

딸기잼

1 딸기를 물에 씻어 믹서로 간 후 센 불에 넣고 끓입니다.
2 팔팔 끓인 후 약한 불로 줄여 딸기 양의 1/2 정도 양의 설탕을 넣어가면 조립니다.
3 수저를 떴을 때 뚝뚝 떨어질 때까지 졸입니다.
4 뜨거운 상태에서 병에 넣은 후 뚜껑을 꽉 덮고 거꾸로 세워 식히면 완성입니다.

1 가루 체치기
강력분과 베이킹파우더는 체에 내려 준비합니다.

2 재료 섞기
볼에 녹인 설탕과 달걀을 넣고 젓다가 녹인 버터와 우유를 넣어 마저 섞어주세요.

3 반죽 만들기
2에 체에 내린 가루를 넣고 잘 섞어주세요.

4 반죽 굽기
팬에 버터를 두르고 반죽을 넣어 구워줍니다.

5 잼 바르기
구워진 빵은 한 김 식힌 후 크림치즈를 바르고 그 위에 잼을 발라주세요.

6 빵 말기
잼 바른 빵을 돌돌 말아 랩으로 씌워서 냉장고에 30~40분 정도 두었다가 먹기 좋게 썰어줍니다.

> 반죽을 구울 때 너무 두껍게 부치면 말기가 어려우니 얇게 부쳐주세요.

Part 4 | 뭐니뭐니 해도 특별 간식

## 시금치가 들어 있는
# 시금치 호떡

호떡 반죽에 시금치를 넣어 영양을 강화해봤어요. 시금치 싫어하는 아이들은 이렇게 해주세요.

**요리재료**

2~3인분

**재료** | 밀가루(2컵), 찹쌀가루(1컵), 소금(0.3), 우유(1컵), 드라이 이스트(0.5), 다진 시금치(3), 식용유 적당량

**소** | 흑설탕(1/2컵), 다진 호두(3), 다진 땅콩(3), 계피가루 약간

> **Special tip**
>
> 1. 발효시킬 때 따뜻하게 해줘야 하는데 큰 냄비에 뜨거운 물을 넣고 그 위에 반죽 볼을 얹어 놓으면 쉽게 됩니다. 물 온도는 자주 체크해주세요.
> 2. 호떡 전용 누름판이 있으면 좋겠지만 없으면 아쉬운 대로 뒤집개로 눌러주면 됩니다. 뒤집개에도 살짝 기름을 묻혀주면 달라 붙지 않아요.

## 1 드라이이스트 발효하기
따뜻하게 데운 우유에 드라이 이스트를 넣고 10분 정도 발효시켜 줍니다.

## 2 반죽하기
볼에 밀가루와 찹쌀가루를 체에 내려 발효시킨 우유를 부어가며 반죽해줍니다.

## 3 반죽 발효하기
만든 반죽에 데친 시금치를 잘게 다져 넣어 다시 반죽해주세요. 반죽이 완성되면 랩을 씌워 따뜻한 곳에서 반죽의 2배가 될 때까지 발효시켜 줍니다.

## 4 소 만들기
발효가 되는 동안 흑설탕에 호두와 땅콩과 계피가루를 나셔 넣고 소를 만들어주세요.

## 5 호떡 만들기
손에 기름을 바르고 반죽을 떠서 소를 넣어주세요.

*손에 기름을 발라야 반죽이 묻지 않아요.*

## 6 호떡 굽기
기름 두른 팬에 반죽을 넣고 눌러가며 구워줍니다.

## 피자도 간단히 만들어요
# 식빵피자

사 먹이는 피자보다 냉장고에 자투리 야채들을 이용하여 식빵피자를 만들어보세요. 아이들이 너무 좋아하죠.

**요리재료**

**2인분**

**재료** | 식빵(2장), 피망(1/2개), 햄(1줌), 옥수수콘(3), 채 썬 양파(2), 양송이버섯(2개), 피자소스, 피자치즈 약간씩

**Special tip**
고구마를 찐 후 으깨서 발라주면 고구마 피자가 된답니다.

**1 야채 볶기**
야채들은 썰어 팬에 살짝 볶아주세요. 오븐에 조리한다면 볶지 않아도 되요.

**2 야채 얹기**
식빵에 피자소스나 케첩을 바르고 그 위에 야채들을 올려주세요.

**3 피자치즈 얹기**
마지막으로 피자치즈를 얹고 피자치즈가 녹을 때까지 전자레인지에 돌려줍니다.

## 고소하고 쫄깃한 맛
# 호두찰전병

전병은 곡식가루를 익반죽하여 모양을 내서 기름에 지져 만드는 떡으로, 찹쌀가루로 만들어 찰 전병이라 해요.
반죽해서 그냥 기름에 지져주기만 하면 되는 만들기 너무 쉬운 떡이에요. 쫄깃쫄깃하면서 호두가 들어가서 아주 고소해요.

**요리재료**

2인분

**재료** | 찹쌀가루(2컵), 뜨거운 물(2/3컵), 다진 호두(3)

**Special tip**

1. 익반죽은 곡식가루에 뜨거운 물을 부어가며 하는 반죽을 말하는데 익반죽을 해야 쫄깃쫄깃해요. 물은 처음부터 다 넣지 말고 조금씩 부어가면서 반죽해줍니다.
2. 완성한 후 시럽을 뿌려 먹으면 더욱 맛있어요.

**1 반죽하기**
찹쌀가루에 뜨거운 물을 조금씩 부어가며 익반죽해줍니다.

**2 반죽 빚기**
반죽을 조금씩 떼어 둥글납작하게 만들어줍니다.

**3 반죽 지지기**
반죽을 달군 팬에 올리브유를 두르고 노릇노릇하게 지져주세요.

이제 생일날에는 떡 케이크로
# 호두대추설기

아이가 단 맛에 너무 익숙해지지 않도록 주의해야 합니다. 시중에서 파는 케이크보다 떡을 이용해서 만들어 주면 의외로 잘 먹어요. 몸에 좋은 호두와 대추를 응용해 만들어 보았어요.

  요리재료

**재료** | 멥쌀가루(5컵), 소금(0.3), 설탕(4), 물(4), 호두(2/3컵), 다진 대추(3), 건포도(3)

*멥쌀가루에 소금, 설탕을 넣고 물을 넣어가며 손으로 비벼 체에 내려줍니다.*

### 1 재료 준비하기
대추는 물에 불려 살만 발라놓고 호두도 다져 놓아요. 멥쌀가루는 체에 내립니다.

### 2 재료 섞기
체에 내린 찹쌀가루에 호두, 대추, 건포도를 고루 섞어주세요.

### 3 떡 찌기
2를 면보를 깐 찜기에 틀을 얹고 부어줍니다. 위에 고명을 얹어준 후 찜통에서 30분간 찐 뒤 불을 끄고 10분 정도 뜸을 들입니다.

부꾸미? 쭈꾸미 사촌이에요?

# 고구마 소 부꾸미

'부꾸미'는 곡물가루를 익반죽하여 소를 넣고 반달 모양으로 납작하게 빚어 기름에 지진 떡을 말합니다.
군만두같이 생겼죠. 소는 고구마 소, 팥 소 등 취향에 따라 여러 가지를 넣어 만들면 되요.

  요리재료

**재료** | 찹쌀가루(2컵), 뜨거운 물(5)
**고구마 소** | 으깬 고구마(2/3컵), 설탕(0.5), 꿀(0.5), 계피가루 약간

**Special tip**
완자 모양이나 크기를 비슷하게 나눠서 만들어야 할 때는 반죽을 길게 만든 후 칼로 비슷한 간격으로 잘라서 사용하면 편해요. 만두피 만들 때도 마찬가지구요. 경단 만들 때도 이렇게 하면 훨씬 편하고 비슷한 크기로 만들 수 있어요.

**1** 고구마 소 준비하기
고구마는 뜨거울 때 으깨 설탕과 꿀, 계피가루를 약간 넣고 섞은 뒤 작게 뭉쳐서 준비해 놓습니다.

**2** 반죽하기
찹쌀가루에 뜨거운 물을 조금씩 부어가며 20~30분 정도 익반죽해주세요. 처음엔 뻑뻑해도 계속 치대다보면 미끈미끈해지거든요.

**3** 반죽 지지기
반죽을 팬에 올려 기름 묻힌 숟가락으로 눌러서 둥글 넓적하게 만든 뒤 고구마소를 올려 반으로 접어 가장자리를 꾹꾹 눌러 접고 지집니다.

두부로 과자를 만들어서

과자 & 쿠키

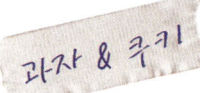

# 두부과자

일반 과자들은 단 맛이 강하고 안좋은 기름을 쓰기 때문에 과자를 사 줄때 망설이게 되잖아요. 영양 많은 두부를 이용해서 두부 과자를 만들어 보았어요. 아이가 아주 잘 먹어요.

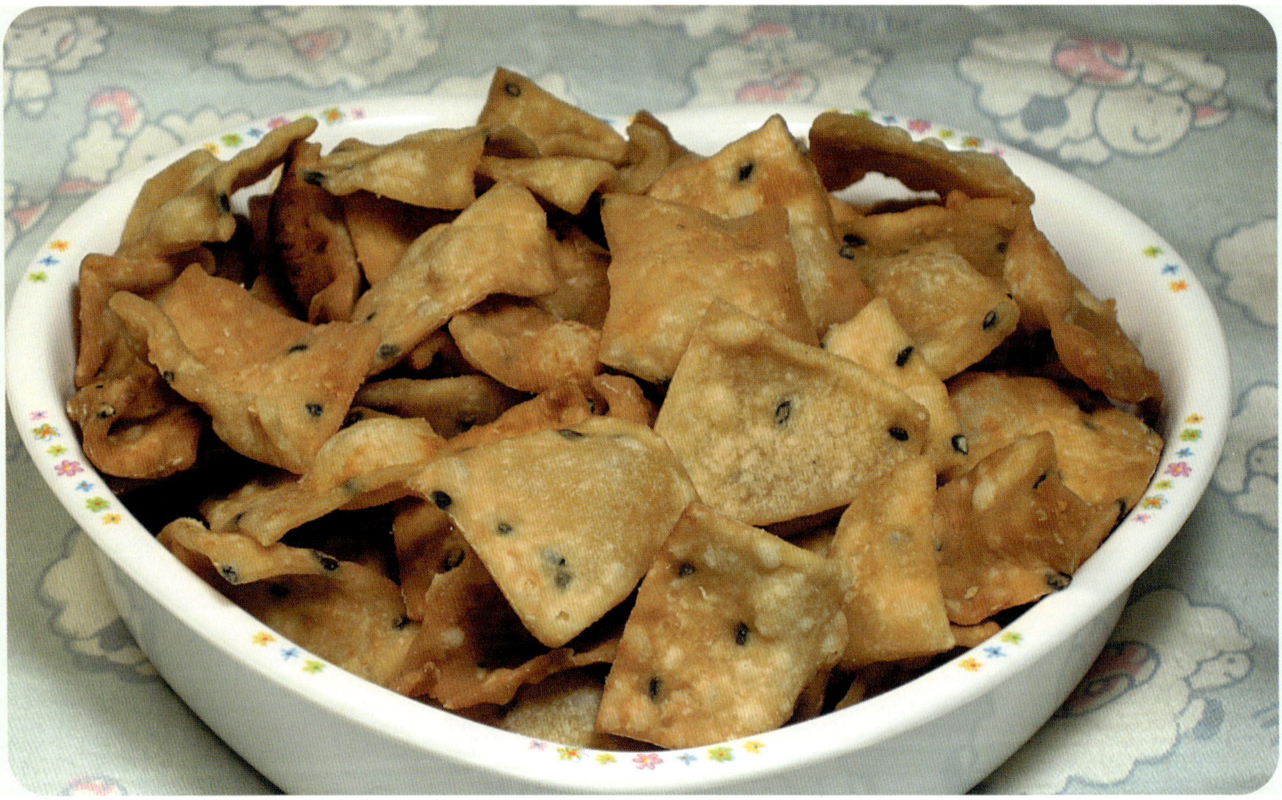

요리재료

2-3인분

**재료** | 두부(1/4모), 설탕(1/2컵), 달걀(1개), 검은 깨(3), 박력분(1+1/2컵), 버터(2), 베이킹파우더(0.3), 소금 약간

요리속의 요리

고구마과자

두부 대신 고구마를 삶아 으깨 넣어주면 고구마 과자가 됩니다. 단백질을 먹이고 싶다면 두부를, 섬유질을 보충해 주려면 고구마를 선택하세요.

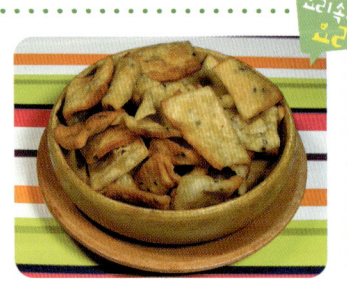

## 1 두부 으깨기
두부는 살짝 데쳐서 칼등으로 으깬 후 면보에 싸 꼭 짜서 물기를 제거해줍니다.

## 2 재료 섞기
볼에 물기 뺀 두부를 넣고 설탕, 달걀, 녹인 버터, 검은 깨를 넣어 섞어주세요.

## 3 반죽하기
2에 베이킹파우더와 박력분을 체에 내려 섞어 반죽해줍니다. 부드럽고 말랑말랑할 때까지 치대줍니다.

## 4 반죽 밀기
도마에 밀가루를 묻히고 반죽을 떼어서 밀대로 아주 얇게 밀어주세요. 되도록 얇게 밀어야 바삭바삭해집니다.

## 5 반죽 자르기
얇게 민 반죽을 칼로 원하는 크기대로 잘라주세요.

## 6 반죽 튀기기
170℃ 온도에서 튀겨줍니다. 꺼내었을 때 약간 색이 더 짙어지니 노르스름해질 때 건져주세요.

## 추억의 옛간식
# 누룽지과자

엄마들이 어렸을 때 누룽지는 자주 먹던 간식이였지요. 요즘엔 어디 흔한가요. 지금은 일부러 누룽지를 만들어야 맛볼 수 있는 간식이 되어버렸어요. 어린시절을 생각나게 하는 간식입니다. 아이도 잘 씹어서 먹는답니다.

**요리재료**
2인분
**재료** | 밥(1공기), 설탕 약간

**Special tip**
설탕 대신 꿀을 살짝 발라주어도 맛있어요. 꿀은 돌 이후부터 먹이세요.

**1 누룽지 만들기**
밥은 기름을 두르지 않은 팬에 쫙 펴 발라 약한 불에서 앞뒤로 노릇노릇하게 구워줍니다.

**2 누룽지 자르기**
누룽지가 완성되면 먹기 좋은 크기로 잘라주세요.

**3 누룽지 튀기기**
잘라놓은 누룽지를 노릇노릇하게 튀겨 키친타월에 올려놓고 기름을 뺀 후 설탕을 솔솔 뿌려주세요.

## 바삭바삭함이 살아있는
# 고구마 칩

고구마를 얇게 썰어 튀겨주기만 하면 시중에서 파는 고구마 칩 부럽지 않은 훌륭한 간식이 만들어지지요. 오븐이 있다면 튀기지 않고 구워서 계피가루나 설탕을 뿌려 먹어도 바삭하니 맛있어요. 엄마가 만들어 주는 과자야 말로 안심하고 먹을 수 있는 먹거리지요.

**요리재료**

2인분

**재료** | 고구마(2개), 설탕 약간

### 고구마 스틱

고구마를 둥글게 얇게 썰어 튀기면 고구마 칩이 되고 기다랗게 썰어서 튀기면 고구마 스틱이 되지요. 기다랗게 채 썰어 설탕물에 담갔다가 물기를 빼고 튀겨 보세요.

### 1 고구마 썰기
고구마는 얇게 썰어서 설탕을 뿌려 잠시 재워둡니다. 단 맛을 원하면 진한 설탕물에 담가둡니다.

### 2 고구마 물기 빼기
얇게 썬 고구마를 물에 살짝 헹군 후 체에 밭쳐 물기를 빼주고,

### 3 고구마 튀기기
노릇노릇하게 튀겨주세요. 완성 후에 설탕을 뿌려주세요.

Part 4 | 뭐니뭐니 해도 특별 간식  331

옛날과자인

# 삼색 타래과

타래과는 전통 음식이지요. 아이에게 전통 이야기도 해주면서 삼색 타래과를 주면 신기해하면서 잘 먹어요.

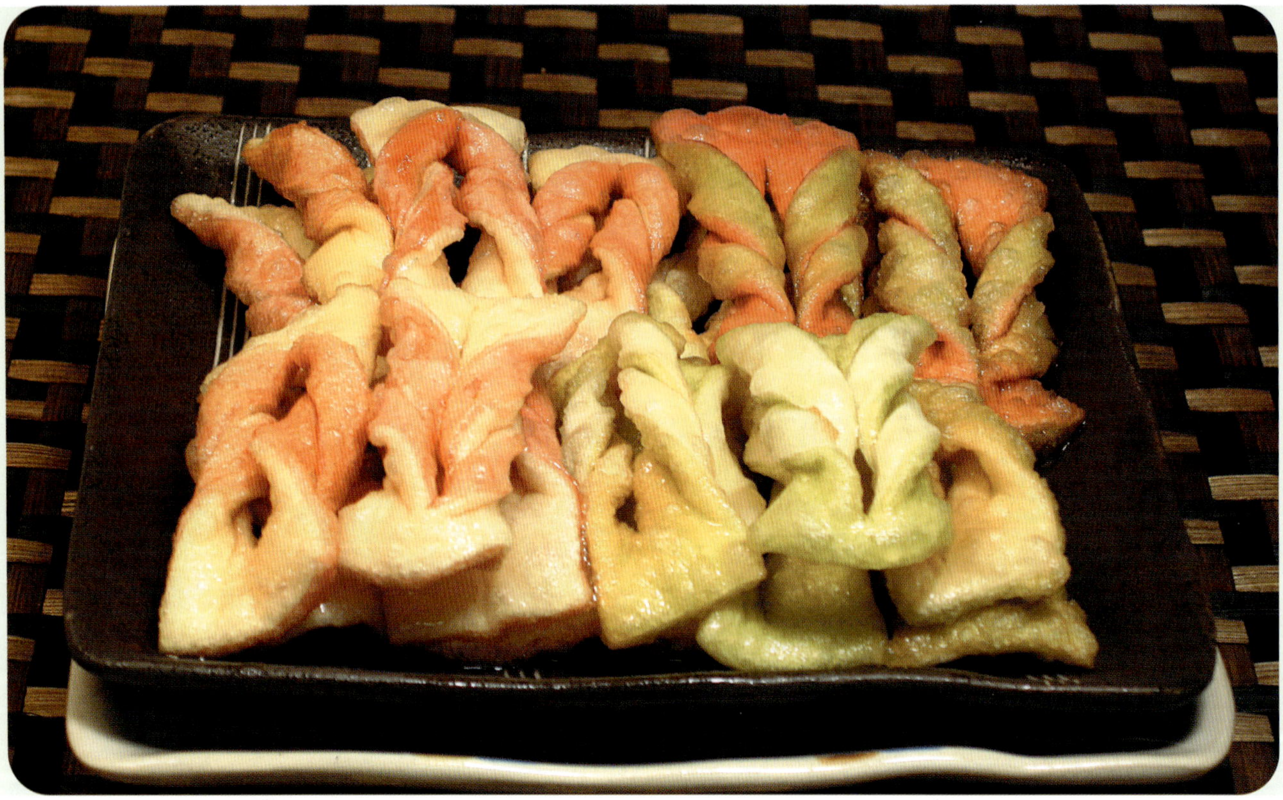

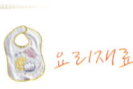

요리재료

3~4인분

**흰반죽** | 밀가루(1컵), 물(6)

**초록반죽** | 밀가루(1컵), 시금치즙(6)

**분홍반죽** | 밀가루(1컵), 비트즙(6)

**시럽** | 설탕(4), 물(1/2컵)

Special tip

반죽을 한 겹 위에 다른 색을 한 겹 더 포개어 밀면 두 가지 색이 나오는 타래과를 만들 수 있어요.

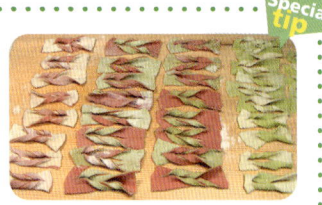

## 1 반죽하기
각각의 재료들을 반죽해서 비닐팩에 넣어 상온에서 30분 정도 숙성시켜주세요.

## 2 반죽 밀기
밀가루를 뿌려가며 밀대로 밀어 평평하게 해줍니다.

## 3 반죽 자르기
칼로 가로, 세로 2cm×5cm 정도로 잘라 칼집을 세로로 세 번 넣고,

## 4 꽈배기 모양만들기
한쪽 끝을 가운데 칼집 낸 곳으로 민 후 아래쪽으로 딩겨 꽈배기 모양으로 만들어주세요.

## 5 튀기기
160℃ 정도의 중간 온도의 기름에서 서서히 익혀 튀겨줍니다.

## 6 시럽 만들기
시럽을 만들어 튀긴 타래과에 버무려주세요.

시럽에 버무린 후 잣가루를 뿌려줘도 좋아요.

## 머리가 좋아지는 견과류강정

견과류는 아이에게 필수 영양소잖아요. 견과류만 주기 보다 강정을 해서 만들어 주면 아이가 더 잘 먹어요.

**요리재료**

2인분

**재료** | 호두(1컵), 땅콩(1/2컵), 아몬드(1/2컵), 검은 깨(3)
**시럽** | 물엿(4), 설탕(3), 물(2)

**Special tip**
아이들에게 먹이려면 너무 두껍게 굳히지 말고 비닐 팩에 부어서 밀대로 살짝 밀어주세요.

**1 견과류 볶기**
견과류들은 기름을 두르지 않은 팬에서 살짝 볶아 준비합니다. 맛이 더 바삭바삭해져요.

**2 시럽 끓이기**
시럽을 끓이다가 설탕이 녹으면 견과류를 넣고 불을 줄여 젓다가 얇은 실들이 생기면 불을 꺼주세요.

**3 강정 굳히기**
비닐 팩에 올리브유를 바르고 견과류를 부어 원하는 모양대로 만들어준 후 냉장고에서 1시간 정도 식혀서 먹기 좋게 썰어주세요.

## 고소한 영양만점 *천연 아이스크림 & 셔벗*
# 미숫가루 아이스크림

미숫가루는 좋은 영양소를 가졌음에도 자주 안 먹게 되잖아요. 아이에게는 좀 텁텁하게 느껴질 수 있어요. 미숫가루를 이용해서 아이스크림을 만들어 주니 엄청 좋아하더군요.

**요리재료**
4인분
**재료** | 미숫가루(2컵), 우유(1컵), 생크림(1컵), 달걀 노른자(1개), 설탕(6), 레몬즙(1)

**Special tip**

1 아이스크림을 만들 때는 스텐레스 그릇이 냉동실에서 더 빨리 얼기 때문에 좋아요.
2 아이스크림 완성 후에 냉동실에 넣고 2시간 마다 꺼내 긁어주면 더 부드러운 아이스크림이 됩니다.

**1 달걀 노른자 중탕하기**
달걀 노른자에 설탕(2)을 넣고 중탕으로 녹여줍니다. 달걀 노른자는 그냥 섞어도 되지만 중탕하면 비린내가 나지 않아요.

**2 생크림 휘핑하기**
생크림에 설탕(2)을 넣고 걸쭉한 상태로 휘핑해줍니다.

**3 재료 섞어 얼리기**
스텐레스 볼에 1, 2와 우유를 넣어 1차적으로 섞고, 미숫가루와 설탕(2), 레몬즙을 넣어 마저 고르게 잘 저은 후 냉동실에 넣고 얼립니다.

## 아이스크림하면 떠오르는
# 딸기 아이스크림

일반 사먹는 아이스크림에는 단 맛이 많이 강하잖아요. 딸기 아이스크림도 집에서 만들 수 있어요.
설탕 양만 잘 조절하면 아이 간식으로 좋아요.

**요리재료**
4인분
**재료** | 딸기(1컵), 우유(1컵), 생크림(1컵),
달걀 노른자(2개), 설탕(6), 레몬즙(1)

**Special tip**
생크림을 만들 때 사용하는 휘핑크림은 아이스크림에는 보통 1컵 정도만 사용하기 때문에 많이 남는 경우가 생기죠. 사용하고 남은 휘핑크림은 사용할 만큼씩 덜어 냉동해주면, 나중에 해동해서 휘핑하면 됩니다.

**1 재료 준비하기**
딸기는 손질해서 갈아놓고 생크림은 설탕(2)을 넣고 걸쭉한 상태로 휘핑해줍니다.

**2 달걀 노른자 중탕하기**
달걀 노른자에 설탕(4)을 섞어 중탕해주세요.

**3 재료 섞어 얼리기**
스텐레스 볼에 1, 2와 우유를 넣어 1차적으로 섞고, 레몬즙을 넣어 마저 고르게 잘 저은 후 냉동실에 넣어 얼립니다.

바나나와 고소한 아몬드의 하모니

# 바나나 아몬드 아이스크림

바나나의 부드러움과 아이스크림 속 아몬드의 고소한 맛이 잘 어울리는 아이스크림이에요. 견과류가 아이들 두뇌발달에 좋은 건 다들 아시죠? 다양한 견과류를 넣어 만들어주세요.

**요리재료**

**4인분**

**재료** | 바나나(3개), 우유(1/2컵), 생크림(1/2컵), 달걀 노른자(2개), 아몬드(2), 설탕(6), 레몬즙(1)

**Special tip**
농약이 묻어 있을 수 있으니 바나나는 앞뒤로 2cm 정도 자르고 중간 부분만 사용해주세요.

**1 재료 준비하기1**
바나나는 으깨놓고 아몬드는 다져 놓습니다.

**2 재료 준비하기2**
달걀 노른자에 설탕(4)을 섞어 중탕해주세요. 생크림도 설탕(2)을 넣고 걸쭉한 상태로 휘핑해줍니다.

**3 재료 섞어 얼리기**
스텐레스 볼에 1, 2와 우유를 넣어 1차적으로 섞고, 레몬즙을 넣어 마저 고르게 잘 저은 후 냉동실에 넣어 얼립니다.

효자 음식인 고구마를 시원하게

# 고구마 아이스크림

시중에 파는 '바밤바' 하드를 집에서 만들어 볼까요. 고구마를 이용하면 그 맛보다 더 맛있게 만들 수 있어요.

**요리재료**
**4인분**
**재료** | 으깬 고구마(1+1/2컵), 우유(1컵), 생크림(1컵), 달걀 노른자(2개), 설탕(6), 레몬즙(1)

**Special tip**
고구마 대신 단호박을 사용해서 만들어 줘도 좋아요.

**1 재료 준비하기**
고구마는 찐 후 뜨거울 때 으깨놓고, 생크림은 설탕(2)을 넣어 걸쭉한 상태로 휘핑해줍니다.

**2 달걀 노른자 중탕하기**
달걀 노른자에 설탕(4)을 섞어 중탕해주세요.

**3 재료 섞어 얼리기**
스텐레스 볼에 1, 2와 우유를 넣어 1차적으로 섞고, 레몬즙을 넣어 마저 고르게 잘 저은 후 냉동실에 넣어 얼립니다.

사각사각한 맛이 느껴지는
# 망고셔벗

아이스크림이 부드럽다면 셔벗은 사각사각 시원하죠. 과일은 아이가 평소에 좋아하시는 과일로 만들어 주면 되요. 메론이나 망고는 평소에 잘 안 먹는 과일이지만 아이스크림으로 색다르게 즐겨보세요.

**요리재료**

4인분
**재료** | 망고(2개), 레몬즙(1)
**시럽** | 물(1컵), 설탕(3)

**Special tip**
1 냉동실에 넣고 2시간마다 꺼내 긁어주면 더 사각사각하면서 단단한 셔벗이 됩니다.
2 플레인 요구르트나 우유를 함께 넣어 만들어도 좋아요.

### 1 시럽 끓이기
시럽은 설탕이 녹을 때까지 끓여준 후 차게 식혀둡니다.

### 2 망고 갈기
망고는 껍질을 벗겨 갈아서 준비합니다.

### 3 재료 섞어 얼리기
스텐레스 볼에 1과 2를 섞어 냉동실에 넣어 얼립니다.

고구마와 요구르트가 만나면 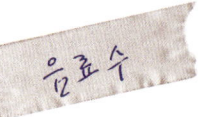 음료수

# 고구마 요구르트주스

고구마를 으깨서 우유와 섞어줘도 좋지만 요구르트를 조금 넣어주면 장에 더 좋겠지요?

 **요리재료**
2잔
**재료** | 으깬 고구마(4), 요구르트(1/2컵), 우유(1컵), 설탕 또는 꿀(1)

**단호박 요구르트주스**
같은 재료에 고구마 대신 단호박을 넣어서 주스를 만들어줘도 좋아요.

**1 고구마 으깨기**
고구마는 찐 후 뜨거울 때 으깨서 준비합니다.

**2 재료 섞기**
믹서에 으깬 고구마와 요구르트, 우유, 설탕을 넣고,

**3 갈기**
곱게 갈아줍니다.

달콤함이 두배로
# 단호박 바나나주스

단호박도 달고 바나나도 달고 아주 달짝지근한 음료에요. 천연 재료로 집에서 만드니까 건강하게 먹일 수 있어요.

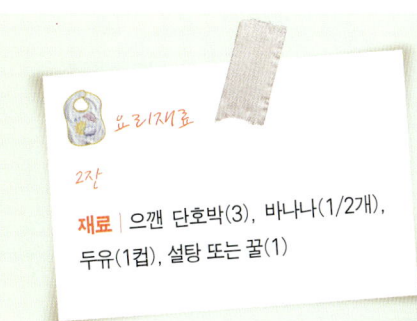

요리재료
**2잔**
**재료** | 으깬 단호박(3), 바나나(1/2개), 두유(1컵), 설탕 또는 꿀(1)

**검은 깨 바나나주스**
똑같은 재료에 단호박 대신 검은 깨를 함께 넣어주면 건강주스가 되지요.

**1 재료 준비하기**
단호박은 찐 후 뜨거울 때 으깨놓고 바나나는 대충 썰어 놓습니다.

**2 재료 섞기**
믹서에 으깬 단호박과 바나나, 두유, 설탕을 넣고,

**3 갈기**
곱게 갈아줍니다.

## 상큼하고 달짝지근한
# 파인애플 복숭아주스

아주 상큼한 주스에요. 물을 넣지 않고 걸쭉하게 갈아주면 숟가락으로 떠서 먹고, 물을 넣어 갈아주면 굵은 빨대로 잘 먹는답니다.

**요리재료**
2잔
**재료** | 파인애플(1/4개), 복숭아(1/2개), 생수(1/2컵), 꿀 또는 설탕(1), 얼음 약간

### 파인애플 스무디
남은 파인애플로 아이스크림을 넣고 갈아 부드러운 스무디를 만들어보아요. 재료들을 모두 넣고 갈아주면 부드럽고 상큼하면서 시원함을 맛볼 수 있어요.

**재료** | 파인애플(1/4개), 바닐라 아이스크림(1/2컵), 우유(1/4컵)

**1 과일 썰기**
파인애플과 복숭아는 손질해서 대충 썰어 준비합니다.

**2 재료 섞기**
믹서에 준비한 파인애플, 복숭아, 생수, 설탕, 얼음을 넣고,

**3 갈기**
곱게 갈아줍니다.

새콤해서 입맛 당기는

# 키위 사과주스

상큼하다기 보단 시큼한 음료입니다. 키위를 먹이고 싶은데 잘 먹지 않을 때 갈아서 주면 잘 먹는답니다. 우유를 넣고 갈아도 좋지만 요구르트와 얼음을 약간 넣고 갈면 더 잘 먹어요.

**요리재료**
2잔
**재료** | 키위(1개), 사과(1/2개), 우유(1컵), 꿀(1)

**키위 바나나주스**
같은 재료에 사과 대신 바나나를 넣어줘도 좋아요.

**1 과일 썰기**
키위와 사과는 껍질을 벗겨 대충 썰어 준비합니다.

**2 재료 섞기**
믹서에 키위, 사과, 우유, 꿀을 넣고,

**3 갈기**
곱게 갈아줍니다.

## 음식궁합이 잘 맞는
# 토마토우유

몸에 좋은 토마토는 그냥 먹이는 것보다 우유하고 같이 먹이는 것이 흡수가 빨리됩니다.
토마토 껍질은 소화가 안되니 벗기는 것 잊지 말고요.

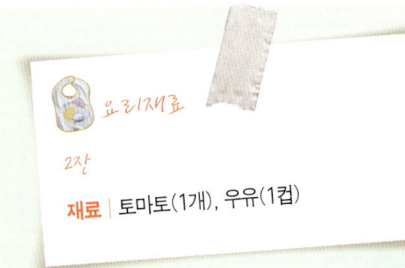

요리재료
2잔
**재료** | 토마토(1개), 우유(1컵)

**토마토셔벗**
토마토 우유가 남으면 살짝 얼려서 먹이세요. 시원한 토마토셔벗이 되지요.

**1 토마토데치기**
토마토는 위에 열십자로 칼집을 살짝 낸 후 포크로 찍어 끓는 물에 담갔다가 빼서 바로 찬물에 담가 건집니다.

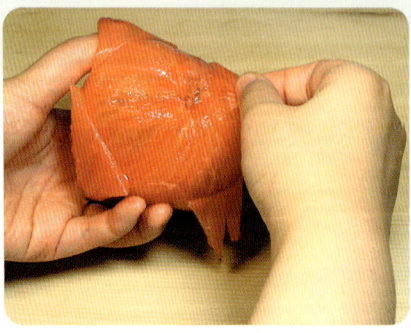

**2 토마토썰기**
토마토는 껍질을 벗겨 대충 썰어 줍니다.

**3 갈기**
믹서에 토마토와 우유를 넣고 곱게 갈아주세요.

꼭 추천하고 싶은 간식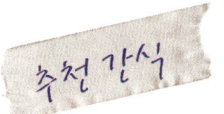

# 고구마 샐러드

영양 좋은 고구마로 상큼한 샐러드를 만들어 보았어요. 더할 나위없는 영양 만점 간식이에요.

 **요리재료**

**2-3인분**

**재료** | 고구마(1줌), 사과(1개), 메추리알(1판), 오이(1/2개), 건포도(2), 옥수수콘(3)

**소스** | 마요네즈(4), 플레인 요구르트(1컵), 설탕(1)

**Special tip**

삶은 감자도 좋고 견과류도 넣어서 다양한 샐러드를 만들면 좋아요.
평소에 잘 안 먹는 것도 이렇게 버무려주면 조금 더 먹거든요.

**1 재료 준비하기1**
옥수수콘은 뜨거운 물을 끼얹어 물기를 빼고, 사과는 먹기 좋게 자르고, 오이는 굵은 소금으로 문질러 닦은 후 물로 씻어 자릅니다. 건포도도 준비하고요.

**2 재료 준비하기2**
고구마는 깍둑썰기해서 삶아 먹기 좋은 크기로 자르고 메추리알도 삶아 껍질을 벗겨주세요.

**3 재료 섞기**
큰 볼에 재료들을 모두 넣고 소스를 부어 버무려주세요.

## 몸에 좋은
# 카레 양파 링

아이들은 양파의 독특한 향 때문에 잘 안먹는 경향이 있지요. 이럴 때 비법이 있지요. 바로 바삭하게 튀겨서 먹이는 것이에요. 아주 잘 먹는답니다.

**요리재료**

2~3인분

**재료** | 양파(2~3개), 밀가루, 빵가루, 소금 약간씩
**튀김 옷** | 박력분(1컵), 달걀(1개), 카레가루(3), 찬물(1/2컵)

**Special tip**

1. 밀가루를 묻힐 때 하나씩 묻혀도 좋지만 봉지에 밀가루와 양파를 넣고 흔들면 골고루 다 묻게 된답니다.
2. 튀김 옷에 박력분을 넣어주면 그냥 밀가루를 사용했을 때보다 더 바삭해집니다. 물도 미지근한 물보다는 얼음물처럼 차가운 물을 넣는 게 더 좋아요.

**1 양파 준비하기**
양파는 링 모양으로 썰어 소금을 약간 뿌린 후 밀가루에 묻혀놓아요.

**2 튀김옷 만들기**
튀김 옷을 만들어 밀가루를 묻힌 양파를 담갔다가 빵가루에 묻혀줍니다.

**3 튀기기**
190℃에서 살짝 튀겨주세요. 약간 높은 온도에서 튀겨야 더 바삭하답니다.

## 한입에 쏙 들어가는
# 밤 맛탕

밤, 옥수수, 고구마, 감자 등 곡류는 영양가가 높아 꼭 먹어야 하는 것들이죠. 그러나 아이들에게는 먹고 싶은 음식들이 아닐 수 있어요. 그럴 때는 다양한 요리 방법들을 응용해서 주면 좋겠지요. 한입에 쏙 먹을 수 있는 밤 맛탕을 해주니 잘 먹더라구요.

**요리재료**
2인분
- **재료** | 밤(2줌)
- **시럽** | 물(1), 설탕(1/3컵), 올리브유(2)

**Special tip**
시럽에 버무릴 때 땅콩이나 호두 다진 것을 넣고 버무려 주어도 좋아요.

### 1 밤찌기
밤은 껍질을 벗겨 찝니다.

### 2 시럽만들기
시럽은 설탕이 녹을 때까지 끓여 주세요. 이때 젓게 되면 굳어버리니 젓지 마세요.

### 3 밤 버무리기
시럽에 익힌 밤을 넣고 버무려주세요. 윤기가 나게 하려면 조청을 조금 넣어주면 됩니다.

## 부드러움 속에 숨은 단 맛
# 단호박 양갱

양갱하면 흔히 팥으로 만든 양갱이 떠오르는데 고구마나 단호박 등 여러 가지 재료로 만들 수 있어요. 바로 가루한천만 있으면요. 가루한천은 제과 제빵 재료상이나 떡 재료상에 가면 구할 수 있고, 인터넷쇼핑몰에서도 쉽게 구할 수 있어요.

**요리재료**
2~3인분
**재료** | 삶아 으깬 단호박(2컵), 물(3/4컵), 우유(3/4컵), 가루한천(1), 설탕(3)

### 고구마양갱
단호박 대신 고구마를 이용해도 좋아요.

예쁜 얼음 틀에 굳혀도 좋고, 네모진 통에 굳혀서 먹기 좋게 잘라도 좋아요. 플레인 요구르트를 먹고 남은 통도 예쁘게 나와요.

**1 단호박 으깨기**
단호박은 찐 후 뜨거울 때 으깨 준비합니다.

**2 재료 끓이기**
물, 우유, 가루한천, 설탕을 넣고 가루한천이 녹을 때까지 끓여줍니다.

**3 틀에 굳히기**
2에 1을 넣고 덩어리지지 않게 잘 저어서 원하는 틀에 붓고 한 김 식힌 후 냉장고에서 1~2시간 정도 굳힙니다.

## 과일이 찰랑찰랑
# 요구르트 젤리

집에서 만들어 먹는 젤리는 젤라틴의 양의 따라 단단한 정도를 맘대로 할 수 있기도 하고 각종 과일을 넣어서 만들 수도 있어 생각보다 쉽고 맛난 간식이 되지요. 요구르트 젤리에 잼이나 시럽을 뿌려 먹어도 좋아요.

### 요리재료
**2인분**
**재료** | 플레인 요구르트(2/3컵), 우유(1컵), 설탕(3), 젤라틴가루(1.5), 물(6)

### 젤라틴과 한천의 차이점 *Special tip*
젤라틴과 한천은 굳힐 때 사용되는 재료이지만 약간의 차이가 있어요. 젤라틴은 주로 젤리나 케이크를 굳힐 때 사용하는 것으로 동물의 연골을 구성하는 콜라겐에 열을 가해 얻어지는 동물성입니다. 한천은 우뭇가사리에서 얻는 식물성 재료로 젤라틴보다 10배 정도 더 강하게 응고되지요. 그래서 양갱을 만들면 잘 흐트러지지 않아요.

**1** 젤라틴가루 녹이기
젤라틴가루는 물을 붓고 10분 정도 불려 두었다가 중탕으로 녹여줍니다.

**2** 재료 끓이기
냄비에 녹여둔 젤라틴과 우유와 설탕을 약한 불에서 끓인 후 요구르트를 넣어 체에 내려줍니다. 이때 너무 뜨겁게 하면 응어리가 많이 생겨요.

**3** 2를 응어리 없게 잘 저어주고 원하는 틀에 부어 냉장고에서 1시간 정도 굳힙니다.

# 아이음식을 위한 소스 & 천연조미료 & 국물맛내기

엄마가 직접 소스를 만들어주세요.
물론 시판되는 소스보다는 맛은 없을지 몰라도 건강에는 더 유익할거에요.
이번 기회에 집에 화학조미료들이 있다면 다 치우고 천연조미료를 만들어
온 가족 건강도 챙겨보세요. 웰빙이 멀리 있는 게 아니라 작은 실천에 있는 것 아니겠어요.

**PART 5**

# 아이용 소스

### 허니머스터드드레싱
치킨샐러드나 각종 튀김류에 잘 어울리는 드레싱입니다.

**재료정보** 마요네즈(3)+꿀 또는 설탕(1)+머스터드(1)+다진 양파(3)+레몬즙(1)을 고루 섞어줍니다.

---

### 이탈리안드레싱
야채샐러드나 해물요리에도 잘 어울리는 드레싱입니다.

**재료정보** 다진 양파(3)+식초(3)+토마토케첩(3)+엑스트라 버진 올리브오일(3)+다진 오이피클(2)+설탕(1)+핫소스(1)+레몬즙(1)+소금(0.5)+흰 후춧가루 약간을 고루 섞어줍니다.

---

### 프렌치드레싱
야채샐러드에 잘 어울립니다.

**재료정보** 양겨자(0.5)+레몬즙(1)+엑스트라 버진 올리브오일(4)+식초(4)+설탕(1)+소금(0.3)+다진 양파(3)+다진 오이피클(1)+파슬리 약간을 고루 섞어줍니다.

---

### 사우전 아일랜드드레싱
야채샐러드에 잘 어울리며, 샌드위치에 넣으면 색다른 맛이 느껴지는 드레싱이에요.

**재료정보** 마요네즈(4)+토마토케첩(2)+다진 양파(1)+다진 오이피클(1)+식초(1)+설탕(0.5)을 고루 섞어줍니다.

---

### 땅콩과 깨드레싱
샤브샤브나 닭튀김 샐러드에 잘 어울립니다.

**재료정보** 땅콩버터(1)+참깨(1)+육수(3)+간장(0.5)+설탕(0.3)을 고루 섞어줍니다.

---

### 타르타르소스
생선가스나 각종 튀김류에 잘 어울립니다.

**재료정보** 마요네즈(4)+다진 피클(1)+다진 양파(1)+으깬 삶은 달걀 1개+레몬즙(1)+후추 약간을 고루 섞어줍니다.

---

### 데리야끼소스
닭고기 구이나 생선, 해물구이에 두루두루 잘 어울리는 소스에요.

**재료정보** 간장(3)+다시마국물(3)+설탕(2)+맛술(2)+물엿(1)+생강즙(0.5)을 섞어서 양이 반으로 줄 때까지 조려줍니다.

---

### 화이트소스
크림소스 스파게티나 흰살 생선구이 요리에 잘 어울립니다.

**재료정보** 팬에 버터(2)를 녹이고 밀가루(2)를 넣어서 갈색이 날 때까지 볶다가 우유(1컵)를 넣고 한소끔 끓여줍니다.

---

### 브라운소스
햄버거 스테이크와 같은 요리에 사용

하면 잘 어울려요.

재료정보: 팬에 버터(2)를 녹이고 밀가루(2)를 갈색이 날 때까지 볶다가 다진 양파(2)+다진 마늘(0.3)을 넣어 볶아주고, 케첩(4)+우스터소스(2)+육수(1/2컵)를 붓고 한소끔 끓여줍니다.

**바비큐소스** 돼지고기 바비큐에 잘 어울리지요.

재료정보: 팬에 버터(1)를 녹이다가 다진 양파(3)+다진 마늘(1)을 넣고 볶은 후 케첩(3)+우스터소스(1)+물엿(2)을 넣고 살짝 더 끓여줍니다.

**돈가스 소스** 돈가스 요리에 잘 어울리는 소스지요.

재료정보: 케첩(5)+우스터소스(2)+핫소스(1)+설탕(1)+우유(2)+후추 약간을 살짝 끓여줍니다.

**키위 요구르트소스** 야채 샐러드에 잘 어울려요. 키위 대신 다른 과일을 넣어서 만들어도 좋아요.

재료정보: 키위(1개)+플레인 요구르트(1컵)+머스터드(1)+식초(1)+설탕(1)+레몬즙(1)을 섞어 믹서에 갈아줍니다.

**유아 고추장** 고추장에 과즙을 넣어 단 맛을 첨가해 보았어요. 매콤한 맛과 새콤달콤한 맛을 동시에 느낄 수 있어요.

재료정보: 고추장(4)+레몬즙(2)+사과즙(2)+배즙(2)을 고루 잘 섞어주세요.

**유아된장** 된장이 몸에 좋긴 한데 좀 짜지요. 그래서 곡물을 넣어서 짠 맛을 조금 줄여 봤어요.

재료정보: 찹쌀(2)에 물(1컵)을 붓고 믹서에 갈아준 후 냄비에 쌀눈(3)을 넣어 죽을 쑤어줍니다. 껍질을 벗겨 다진 호두(2)+된장(4)+죽을 섞어주세요.

**유아쌈장** 두부(1/4모)는 살짝 데쳐 으깬 후 면보에 짭니다.

재료정보: 두부에 된장(1.5)+다진 쇠고기(2)+다진 마늘(0.5)+참기름(0.5)+물(2)+다진 파(2)를 넣고 잘 섞이게 버무린 후 쇠고기가 익을 때까지 볶아주세요.

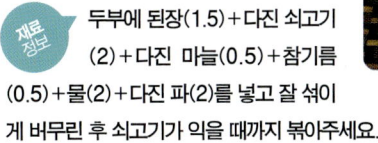

**마요네즈** 집에 있는 올리브유를 넣어 금방 만들 수 있어서 아주 좋아요. 카레가루를 섞거나 요구르트를 섞어 다양한 마요네즈도 만들어보세요.

재료정보: 달걀(1개, 실온 보관한 차지 않은 달걀)+올리브유(1컵)+설탕(1)+식초(1)+레몬즙(1)+소금 약간을 모두 넣고 핸드믹서에 돌려주세요.

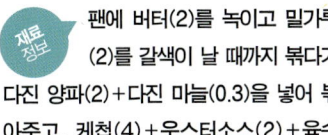

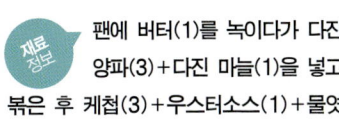
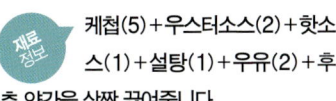

# 토마토케첩

**재료** 토마토(주먹 크기 2개), 양파(1/2개), 월계수 잎(2장), 식초(1.5), 설탕(1.5), 다진 마늘(0.5), 물녹말(2, 물:녹말=1:1), 소금 약간

**만들기**

1 **토마토 데치기** 토마토는 윗 부분에 칼로 열십자 모양을 내서 꼭지를 포크로 찍은 후 끓는 물에 5초만 담갔다가 건져 바로 찬물에 담갔다가 건져냅니다.
2 **토마토 손질하기** 데친 토마토 꼭지를 도려내고 껍질을 벗겨준 후 작은 숟가락으로 씨를 빼내주세요.
3 **재료 갈기** 토마토와 양파를 대충 썰어서 믹서에 곱게 갈아 준비합니다.
4 **소스 끓이기** 곱게 간 토마토와 양파에 월계수 잎을 넣고 중간 불에서 2/3로 졸아들 때까지 뭉근히 끓여주세요.
5 **간하기** 월계수 잎을 건져낸 후 설탕, 식초, 소금, 다진 마늘을 넣어 간해주고,
6 **농도 맞추기** 물녹말을 넣어서 농도를 맞춰주세요.

**쿠킹포인트**

케첩 보관하기 : 완성된 케첩은 유리병에 담아 냉장실에 보관하세요. 2주 정도는 괜찮으니 조금씩 자주 만들어 먹이세요.
마땅한 유리병이 없다면 잼을 다 먹고 남은 병을 버리지 말고 재활용 해보세요~

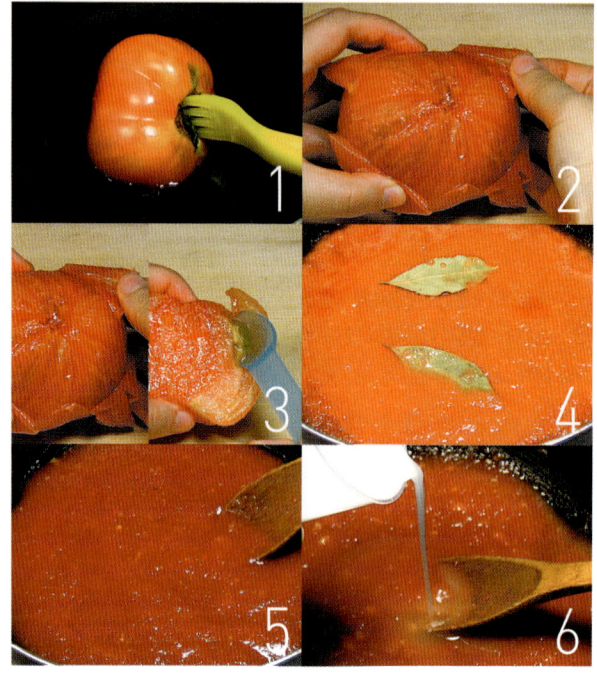

# 호두가루

**재료** 호두 적당량

**만들기**

1 **호두 불리기** 호두는 뜨거운 물에 10분 정도 불려놓습니다.
2 **호두 껍질까기** 이쑤시개를 이용해서 껍질을 벗겨주세요. 불렸기 때문에 생각보다 잘 벗겨지긴 하지만 그래도 조금은 힘이 드는 부분이죠.
3 **호두 갈기** 핸드믹서로 살짝 갈거나 칼로 다져줍니다. 사용할 만큼 뭉쳐서 냉동보관하세요.

# 멸치가루

**재료** 멸치(중간 크기 1컵)

**만들기**

1. *멸치 손질하기* 멸치는 중간 크기로 내장과 머리를 다듬어 주세요.
2. *멸치 볶기* 기름을 두르지 않은 팬에서 살짝 볶아주세요 (비린내가 덜해요).
3. *멸치 갈기* 분쇄기에 곱게 갈아 냉장보관하세요.

---

# 새우가루

**재료** 마른 새우(1컵)

**만들기**

1. *새우 손질하기* 새우는 면보에 싸서 비벼 수염과 잔가시들을 부수어 냅니다.
2. *새우 볶기* 기름을 두르지 않은 팬에서 바삭하게 볶아주세요.
3. *새우 갈기* 분쇄기에 곱게 갈아 실온에서 보관하면 됩니다.

## 표고버섯가루

**재료** 표고버섯 적당량

**만들기**
1. **표고버섯 말리기** 표고버섯을 채반에 널어 햇볕에 갓이 거북이 등처럼 쫙쫙 갈라질 때까지 말려주세요.
2. **표고버섯 자르기** 마른 표고버섯을 잘게 잘라주세요.
3. **표고버섯 갈기** 분쇄기에 곱게 갈아 실온에서 보관하면 됩니다.

## 다시마가루

**재료** 다시마 적당량

**만들기**
1. **다시마 닦기** 다시마는 젖은 면보로 하얀 가루를 닦아주세요.
2. **다시마 볶기** 가위로 잘게 잘라 기름을 두르지 않은 팬에서 바삭하게 볶아주세요.
3. **다시마 갈기** 식으면 분쇄기에 넣고 갈아 실온에서 보관합니다.

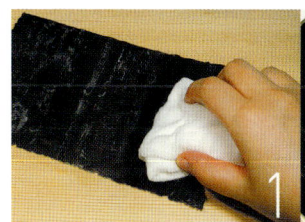  

# 멸치다시마국물

**재료** 국멸치(15마리), 다시마(사방 5cm 2장), 물(5컵)

**만들기**

1. *재료 준비하기* 멸치를 반으로 갈라 내장을 제거하고 다시마는 가위집을 내줍니다.
2. *끓이기* 물을 붓고 내장을 제거한 멸치와 다시마를 넣고 끓이다가 끓기 시작하면 바로 다시마는 건져주고 멸치만 5분~10분 정도 더 끓여줍니다.

**쿠킹포인트**

유아식에 쓸 국물은 너무 오래 우려내지 않는 게 좋습니다. 다시 팩에 멸치를 넣어주면 면보로 거르지 않아 좋은데 멸치만 넣었다면 면보로 한번 걸러 내주세요.

## 멸치종류

**1_자멸(볶음 멸치)**
- 지리 멸치 : 1cm 정도의 제일 작은 멸치로 볶음용으로 주로 사용되요.

**2_소멸(가이리 멸치)**
2~3cm 정도로 지리 멸치보다 큰 작은 멸치를 뜻해요.

**3_중멸**
- 고바 멸치 : 4~5cm 정도의 가이리 멸치보다 큰 중간 멸치로 고추장을 찍어먹기에 알맞고 국물도 낼 수 있는 중간 멸치예요.
- 고주바 멸치 : 5~6cm 정도의 중간 멸치로 고추조림용이며 풋고추와 볶을 수 있는 적당한 크기의 중간 멸치예요.

**4_대멸**
- 다시 멸치 : 8cm 정도의 큰 멸치로 보통 국물용 멸치예요.
- 주바 멸치 : 8cm 정도의 큰 멸치로 은빛이 나는 고급 국물용 멸치예요.
- 죽방 멸치 : 8cm 정도의 큰 멸치로 은빛이 나고 반짝거리는 최고급 국물용 멸치예요.

# 닭고기육수

**재료** 닭다리(2개), 파뿌리(2~3개), 통후추 약간, 물(8컵)

**만들기**
1. **다리 손질하기** 닭다리의 살은 도려내고 뼈만 남겨놓습니다.
2. **재료 준비하기** 닭다리 뼈는 찬물에 담가 냄새와 핏물을 제거하고, 파뿌리도 깨끗하게 씻어 준비합니다.
3. **끓이기** 냄비에 2와 통후추를 넣고 물을 부어 센 불에서 끓이다가 끓어오르면 거품을 걷어내고 약불에서 1시간 정도 은근히 끓여줍니다.

**쿠킹포인트** 다 끓여지면 면보에 걸러서 식힌 후 냉장고에서 차갑게 식혀주세요. 차갑게 식으면 노란 기름이 위에 응고되어 있을 거예요. 숟가락으로 기름을 걷어내고 냉장이나 냉동보관하세요.

---

# 쇠고기육수

**재료** 쇠고기(양지, 100g), 대파 흰부분(3대), 물(6컵), 통후추 약간

**만들기**
1. **재료 준비하기** 쇠고기는 기름이 적은 양지를 사다가 적당한 크기로 잘라 핏물을 빼줍니다(거품이 덜 올라오거든요), 파는 흰 부분을 길게 썰어 준비합니다.
2. **끓이기** 냄비에 1과 통후추를 넣고 물(6컵)을 부어 처음 끓어오르면 거품을 걷어내고, 불을 줄여 약불에서 30분 정도 끓여줍니다.

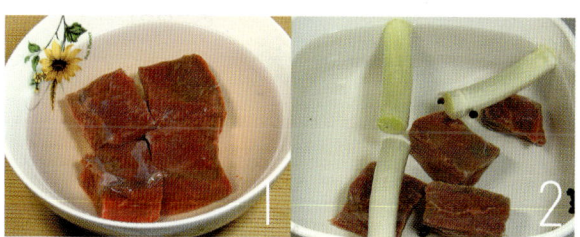

**쿠킹포인트** 면보에 거른 후 식혀서 냉장고에서 차갑게 식혀주세요. 1시간 정도 지나면 위에 기름이 굳어나니 숟가락으로 걷어내고 사용하세요.

KI신서 6539

## 예성맘의 우리아이 10년 밥상

**1판 1쇄 발행** 2006년 2월 10일
**개정판 1판 1쇄 인쇄** 2016년 4월 23일
**개정판 1판 1쇄 발행** 2016년 4월 30일

**지은이** 김은주
**펴낸이** 김영곤 **펴낸곳** (주)북이십일 21세기북스
**책임편집** 김수연 배상현 이지연
**제작팀장** 이영민
**출판사업본부장** 안형태 **출판영업마케팅팀장** 이경희 **홍보팀장** 이혜연
**출판영업마케팅팀** 김홍선 정병철 이은혜 최성환 유선화 백세희 조윤정

**출판등록** 2000년 5월 6일 제406-2003-061호
**주소** (10881) 경기도 파주시 회동길 201 (문발동)
**대표전화** 031-955-2100 **팩스** 031-955-2151 **이메일** book21@book21.co.kr
**홈페이지** www.book21.com **블로그** b.book21.com
**트위터** @21cbook **페이스북** facebook.com/21cbooks

©김은주 2016

ISBN 978-89-509-6486-3 14590

책값은 뒤표지에 있습니다.
이 책 내용의 일부 또는 전부를 재사용하려면 반드시 (주)북이십일의 동의를 얻어야 합니다.
잘못 만들어진 책은 구입하신 서점에서 교환해드립니다.